W0352439

Tourenübersicht

Manfred Kittel

Wanderungen im Berchtesgadener Land

40 Touren rund um Berchtesgaden, Bad Reichenhall und Ramsau

Mit 90 Fotos, davon 71 in Farbe,
41 Kartenskizzen
und einer Übersichtskarte

Bruckmann

Einband/Vorderseite:
Vordergern bei Berchtesgaden:
Bauernhof vor dem Watzmannmassiv (Tour 26)

Einband/Rückseite:
Die Wallfahrtskirche Maria Gern im Gernbachtal
(Tour 26)

Seite 2/3:
Am Südrand des Ramsauer Tales verläuft einer der Soleleitungswege, die man zu Wanderwegen ausgebaut hat.
Im Blickfeld die Reiter Alm.

Die Zusammenstellung und Beschreibung der Touren erfolgte mit größtmöglicher Sorgfalt und nach bestem Wissen und Gewissen des Autors. Nach dem Erscheinen des Buches kann sich an Wegführung, Adressen etc. einiges ändern; eine Gewähr für die touristischen und bergsteigerischen Informationen wird nicht gegeben. Es wird um Verständnis dafür gebeten, daß Autor und Verlag nicht für Schäden haften können, die sich aus dem Nachvollzug der Touren oder geänderten Bedingungen im Land ergeben.

Gedruckt auf chlorarm gebleichtem Papier

Die Deutsche Bibliothek – CIP-Einheitsaufnahme

Kittel, Manfred: Wanderungen im Berchtesgadener Land: 40 Touren rund um Berchtesgaden, Bad Reichenhall und Ramsau/Manfred Kittel.
– München: Bruckmann, 1995
(Erlebnis Wandern)
ISBN 3-7654-2736-5

Gesamtherstellung: Bruckmann, München
Printed in Germany
ISBN 3-7654-2736-5

Inhaltsverzeichnis

Das Berchtesgadener Land

Das Berchtesgadener Land ist an drei Seiten vom Nachbarland Österreich umgeben. Im Westen grenzt der Landkreis Traunstein an. Von hier schiebt sich ein Ausläufer der Chiemgauer Berge, der Hochstaufen, trennend in die Landschaft mit dem voralpinen Teil im Norden und dem alpinen und hochalpinen Teil im Süden. Es ist gleichsam ein Übergang von der Verträumtheit und Beschaulichkeit sanfter Hügel, ausgedehnter Filze und bunter Wälder zur Dramatik bizarrer Felsgipfel. Und diese Landschaftsformen sind im Laufe der Jahrmillionen aus dem Urmeer Tethys im Erdaltertum entstanden. Ungeheure Druckkräfte ließen die Alpen emporsteigen, und die Eiszeiten sorgten mit ihren Gletschern für die Verformungen, wie wir sie heute vorfinden.

Während die Berchtesgadener Alpen ein Teil der Nördlichen Kalkalpen sind, gehören die langgestreckten Vorberge des Teisenbergs und des Högls zur Flyschzone. Das ist ein Gemisch aus Sandsteinen, Tonen, Mergel und Kalksteinen, welches die voralpine Moränenlandschaft nach Süden zu abschließt.

Die wertvollen Salzeinschlüsse im Gestein haben schon früh dazu geführt, daß Menschen in das Gebiet vordrangen, um das lebenswichtige Mineral zu gewinnen. Von den Kelten zumindest wissen wir, daß sie das Salz bereits systematisch abgebaut haben.

Die in Urkunden nachweisbare Geschichte **Berchtesgadens** beginnt allerdings erst im 12. Jahrhundert unserer Zeitrechnung. In die ersten Jahrzehnte fällt die Gründung des Augustiner-Chorherrenstiftes. 1156 hat Kaiser Friedrich I. Barbarossa dem Stift das Recht verliehen, nach Salz zu schürfen. Damit war bereits eine Grundlage für eine frühe Industrieansiedlung geschaffen. 1212 wurde die Saline Schellenberg errichtet, 1517 das heutige Salzbergwerk Berchtesgaden durch Anschlagen des Petersbergstollens eröffnet, 1556 entstand die Saline Frauenreuth am heutigen Bahnhofsplatz in Berchtesgaden. Salzbergwerk und Saline hatten einen beträchtlichen Holzbedarf. Das benötigte Holz wurde in großflächigen Kahlhieben, den sogenannten Salinenhieben, geschlagen. Die Versorgungsschwierigkeiten erreichten schließlich ein Ausmaß, das 1805 zur Schließung der Saline Schellenberg führte. 1810 kam Berchtesgaden, das 1803 seine Selbständigkeit als Kleinstaat unter der Herrschaft der Stiftspröpste verloren hatte, an das Königreich Bayern. Kurz danach erhielt Georg von Reichenbach von König Max I. Joseph und seinem Minister Graf Montgelas den Auftrag, eine Soleleitung von Berchtesgaden nach Bad Reichenhall zu bauen. Er hatte bereits in den Jahren 1808 bis 1810 eine solche Leitung von Bad Reichenhall nach Rosenheim errichtet. Das technische Wunderwerk konnte 1817 fertiggestellt werden. Damit waren umfangreiche neue Waldgebiete für die Salzgewinnung erschlossen, und die Berchtesgadener Wälder wurden auf diese Weise entlastet.

Seit Beginn des 19. Jahrhunderts kam ein neuer Landnutzer nach Berchtesgaden, der Tourismus. Durch die aufkommende alpine Literatur und den Ausbau des Massenverkehrsmittels Bahn entstand eine Alpenbegeisterung, die auch zur Gründung der Alpenvereine führte. Berchtesgaden wurde ein beliebtes Urlaubs- und Feriengebiet. Einen wesentlichen Anteil daran hatte das bayerische Königshaus, dessen Repräsentanten gern in Berchtesgaden zur Sommerfrische und zur Hofjagd weilten. In ihrem Gefolge kamen Künstler, Schriftsteller und auch Wissenschaftler nach Berchtesgaden, die es weithin bekannt machten. Alexander von Humboldt sang ebenso das Loblied des Landes (»Die Gegenden von Salzburg – Berchtesgaden… halte ich für die schönsten der Erde«) wie Ludwig Ganghofer, der die Handlung von acht seiner Romane in das Berchtesgadener Land verlegte. Von ihm stammt das sprichwörtliche Geständnis: »Wen Gott liebt, den läßt er fallen in dieses Land.« Henrik Ibsen, Max Reger, Carl Spitzweg, Ludwig Richter und viele andere Persönlichkeiten weilten und wirkten im Berchtesgadener

Land. Nicht zuletzt die Bergsteiger fühlten sich von den Berchtesgadener Alpen angezogen, so daß bereits 1870 vom Bezirksamt Berchtesgaden eine Bergführerordnung erlassen wurde. In diesem Jahr entstanden auch die ersten Verschönerungsvereine im Berchtesgadener Land. Vom Alpenverein und seinen Sektionen kam der Anstoß zum Schutz der Natur im Alpenraum. So erschien in den »Mitteilungen des deutschen und österreichischen Alpenvereins« 1897 ein Aufsatz von Eduard Sacher mit der Überschrift »Ein alpiner Pflanzenhort«. Mit den Ausführungen in diesem Aufsatz wurde die Idee alpiner Schutzgebiete geboren. Sie gipfelte im Alpenpark und im **Nationalpark Berchtesgaden.**

Dem Besucher dieser Region erschließen sich heute eine Fülle von Naturschönheiten und eine schier unübersehbare Menge kultureller Sehenswürdigkeiten. Dazu gehören **landschaftliche Berühmtheiten** wie Watzmann und Königssee, der Jennergipfel, das Gebiet, das durch die Roßfeld-Höhenringstraße und das Kehlsteinhaus erschlossen wird, der Predigtstuhl, die Saalachauen, der idyllische Thumsee, die reizvolle, hügelige Moränenlandschaft mit Waldwiesen, Mooren, Bachläufen und Seen, darunter der Abtsdorfer See und der Höglwörthersee im Nordteil des Landes. Zu den Attraktionen zählen auch die Schellenberger Eishöhle, die Almbachklamm mit den Kugelmühlen, die Weißbachklamm, die Klamm am Eingang des Wimbachgrieses, die Aschauerklamm und der Gletschergarten und schließlich die Wege, die entlang der Soleleitungen entstanden sind.

Highlights unter den **Kunstdenkmälern** sind das königliche Schloß, die Stiftskirche

Die Gotzenalm (1685 m) gehört zu den Zielen, die man vom Jenner aus gut erreichen kann. Die Watzmann-Ostwand ist allerdings den erfahrenen Bergsteigern vorbehalten.

Wahrzeichen für das gesamte Berchtesgadener Land ist die majestätische Zackenkrone des Watzmanns. Hier, hoch über der Falkensteinwand, soll König Watzmanns Schloß gestanden haben.

und die Wallfahrtskirche Maria Gern in Berchtesgaden, die Wallfahrtskirche in Ettenberg, die Wallfahrtskirche St. Bartholomä in Schönau am Königssee, das Almkaserensemble Bindalm, das Münster St. Zeno und die alte Saline, die Altstadt und die Pankrazkirche in Bad Reichenhall, das Kloster Höglwörth und der Dorfanger von Anger, Schloß Staufeneck in Piding, das Altstadtensemble und die Stiftskirche in Laufen.

Zum Kulturgut zählt ebenso das **Brauchtum**, das sich im Laufe der Jahrhunderte entwickelt und erhalten hat, so der Almabtrieb im Berchtesgadener Raum und das Buttnmandellaufen sowie die Weihnachtsschützen, das Aperschnalzen (Peitschen), das Schifferstechen in Laufen, der Pfingstritt in Holzhausen bei Teisendorf und manches andere.

Auch die touristische Infrastruktur für Erholung und Sport im Sommer und Winter läßt nichts zu wünschen übrig. Weltruhm haben die Kuranlagen in Bad Reichenhall, aber vor allen Dingen ist das Berchtesgadener Land eine Wander- und Bergwanderlandschaft mit markierten und gut gepflegten Wegen schier ohne Zahl und für jeden Geschmack, für jedes Alter und jeden nur denkbaren Wunsch, vom Spaziergang durch verträumte Auen bis zum anspruchsvollen Kletterstück auf einen dramatischen Gipfel in der Hochgebirgsregion.

In diesem Buch wurde versucht, eine Auswahl unter den erlebnisreichsten Wanderungen und Bergwanderungen zu treffen und dabei für »jeden« etwas zu finden.

Ein herzlicher Dank gilt den »Einheimischen«, die mir mit vielen Tips und Anregungen geholfen haben, aber vor allem auch meinem Sohn Bernd, der als ehemaliger Berchtesgadener Gebirgsjäger-Offizier besonders ortskundig ist und beim Zusammenstellen der Routen tatkräftig mitgewirkt hat.

Auf St. Bartholomä am Königssee bilden die barocke Wallfahrtskirche und das ehemalige Jagdschloß, jetzt Gastwirtschaft, baulich eine Einheit. Der originellen Anlage dient das Watzmannmassiv als Kulisse, die den Gesamteindruck noch steigert.

Der Alpenpark und Nationalpark Berchtesgaden

Der Alpenpark umfaßt ein Gebiet von rund 46000 Hektar und erstreckt sich südlich von Bad Reichenhall über die Landesgrenze hinaus. Er schließt den Nationalpark Berchtesgaden ein, der mit etwa 21000 Hektar im Bereich der Gemeinden Berchtesgaden, Bischofswiesen, Marktschellenberg, Ramsau und Schönau am Königssee liegt.

Der geologische Untergrund besteht vorwiegend aus Gesteinen, die vor etwa 150 bis 200 Millionen Jahren aus Meeresablagerungen entstanden sind. Hier sind die Salzvorkommen in Berchtesgaden eingeschlossen. Die Basis der Gebirgsstöcke ist der sogenannte Ramsaudolomit, während der überwiegende Teil der Gipfel aus Dachsteinkalk besteht. Die Grundzüge der heutigen Landschaft wurden vor rund 60 Millionen Jahren durch Faltungsvorgänge an der Erdoberfläche und in den Eiszeiten durch die Eisverschiebungen und das fließende Wasser gelegt. Seit der Besiedlung des Berchtesgadener Landes im 12. Jahrhundert hat auch der Mensch zur Gestaltung der Landschaft beigetragen. Die einstigen Laubmischwälder in den Tallagen sind weitgehend gerodet und für landwirtschaftliche Zwecke kultiviert worden. Es entstanden Siedlungen, Bäche wurden verbaut, Feuchtflächen entwässert. Über Jahrhunderte dienten die unteren und mittleren Hanglagen der Wälder als Brenn- und Bauholzreservoir. Vor allem die großflächige Nutzung der Forste für die Saline Berchtesgaden hat die ursprünglichen Wälder stark verändert. In früheren Zeiten wurden bis in die höchsten Gebirgslagen Almen angelegt. Die Wälder sind dadurch vielerorts dauerhaft durch offene blumenreiche Weiden unterbrochen. Entscheidende Eingriffe kamen auch vom Sommer- und Wintertourismus. Bereits Anfang dieses Jahrhunderts wurden Teile des Gebietes um den Königssee unter Naturschutz gestellt. 1978 hat dann die Bayerische Staatsregierung den Nationalpark Berchtesgaden ins Leben gerufen. Er schließt die Gebirgsstöcke Reiteralm, Hochkalter, Watzmann, Hoher Göll, Achengebirge, Steinernes Meer sowie das Klausbach-, das Wimbach- und das Königsseetal ein.

Als die Berchtesgadener Alpen zum erstenmal in eine gedankliche Verbindung mit einem Schutzgebiet gebracht wurden, geschah dies gleichzeitig im Zusammenhang mit einem Nationalpark. In der zweiten überarbeiteten Auflage seines Reiseberichts »Aus dem Berchtesgadener Lande«, erschienen 1898, schreibt Heinrich Noë: »Berchtesgaden ist der Yellowstone Park der Deutschen Alpen«. Noë wollte damit wohl die Einmaligkeit beider Landschaften hervorheben. Der Yellowstone-Nationalpark im Westen der Vereinigten Staaten von Amerika im Bundesstaat Wyoming war der erste Nationalpark. Er entstand 1872. Von hier aus wurde die Nationalparkidee über die ganze Erde verbreitet, auf der es heute etwa 1300 Nationalparks gibt. Allerdings blieb die Verbindung, die Heinrich Noë zwischen Berchtesgaden und dem Yellowstone-Nationalpark herstellte, rein literarisch.

Es erfolgten von berufener und weniger berufener Seite viele Aufrufe, die schützenswerten Bereiche des Berchtesgadener Landes zu einem Nationalpark zu erheben. Auf Generalversammlungen des Alpenvereins in Innsbruck und München wurde ein Ausschuß mit der Vorbereitung für einen Pflanzenschonbezirk Berchtesgadener Alpen beauftragt. Man hat damals den ersten Vorstand der Alpenvereinssektion Berchtesgaden, den königlichen Regierungsrat Kärlinger, und den Vorstand des Forstamtes Berchtesgadener Land, den königlichen Forstrat Hauber, in die Vorarbeiten eingeschaltet und konnte schließlich der Generalversammlung in Wien einen erfolgversprechenden Vorschlag vorlegen. Unterstützt wurden diese Bemühungen durch die am 1. Januar 1910 in Kraft getretenen »Oberpolizeilichen Vorschriften der königlichen Regierung von Oberbayern zum Schutz der Alpenflora«, von denen das königliche Bezirksamt Berchtesgaden noch im selben Jahr Gebrauch machte. Es entstand ein Pflanzenschonbezirk »Berchtesgadener

Alpen« mit einer Fläche von rund 8300 Hektar. Novelliert wurden die Schutzbestimmungen 1914, und während des Ersten Weltkrieges tauchten erste Überlegungen auf, den Pflanzenschonbezirk zum Naturschutzgebiet zu erheben. Nach dem Zweiten Weltkrieg, und zwar am 11. Dezember 1959, erließ der bayerische Staatsminister des Inneren eine Landesverordnung über das Naturschutzgebiet Königssee im Land Berchtesgaden. Sie trat am 1. Januar 1960 in Kraft und löste die bestehenden bezirkspolizeilichen Vorschriften ab.

Bemühungen, die gastronomischen Anlagen in St. Bartholomä am Königssee zu erweitern und eine Watzmannseilbahn zu bauen, führten zu weiteren Schutzinitiativen. 1974 liefen dann die Vorbereitungen für eine Rechtsverordnung über den Alpenpark und Nationalpark Berchtesgaden an. Und am 1. August 1978 trat eine Verordnung über den Alpen- und Nationalpark Berchtesgaden in Kraft. Sie gründet sich auf das 1973 neu erlassene bayerische Naturschutzgesetz, in dessen Artikel 8 der Begriff Nationalpark erstmals für das deutsche Naturschutzrecht gesetzlich definiert wurde. Dem Beispiel folgte das 1976 neu gefaßte Bundesnaturschutzgesetz.

Aufgabe des Nationalparks ist es, die Natur zu schützen, sie zu erforschen und vor allem auch dem Menschen die Naturschönheiten und die Zusammenhänge in der Natur zu vermitteln. Im Nationalparkhaus in Berchtesgaden am Franziskaner-Platz erfährt man Wissenswertes über den Nationalpark und die alpine Natur. Von Mai bis Oktober vermittelt die Nationalparkverwaltung in Zusammenarbeit mit der Kurdirektion Berchtesgaden, dem Kurhaus Berchtesgaden, dem Verkehrsbüro Marktschellenberg, dem Verkehrsamt Schönau am Königssee, dem Verkehrsbüro Bischofswiesen und dem Verkehrsbüro Oberau geführte Wanderungen im Nationalpark. Jeweils im März eines Jahres erscheint das neue Wanderprogramm.

Der Hochstaufen ist ein Ausläufer der Chiemgauer Berge. Von hier aus erblickt man auch die weiteren Gipfel der Kette: Zwiesel und Hinterstaufen.

Das bayerische Gold

Aus der Geschichte des Salzes im Berchtesgadener Land

Rückstände vor Urzeiten verlandeter See- und Meeresteile haben die unter hohen Drücken komprimierten Steinsalzlager im Erdinneren gebildet. Mächtige Flöze dieser Art hat man in Siebenbürgen und Galizien, im Pyrenäenraum, auf den britischen Inseln, aber auch in Deutschland gefunden. So gibt es unter den Reichenhaller und Berchtesgadener Bergen riesige Salzlagerstätten. Sie stammen aus einer Zeit, als ein flaches Binnenmeer, das keinen Abfluß zu den Ozeanen hatte, die Landschaft um Berchtesgaden und Reichenhall füllte. In einem Jahrmillionen dauernden Prozeß verdunstete das Wasser. Das zurückbleibende Salz wurde in die Kalksteinmassen gepreßt. In den Felsen von Watzmann, Steinernes Meer, Lattengebirge und Göllgebiet mit dem Salzberg als Ausläufer finden sich solche Salzstockeinlagerungen. Unterirdische Wasserläufe durchziehen zum Teil diese Salzlager, sättigen sich mit Salz und kommen als **Solequellen** aus dem Boden. Die bedeutendsten liegen unterhalb des Gruttensteines in Bad Reichenhall; allein hier sind 682 Solequellen bekannt.

Seit mehr als 5000 Jahren nutzen die Menschen diese Quellen, und seit dem 12. Jahrhundert wird das Salz systematisch gewonnen. In Urkunden aber werden die Solequellen um Reichenhall schon im Jahre 682 erwähnt. Auf bergmännische Art wird das Salz hier seit dem 16. Jahrhundert abgebaut.

Die Salzgebirge nennt man auch »Haselgebirge«. Das Wort kommt vom indogermanischen »Hals«, was soviel wie »Salz« oder »Salzgestein« bedeutet. Am Dürrenberg, der bereits auf österreichischem Gebiet liegt, aber auch in Berchtesgaden, gewinnt man Salz aus Salzgestein, also im trockenen Abbau, vom Stollen aus. Man wäscht aber auch die unterirdischen Salzlagerstätten aus. Die Salzflüssigkeit wird als Sole abgebaut. Die natürlichen Solequellen haben einen Salzgehalt von 23 bis 26 Prozent.

Das Salz aus der Sole wird durch Beheizen von Sudpfannen gewonnen, in denen das Wasser verdampft und das reine kristalline Salz übrigbleibt. Bis zur Mitte des 19. Jahrhunderts stand als Heizmaterial dafür nur Holz zur Verfügung, das aus den Bergwäldern auf dem Wasserwege durch Triften in die Salinen geleitet wurde. Die Wildbäche mußten zu diesem Zweck mit Querbalken, sogenannten Triftklausen, aufgestaut werden. Der Holzbedarf der Saline Reichenhall allein betrug bis zu 60000 Klafter jährlich. Das sind 180000 Kubikmeter Holz. Gut 1500 Personen waren ständig damit beschäftigt, davon allein 900 in den Wäldern, um das notwendige Holz bereitzustellen.

Zu Beginn des 17. Jahrhunderts wurde das Holz um Reichenhall knapp. Daher entschloß man sich, die Saline ins waldreiche Trauntal zu verlegen. Es waren technische Pioniertaten notwendig, um diese Aufgabe zu meistern. Zunächst war die Sole von Reichenhall über den Jochberg auf dem sogenannten Sämerweg nach Weißbach und von hier über Inzell nach Traunstein und Rosenheim mit Menschenkraft transportiert worden. Weil dies mit viel Mühe verbunden war, überlegte man, wie man das technische Hauptproblem, den Höhenunterschied zwischen den Solequellen von Bad Reichenhall und der neuen Saline Traunstein, in den Griff bekommen könne. Der Salzabbau bedeutete auch in der damaligen Zeit Raubbau, der drastische Umweltschäden zur Folge hatte.

Es war das Verdienst des Ingenieurs Hans Reiffenstuel, der in den Jahren 1617 bis 1619 zusammen mit seinem Sohn eine **Soleleitung** nach eigenen Plänen und Berechnungen baute, die in der Lage war, den Höhenunterschied von 250 Metern auf der 31 Kilometer langen Strecke zu überwinden. Rund 100 Kubikmeter Sole hat man damals täglich transportiert. Daraus sind bis zu 10000 Ton-

Der Brunnen aus dem Jahre 1677 mit dem Bayerischen Löwen steht auf dem Berchtesgadener Marktplatz.

Erbaut

nen Salz im Jahr gewonnen worden. Eingebaut in die Anlage wurden sieben Salzwasserhebewerke, deren sieben Meter hohe Wasserräder von den Bergbächen angetrieben wurden. Die damalige »Pipeline« bestand aus 9000 Holzrohren von je 4 Meter Länge. Als die Anlage 1619 fertiggestellt war, gab es zunächst eine große Enttäuschung, denn es kam keine Sole am Zielort an. Die Leitung hatte an einer Stelle dem starken Druck nicht standgehalten; deshalb mußte in Grub ein weiterer Pumpturm gebaut werden, der die Sole zum heutigen Pichlerturm beförderte. Dann lief alles planmäßig. Die Förderleistung betrug 60 Liter pro Minute, und die Leitung versah 339 Jahre lang ihren Dienst.

In den Jahren von 1808 bis 1810 entstand eine zweite Soleleitung, und zwar von Bad Reichenhall nach Rosenheim, um den dortigen Holz- und Torfreichtum zu nutzen. 33000 ausgehöhlte, 4 Meter lange Baumstämme, »Deicheln« genannt, waren für den Bau der Leitungen notwendig. Die Spuren kann man heute noch sehen. Georg von Reichenbach war dieses Mal mit dem Bau der Anlage betraut und in den Jahren 1816 bis 1817 auch für den Bau der Soleleitung von Berchtesgaden nach Bad Reichenhall verantwortlich.

Als die ehemalige Fürstpropstei Berchtesgaden in das Königreich Bayern eingegliedert wurde (1803), pumpte man die im Berchtesgadener Salzberg mittels Auslaugverfahren künstlich erzeugte Sole in einer dritten Soleleitung über Schwarzbach nach Reichenhall. Alle Soleleitungen wurden mit Wasser betrieben, das oft über weite Strecken zugeleitet werden mußte. Vom Brunnenhaus Siegsdorf führte eine Aufschlagwasserleitung über Eisenärzt 6 Kilometer weit bis in das Ruhpoldinger Talbecken. Neue Techniken und Rationalisierungsmaßnahmen führten schließlich zur Stillegung der Salinen Traunstein (1912) und Rosenheim (1958). Seit 1961 werden der Großsaline Reichenhall mit einer vierten Leitung täglich bis zu 2000 Kubikmeter Sole aus dem Salzberg Berchtesgaden zugeleitet. Zusätzlich wird seit 1970 mit drei Tiefbohrungen aus einer Tiefe von rund 800 Metern aus dem Reichenhaller Talbekken Sole gefördert. Die Jahresproduktion beträgt 200000 Tonnen Salz.

Die **Reichenhaller Gradierwerke** wurden ab 1869 auch zu Kurzwecken genutzt. Das heutige Gradierwerk ist 1912 als Frei-Inhalatorium errichtet und in den Jahren 1981 bis 1983 mit einem Kostenaufwand von 7,5 Millionen Mark grundlegend erneuert worden. Die beste Inhalationswirkung erzielt man, wenn man täglich eine halbe Stunde lang an der dem Wind abgewandten Seite, also dort, wo die Sole nicht rieselt, ruhig durch die Nase atmend am Gradierwerk entlangschreitet.

Gradierwerke standen jahrhundertelang im Dienste der Saline. Die mächtigen, quer zur Windrichtung stehenden Anlagen haben die Aufgabe, die herabrieselnde Sole durch Verdunstung des Wassers bis zum Sättigungsgrad anzureichern, also zu *gradieren*, um beim Sieden Brennmaterial zu sparen. Die 160 Meter lange Anlage enthält rund 90000 Reiserbündel aus Weiß- und Schwarzdorn, die bis zu einer Höhe von 13 Metern trapezförmig aufgeschichtet sind. Über die Schichtung rieseln täglich rund 150000 Liter 5- bis 6prozentige Sole, die an den Dornenzweigen zerstäubt. Dadurch erhält die Luft einen hohen Feuchtigkeitsgehalt und wird mit Salzteilchen angereichert. Diese Aerosole dringen in die Atemwege ein und bewirken dort die Reinigung und vermehrte Durchblutung der Schleimhaut. Das Gradierwerk wird nur an der dem Wind zugewandten Seite berieselt.

Über viele Jahrhunderte war das **Salinenwesen** die bedeutendste Großindustrie des gesamten Gebietes, also von Berchtesgaden bis Traunstein und Rosenheim. Es trug nicht nur wesentlich zur Wohlhabenheit der Städte bei, sondern setzte auch Impulse bei der Entwicklung der Verkehrswege und der Kultur.

In Berchtesgaden haben Besucher die Gelegenheit, das **Bergwerk** in seiner Funktion zu besichtigen. Das war nicht immer so. Früher durften nur Auserwählte als Gäste in das Bergwerk einfahren. Heute steht die Schatzkammer jedem offen und wird sicherlich ein unvergeßliches Erlebnis. Immerhin fahren knapp 500000 Besucher jährlich ein, und zwar in derselben Schutzkleidung nach der Art der alten Bergmannstracht, die schon Könige und Fürsten bei der Einfahrt trugen. Ein Bergmann führt die Gäste durch die faszinierende Welt unter Tage.

Mit der Grubenbahn fährt man im Reitsitz durch einen 600 Meter langen Stollen in das *Kaiser-Franz-Sinkwerk,* eine gewaltige Halle mit einer Deckenfläche von 3000 Quadratmetern. Von hier geht es über eine Treppe oder auf einer Rutsche 34 Meter hinab zur nächsten Station, einer Salzgrotte, in der man im künstlichen Licht die herrlichen Farben des Steinsalzes bewundern kann. Ein Film berichtet über die Entstehung der Salzlagerstätten und die Gewinnung des Salzes. Die bergmännische Arbeit wird am Beispiel von Maschinen und Geräten gezeigt. Das *Salzmuseum* besitzt eine Chronik des Salzbergwerkes. Es zeigt historisches Werkzeug und Leuchten, Gesteine und Mineralien und eine Erdzeitenstation. Im Bergwerk selber kommt man an einem alten Handgöppel vorbei , danach erreicht man über eine zweite Rutsche einen beleuchteten *Salzsee.* Mit einem Floß gleitet man dann über den See und kommt durch eine Grotte zur *Solehebemaschine* des königlichen Oberberg- und Salinenrates Georg von Reichenbach. Sie stammt aus dem Jahre 1817. Mit einem Schrägaufzug geht es dann zur *Grubenbahn,* die die Gäste wieder ans Tageslicht zurückbringt.

Zur Salzgewinnung wird auch heute *Energie* benötigt. Allerdings ist es nicht mehr das Holz aus den bayerischen Saalforsten. Das sind zum Beispiel rund 18 500 Hektar Waldungen am Oberlauf der Saalach im heutigen österreichischen Pinzgau, die seit dem 18. Jahrhundert die Saline Reichenhall mit dem notwendigen Brennholz versorgten. Vertragliche Regelungen waren für die Holznutzung notwendig. So entstanden im Jahre 1529 der sogenannte »Mühldorfer Vertrag« und im Jahre 1781 der »Salinenhauptvertrag«. 1816 kam nach den Umwälzungen der napoleonischen Zeit Salzburg endgültig in österreichischen Besitz, während der Anspruch Bayerns auf seinen Waldbesitz im Pinzgau 1829 in der sogenannten »Salinenkonvention« anerkannt wurde. Durch diesen österreichisch-bayerischen Staatsvertrag wurden die Saalforste für »ewige Zeiten« unwiderruflich Grundeigentum Bayerns. Sie werden heute von drei bayerischen Forstämtern verwaltet, und zwar in Unken, St. Martin und in Leogang. Als Gegenleistung bekamen die österreichischen Vertragspartner unter anderem das Recht auf den Salzbergbau unter dem Dürrnberg und im 400 Hektar großen Konventionsgrubenfeld. 1957 ist die Salinenkonvention aktualisiert worden. Sie gilt als der älteste heute noch gültige Staatsvertrag Europas.

Wenn auch die Soleleitungen heute nicht mehr genutzt werden, so haben sie doch ihre Spuren hinterlassen. Man hat entlang der Leitungen **Wanderwege** angelegt.

Dazu gehört der **Salzberger Stollenrundweg**, der die ältesten Stollen des Salzberges berührt und über den Wasserstollenweg zum Larosbach führt. Er erreicht über die Alte Salzstraße wieder den Ausgangsort und ist 8 Kilometer lang bei einem Höhenunterschied von 180 Metern.

Der **Berchtesgadener Salinenrundweg** führt innerhalb des Marktes zu all den Stätten und Wegen, die von der ehemaligen dritten bayerischen Soleleitung gegenwärtig noch erhalten sind. Der Rückweg der 3,5 Kilometer langen Route berührt auch viele Sehenswürdigkeiten von Berchtesgaden. Ein Teil des Weges besteht aus einem in eine senkrechte Felswand gehauenen Steg hoch über den Dächern des Marktes Berchtesgaden. Hier befindet sich das Denkmal mit dem Portrait Georg von Reichenbachs. Es entstand 1926 anläßlich seines hundertsten Todestages.

Der **Bad Reichenhaller Salinenrundweg** ist 5 Kilometer lang. Er beginnt bei den Solequellen, der Geburtsstätte bayerischer Salzerzeugung und erreicht viele historisch bedeutsame Bereiche des heutigen Kurortes. Im Quellenbau der alten Saline kann man die seit Jahrtausenden fließenden Solequellen besichtigen.

4,5 Kilometer lang ist der **Antoniusberger Salinenrundweg**, der durch eine mit viel Aufwand sanierte Schlüsselstelle der ersten bayerischen Soleleitung führt. Im Talgrund des Nesselgrabens standen die ehemaligen Pumpstationen.

Auch der **Weißbacher Salinenrundweg** vermittelt einen Eindruck, welche Schwierigkeiten zu überwinden waren, um die Pumpstationen der Soleleitungen mit dem zum Betrieb der Pumpen notwendigen Aufschlagwasser zu versorgen. Im Talbecken von

Weißbach sind zwei von Reichenbach umgebaute Brunnenhäuser erhalten, die bereits 1618 von Hans Reiffenstuel errichtet worden waren. Das sehenswerte Mauthäusel steht an der Alten Salzstraße, die nach zehnjähriger Bauzeit seit 1590 befahren wurde und den beschwerlichen älteren Saumpfad über den 400 Meter höheren Jochberg erübrigte. Mit dem Wasser aus dem Stabach wurden neben der Pumpe im Brunnenhaus Grub auch die 2,5 Kilometer südöstlich vom Mauthäusel gelegenen Pumpen im Nesselgraben betrieben. Die Aufschlagwasserleitung ist insgesamt 5 Kilometer lang.

Ein abwechslungsreicher Weg ist der **Inzell-Weißbacher Salinenrundweg.** An dieser Route befindet sich die 1985/86 sanierte Himmelsleiter mit dem letzten noch erhaltenen Solehochbehälter der historischen Solepipeline.

Insgesamt 18 Kilometer lang ist der **Siegsdorfer Salinenrundweg**. Er erschließt in den Tälern der Weißen und Roten Traun viele Stätten des Salinenwesens, das seit dem frühen 17. Jahrhundert auch die Landschaft geprägt hat. Das Brunnenhaus Hammer war Weichenstellung der Soleleitungen zu den Salinen Traunstein und Rosenheim. Mit einem Fassungsvermögen von 1200 Kubikmetern konnte es bei Ausfall der Druckleitungen beide Salinen 8 bis 10 Tage mit Sole versorgen.

Historische Stätten von Salzhandel und Salzerzeugung berührt auch der **Traunsteiner Salinenrundweg.** In Traunstein sieht man das gut erhaltene Salinengebäude-Ensemble am Karl-Theodor-Platz mit der Salinenkapelle.

Im Kurpark von Bergen beginnt der 6,5 Kilometer lange **Bergener Salinenrundweg.** Er zeigt die Verbindung des historischen Soleleitungsweges mit der bereits seit dem 3. Jahrhundert nach Christi genutzten Primusquelle mit ihren Gedenkstätten.

Zur einzigen, noch vollständig erhaltenen Brunnenhausanlage der zweiten bayerischen Soleleitung führt der **Grassauer Salinen- und Moorrundweg.** Interessant ist die Verbindung von Soleleitung und Torfgewinnung. Die großen Torfvorkommen von Rosenheim waren zu Beginn des 19. Jahrhunderts ein wichtiger Faktor bei der Standortwahl der neuen Saline. Der weitgehend erhaltene, etwa 6 Kilometer lange Aufschlagwasserweg zur Rottauer Alm mit einem Höhenunterschied von 300 Metern zeigt den großen Aufwand bei der Wasserversorgung zum Betrieb der Solepumpen.

Der Fritsch-Landkartenverlag in Hof hat mit dem Blatt 86 eine eigene Wanderkarte für die historischen Salinenwege zwischen Watzmann und Chiemsee herausgegeben.

Das Triftwesen

Als **Trift** wird der Transport von ungebundenem Holz vom Hiebort zum Verbraucherort bezeichnet. Die Trift war lange Zeit die einfachste und oft die einzige Möglichkeit des Holztransportes. So wurde der Einschlag in den Wäldern rund um Reit im Winkl über den Lofer Bach und seine Quellbäche zur Tiroler Ache nach Kössen zu den dortigen Hüttenwerken getriftet.

Waldungen, die wegen der natürlichen Fließrichtung der Gewässer nicht von dem Land genutzt werden konnten, in dem sie gewachsen waren, wurden »Wechselwälder« genannt. Solche Wälder befanden sich im Bereich des Spitzingsees. Dort wurde das Holz über die Valepp zu den Hüttenwerken ins tirolische Inntal gebracht. Bayern erhielt dafür tirolisches Holz aus dem Einzugsgebiet des Rißbaches und der Dürrach zur Trift über die Isar in die Landeshauptstadt. Für den Einschlag gab es sogenannte »Wechselwaldkontrakte«, die rund alle hundert Jahre erneuert wurden. Seit 1814 allerdings, seitdem Tirol in die Republik Österreich eingegliedert wurde, sind diese Verträge gegenstandslos.

Das **Holz** war über Jahrhunderte der alleinige Energieträger bei der Erzeugung von Salz aus Sole. Dabei wurde die dreifache Menge Wasser zum Verdampfen gebracht, was einen hohen Holzbedarf zur Folge hatte. Weil die Gebirgsbäche zu wenig Wasser hatten, mußten sogenannte »Klausen«, das sind schleusenartige Querbauwerke, errichtet werden, um Wasser aufzustauen. Die Klausen waren anfangs aus Holz, später aus Stein. Durch eine entsprechende Vorrichtung konnte das ablaufende Wasser reguliert und damit das Holz zu Tale geschwemmt werden. Sogenannte »Hutposten« sorgten ent-

420 Stufen zählt die »Himmelsleiter« am Soleleitungsweg bei Weißbach. Rohre bringen die Sole vom Hochbehälter ins Tal.

lang der Gewässer für den reibungslosen Ablauf der Trift. Am Zielort gab es Triftrechen, um die Hölzer aus dem Wasser zu bergen. Das waren Scheite, deren Länge zur Verhinderung von Uferschäden auf drei Schuh, etwa 90 Zentimeter, begrenzt waren.

Wenn Seen die Trift behinderten, wurden sie entweder durch einen Kanal umfahren (zum Beispiel beim Hintersee) oder mit Hilfe von Scheeren, die man auch »Bogen« nannte, überwunden. Das war am Königssee und am Waldsee der Fall. Unter »Scheeren« sind mit Ketten verbundene Baumstämme zu verstehen, durch die 400 bis 600 Klafter Triftholz bogenförmig zusammengehalten wurden. In Bewegung gesetzt wurden diese Scheeren durch Südwind oder durch Flöße bzw. Boote, auf die man große Segel setzte. Im ungünstigsten Fall mußte man sie oft wochenlang mit Seilwinden von Hand fortbewegen. Im Berchtesgadener Land war nach der 1912 erfolgten Errichtung der Kiblinger Sperre in der Saalach zur Stromversorgung der Bahnlinie Bad Reichenhall – Berchtesgaden die Trift für immer beendet. Im **Holzknechtmuseum** von Ruhpolding-Laubau kann man Dokumente über dieses bedeutungsvolle Transportwesen bewundern.

Der Kampf um das Salz

Die Fürstbischöfe von Salzburg und die Fürstpröpste von Berchtesgaden, aber auch die bayerischen Herzöge stritten seit dem 11. Jahrhundert um den Besitz der Salzlagerstätten und den Einfluß auf die Handelswege. Das gewonnene Salz mußte in die Welt hinaustransportiert werden, damit es Geld brachte. Das Salz aus Hallein, Schellenberg und Berchtesgaden wurde auf der Salzach verschifft, und zwar auf sogenannten »Salzzillen« oder »Plätten«. Das waren offene oder teilweise eingedeckte Lastkähne. Das Reichenhaller Salz kam auf Salzstraßen, deren Routen festgelegt waren, auf die Märkte. Dort mußte das Salz verzollt werden, wenn es zum Kauf angeboten wurde. Das gab reichen Verdienst für die Landesherren in den betreffenden Gebieten und für die Orte an den Wegen. Die »Ausfergen« (Schiffer) aus Laufen brachten das Salz von Hallein bis zur Stadt Laufen an der Salzach. Die »Naufergen« schifften das Salz weiter nach Passau. Von dort gelangte es donauaufwärts oder -abwärts per Schiff oder per Zug von Regensburg beispielsweise über die güldene Steige und auf Saumpfaden nach Böhmen.

Kulturelle Highlights im Berchtesgadener Land

Der Salzreichtum des Landes hatte eine wirtschaftliche Blüte über viele Jahrhunderte zur Folge und erlaubte es den Nutznießern, in Kunst und Kultur Denkmale zu schaffen, die oft ihresgleichen suchen.

In **Berchtesgaden** steht am Schloßplatz die **Stiftskirche**, ursprünglich eine romanische Basilika des 12. Jahrhunderts mit teilweise spätgotischer Ausstattung. Das Chorgestühl ist um 1440 entstanden, also spätgotisch. Der romanische Kreuzgang, der vom Schloßplatz aus zugänglich ist, entstand um 1200. Er birgt zahlreiche Grabsteine, der älteste aus dem Jahre 1278. Der Berchtesgadener Kurgarten war einst Hofgarten. Am rückwärtigen Teil findet sich das Ganghofer-Denkmal, entworfen von Ferdinand von Miller. Der alte **Friedhof** wurde 1685 angelegt. Am Eingang bei der Franziskanerkirche befindet sich das Grab von Anton Adner (1705–1822), einem Bürger Berchtesgadens, der zeit seines Lebens mit Berchtesgadener Holzwaren unterwegs war.

Wahrscheinlich Peter Intzinger aus Salzburg erbaute 1488 bis 1519 die **Franziskanerkirche**. Das Oratorium wurde 1686 hinzugefügt und nach 1780 mit dem Wappen des Fürstpropstes Joseph Conrad von Schroffenberg versehen. Die 1668 angebaute Marienkapelle besitzt italienischen Barockstuck. Das **Franziskanerkloster** entstand 1401 als Frauenkloster und wird seit 1695 von Franziskanern bewohnt. In der Maximilianstraße steht die Frauenkapelle aus dem Jahre 1705. Im Luitpoldpark erinnert das Bronzedenkmal des Prinzregenten Luitpold an seinen Schöpfer Ferdinand von Miller.

Nach Plänen von Professor Lange wurde durch Franz von Gärtner in italienisch-klassizistischem Stil die **königliche Villa** in den Jahren 1849 bis 1852 realisiert. In der Ganghoferstraße steht die evangelische Christuskirche. Über Stiegen geht es zum **Kalvarienberg** mit vier Kreuzwegstationen und einer Kreuzigungsgruppe (1760). Darüber liegt **Schloß Fürstenstein** mit einer sehenswerten Kapelle. Am Doktorberg findet sich das einstige, bereits 1645 erwähnte Hofrichterhaus. Anläßlich der hundertjährigen Zugehörigkeit Berchtesgadens zu Bayern schuf Professor Alberthofer am Rathausplatz einen Brunnen. Am gleichen Platz ist 1643 erstmals das **Mundkochhaus** erwähnt. Im Giebel sieht man das Fresko des heiligen Rupertus.

Turm- und Langhausmauern der Pfarrkirche **St. Andreas** sind teilweise noch romanisch und im 14. Jahrhundert gotisiert worden.

Das **Nonntal**, benannt nach den Augustiner-Nonnen, die hier ihr erstes Kloster hatten, ist reich an Sehenswürdigkeiten. Dazu gehören der Pfarrhof, das Pfarrheim St. Andreas, das Kanzlerhaus, das Gasthaus »Nonntal«, das 1657 erwähnte Schacherkreuz, ein alter Aussegnungsplatz, und die Hilgerkapelle mit einer Kopie des Gnadenbildes Maria Dorfen. In der Schroffenbergallee steht das **Schloß Adelheim**, 1614 erbaut. Hier befinden sich eine Verkaufsausstellung der Berchtesgadener Heimatkunst und das Heimatmuseum. Die »Berchtesgadener War« – Spanschachteln, Stroheinlegewaren und Weihnachtsschmuck – ging einst in die ganze Welt und war neben dem Salz der zweitwichtigste Erwerbszweig. In der Brauhausstraße steht das 1645 durch Fürstpropst Ferdinand von Bayern errichtete **Hofbrauhaus**. Gegenüber die Pfistermühle und dahinter das Wildmeisterhaus, vormals Wohnung des Jagdbeamten des Stiftes.

Zu den Sehenswürdigkeiten in der Umgebung Berchtesgadens gehört ganz besonders das **Bergwerk**, das besichtigt werden kann. In Unterau befinden sich Galgenbichl und Freimannlehen, das heißt die Hinrichtungsstätte und der Galgen des Berchtesgadener Hochgerichtes zur Fürstpropstzeit, die 1803 endete. 1901 ist zum letzten Mal ein Verbrecher mit dem Schwert hingerichtet worden.

Die **Laroswacht** ist ein altes Wächterhaus mit dem Wappen des Fürstpropstes Joseph Conrad von Schroffenberg. Bis 1258 war der hier mündende Larosbach die Gerichtsgrenze zwischen Salzburg und Berchtesgaden. An der Roßfeldstraße zwischen Unter- und

Vom Wartstein über Ramsau sieht man auf Hintersee und Reiter Alm.

Oberau steht die Zellergrabmühle mit der Zellergrabkapelle.

Die Kirche von **Oberau** hat einen Altar aus dem Jahre 1674. Aber die schönste Kirche des Berchtesgadener Landes ist die **Wallfahrtskirche Maria Gern**, 1709 auf elliptischem Grundriß erbaut. Vor der Kirche steht eine Votivsäule aus dem Jahre 1719. Von Berchtesgaden aus läuft man eine Dreiviertelstunde. Auf dem Fußweg nach Berchtesgaden entdeckt man die **Angererkapelle** mit der eindrucksvollen Schnitzfigur »Christus an der Rast« aus dem Jahre 1681.

Bischofswiesen ist nicht nur ein attraktiver Fremdenverkehrsort, er besitzt auch ein reiches Kulturerbe. Dazu gehört die neue Herz-Jesu-Kirche mit einem eindrucksvollen Kruzifix des Halleiner Bildhauers Jacob Adelhart. Neu ist auch die Pfarrkirche Johannes Nepomuk in Winkl und die Pfarrkirche St. Michael in Strub. **Loipl** hat eine Wallfahrtskirche mit einer Ölbergkapelle, und aus Kälbersteiner Marmor wurde die Kälbersteinkapelle in Stanggaß errichtet. Hier steht auch die Sieglkapelle, und im Rostwald befindet sich das Rostkreuz in einer Kapellennische mit Kruzifix und Mater dolorosa.

In **Engedey** steht die Bachmannkapelle

und in Bischofswiesen selbst die Steinerkapelle. In Engedey wurde auch am Soleleitungsweg das ehemalige Brunnenhaus Ilsank und Söldenköpfl erbaut. In **Hallthurm** sind die Reste einer Grenzbefestigung des Stiftes Berchtesgaden gegen Reichenhall aus dem 12. Jahrhundert zu sehen. Die Kapelle in der Nähe entstand 1753.

Marktschellenberg hat seine Pfarrkirche **St. Nikolaus**, erbaut im neugotischen Stil anstelle einer Kapelle, die im 12. Jahrhundert errichtet wurde. Die Innenausstattung besitzt für die Geschichte des Marktes interessante Epitaphien aus dem 16. bis 18. Jahrhundert und künstlerisch wertvolle Plastiken aus der ehemaligen gotischen und barocken Einrichtung. Neben der Kirche steht die **Pestsäule** aus dem Jahre 1626 und am Rathaus unter den Arkaden eine Gedenktafel für den Berchtesgadener Fürstpropst Jacob II. Pütrich (1567–1594).

Rest einer alten Grenzbefestigung ist der Marktschellenberger **Wehrturm** aus dem Jahre 1252, zum Schutze der Berchtesgadener Probstei und ihrer Salzwerke am Goldenbach und in Schellenberg errichtet. Wenige Meter daneben steht ein altes verwittertes **Steinkreuz**, ein Sühnekreuz, das an einen 1382 stattgefundenen Kampf zwischen den Söldnern des Erzbischofs Pilgrim von Salzburg und den bayerischen Truppen des vom Berchtesgadener Propst Ulrich I. Wulp um Hilfe gebetenen Bayernherzogs Friedrich erinnert. Der Brunnen am deutschen Zollamt zeigt ein Wappen des Berchtesgadener Fürstpropstes Balthasar Hirschauer (1496–1508). Neben dem österreichischen Zollamt sind am Handenstein Marmortafeln angebracht.

Die Wallfahrtskirche in **Ettenberg** ist eine spätbarocke, einschiffige Anlage, erbaut auf Geheiß des Berchtesgadener Fürstpropstes Julius Heinrich von Rehlingen (1723–1732). **Haus Friedensberg** in Ettenberg wurde ursprünglich Schellenberger Hof genannt und erstmals unter Propst Conrad III. von Berchtesgaden (1251–1283) erwähnt. Die **Kugelmühle** in der Almbachklamm ist die letzte Deutschlands und seit 1683 in Betrieb. Die Klamm selbst ist 2,5 Kilometer lang und hat ein Gefälle von 200 Metern. Sie ist in den Jahren 1861 bis 1865 erschlossen worden.

Als Wahrzeichen von **Ramsau** gilt die Pfarrkirche **St. Fabian und Sebastian**. Mit der Reiter Alm im Hintergrund ist sie ein beliebtes Motiv für Fotografen und Maler. Ursprünglich war es eine gotische Kirche. Sie wurde 1512 durch den Berchtesgadener Fürstpropst Gregor Rainer neu erbaut. Der Friedhof entstand 1685. Josef Mohr, Dichter des Weihnachtsliedes »Stille Nacht, heilige Nacht...« weilte im Jahre 1815 einige Monate als Aushilfspriester in Ramsau. Hübsch ist auch die evangelische Kirche in Ramsau.

Eine ehemalige Malerherberge für die Mitglieder der »Münchner Schule« ist der Gasthof »Auzinger« in **Hintersee**. Beliebtes Motiv der Maler war der Hintersee mit dem Spiegelbild des Hohen Göll. In der Gemeindeverwaltung Ramsau wird die Auzinger Künstlerchronik verwahrt.

Die Hirschbichlstraße entstand 1246 anstelle eines alten Saumweges über den Hirschbichl wegen des Halleiner Salztransportes. Ab 1286 brachten die Berchtesgadener ihr Salz auf diesem Weg in den Pinzgau.

Hinter dem Gasthof »Oberwirt« auf dem Weg zur Wallfahrtskirche Maria Kunterweg steht die **Kreuzigungskapelle**. Das Vordach ruht auf zwei Nagelfluhsäulen. In der großen Nische steht eine Kreuzigungsgruppe mit Christus, den beiden Häschern, Maria, Johannes und Maria Magdalena. »Kunterweg« bedeutet Kleinviehweg, das heißt, er war nur für Schafe, Ziegen und ähnliches geeignet. Er führt zur **Wallfahrtskirche Maria Kunterweg**, für die 1731 der Grundstein durch den Berchtesgadener Fürstpropst Julius Heinrich von Rehling gelegt wurde. Ein bedeutendes Kunstwerk ist der Hochaltar des Berchtesgadener Hofschreiners Christoph Datz, 1750 in reiner Holzarbeit gefertigt, im Mittelpunkt das geschnitzte Gnadenbild aus dem Jahre 1690.

Der **Hirschbichl** an der Grenze zu Österreich mit dem gleichnamigen Gasthaus war ehemals ein befestigter Paß, der den Zugang von Berchtesgaden zum Pinzgau sperrte. In den Tiroler Kriegen des Jahres 1809 war dies

Die Wallfahrtskirche Maria Gern ist ein Juwel unter den Kirchenbauten des Berchtesgadener Landes. 1709 hat man durch den barocken Neubau eine hölzerne Kapelle ersetzt.

ein hart umkämpfter Geländepunkt zwischen den Pinzgauer Bauern und den bayerischen Truppen.

Auch **Schönau** am Königssee ist reich an Sehenswürdigkeiten. Dazu gehört der Berchtesgadener Bergfriedhof, der 1948 auf dem Gelände des Lustheims angelegt worden ist. Hier stand einst das ehemalige fürstpröpstliche Lustschloß. Die Pfarrkirche in **Schönau/ Unterstein** ist Mariä Siebenschmerzen geweiht. Sie besitzt noch einige Votivbilder, die an die Wallfahrt zur Schmerzhaften Mutter unterm Stein erinnern.

Am Platz der ehemaligen Untersteiner Kirche, der Arcokirche, steht ein Gedenkstein im Garten des Landhauses Graßl. Er enthält ein Bild der nicht mehr existierenden Kirche, die einst von Max Graf zu Arco-Zinneberg, dem berühmten Adlergrafen, bekannt durch Ludwig Ganghofers Roman »Schloß Hubertus«, in Auftrag gegeben wurde.

Im Gelände des heutigen Bundesbahnsozialwerkes Haus Hubertus steht die **Schornkapelle**, die 1699 in alten Urkunden erwähnt wird. Bis 1855 hat sie den Schönauer und Königsseer Einwohnern als Gotteshaus gedient.

Am Königssee inmitten eines kleinen Steingartens erhebt sich das Prinzregenten-Denkmal. Es erinnert an Luitpold von Bayern. Das Hotel »Schiffsmeister« am Königssee ist seit 1882 Gasthaus. Die **Schiffshütten** am Seeufer sind in einer im benachbarten Salzburger Land seit Jahrhunderten beheimateten Technik erbaut worden. Die Triftklause beim Abfluß des Königssees, westlich der Schiffsanlegestelle, hat man 1795/96 wegen der Holztrift eingerichtet.

Auf dem Weg von der Seelände zum Malerwinkel steht die **Ländkapelle**, auch Schiffsmeisterkapelle genannt. Die Betbänke haben bemerkenswerte Reliefschnitzereien mit den Symbolen der vier Evangelisten Johannes, Lucas, Marcus und Matthäus.

Auf **Christlieger**, einer kleinen Insel im vorderen Teil des Königssees, stand bis 1711 eine Statue des heiligen Bartholomäus. Damals kenterte ein Boot, und die Insassen gelobten bei ihrer Rettung, eine Statue zu Ehren des heiligen Nepomuk zu errichten, was auch geschah.

Ein rotes Metallkreuz mit Inschrifttafel an der Falkensteiner Wand erinnert an ein schweres Bootsunglück am 23. August 1688, bei dem 70 Wallfahrer aus Mariaalm bei Saalfelden in Österreich ertranken.

Der **Malerwinkel** ist eine Bucht an der Nordseite des Königssees. Er war eineinhalb Jahrhunderte lang beliebter Standplatz der Münchner Maler und ist heute ein bekannter Aussichtspunkt.

Auf **St. Bartholomä** steht das ehemalige Jagdschloß, das jetzt als Gaststätte genutzt wird. Zunächst waren es die Berchtesgadener Fürstpröpste und Stiftskapitularen, die es bis zum Jahre 1803 nutzten, dann die Wittelsbacher. Der Bau war ursprünglich ein Fischmeisterhaus, wie aus Urkunden des Jahres 1382 hervorgeht.

Bekannt ist die Kirche St. Bartholomä, deren älteste Bauteile in die erste Hälfte des 12. Jahrhunderts zurückgehen. Der heilige Bartholomäus ist Patron der Almbauern, Sennerinnen und Hirten. Am Nordende der Halbinsel St. Bartholomä wurde eine einfache Almhütte für die Familie des bayerischen Kronprinzen Ruprecht erbaut. Sie war Lieblingsaufenthalt von Prinzessin Marie Gabriele, der ersten Gemahlin des Kronprinzen. Daran erinnert ein marmornes bildstockartiges Denkmal mit Inschrift. Ebenfalls auf der Halbinsel St. Bartholomä befindet sich das Kirchlein St. Johann und Paul in der Nähe von Quellen, deren Wasser als heilkräftig gelten und jahrhundertelang als Fieberbrunnen aufgesucht wurden. Die Kapelle ist im spätgotischen Stil errichtet.

An der Kaunerwand wurde eine zwei Meter hohe Gedenktafel aus Erz zu Ehren des Prinzregenten Luitpold anläßlich seines 90. Geburtstages angebracht.

Am Ende eines Wiesenhanges an der alten Königsseer Straße steht das Landhaus *Bergfrieden*. Es war Wohnsitz des Dichters Richard Voß. Er hatte den Königssee in seiner Erzählung »Bergasyl« verherrlicht. Berühmtestes Werk des Dichters war der Roman »Zwei Menschen«, in dem die Begründerin der Pension »Moritz« am Obersalzberg, später Platterhof genannt, als Judith Platter in der Romanliteratur verewigt wurde. Moritz Mayer alias Judith Platter und Richard Voß liegen beide auf dem alten Berchtesgadener Friedhof begraben.

Im Rupertiwinkel

1 Von der Schifferstadt Laufen in Heide und Moos

Romantik im Schönramer- und Kulbinger Filz

Tourencharakter: Lange Tour auf guten Wegen, die unterwegs, außer in Leobendorf, keine Einkehrmöglichkeit bietet. Die Route ist in einen Teil des sehr gut instandgehaltenen Heidewanderweges integriert. Zwischen Leobendorf und dem Parkplatz Knallschachen kann es Orientierungsprobleme geben.
Beste Jahreszeit: Die Wege sind, soweit es die Witterungsverhältnisse zulassen, zu jeder Jahreszeit begehbar.
Reine Gehzeit/Weglänge: 5½ Std./ 22 km.
Markierung: Keine durchgehende Markierung. Im Wiedmais Nr. »7«.
Höhendifferenz: Nicht wesentlich.

Der Bayernherzog Theodo hatte dem Bischof Rupertus, der später heilig gesprochen wurde und von 690 bis 710 wirkte, freigestellt, in seinem Herrschaftsbereich einen beliebigen Ort auszuwählen, um ein Bistum zu errichten. Die Wahl fiel auf das damals zerstörte Juvavum, das spätere Salzburg. Deshalb wird das Gebiet zwischen Salzach und Waginger See, zwischen Tittmoning und dem Teisenberg vom Volk *»Rupertiwinkel«* genannt. Die Salzburger Bischöfe gewannen schnell an Macht, das Erzbistum wurde ein eigenständiger Staat zwischen Bayern und Österreich, der nur dem Kaiser unterstand. Erst 1803 wurde es aufgelöst und zwischen Österreich und Bayern aufgeteilt. Was östlich der Salzach liegt, wurde österreichisch, der westliche Teil bayerisch.

So ist auch die alte Schifferstadt **Laufen**, die in einer Salzachschleife liegt, damals von ihrer Vorstadt, dem heute österreichischen Oberndorf, getrennt worden. In **Oberndorf** wurde das berühmte Weihnachtslied »Stille Nacht, heilige Nacht« komponiert und ging von hier um die Welt. Eine Gedächtniskapelle erinnert daran. Eine Brücke verbindet die Altstadt Laufens mit ihren Stadttoren und den alten Häuserfassaden im Salzachstil mit Oberndorf. An der Spitze der Landzunge, auf der sich Laufen ausgebreitet hat, steht die älteste gotische Hallenkirche Süddeutschlands mit dem in seiner Art einmaligen Kreuzgang. In die um 1330 errichtete Halle der Kirche ist der romanische Turm des Vorgängerbaues integriert. Das Schloß südlich des den Stadtkern beherrschenden Marienplatzes ist ein nüchterner Bau. Der Erzbischof Wolf-Dietrich hat ihn 1608 errichten lassen.

Laufen ist als Schiffersiedlung entstanden, denn die Salzach wurde seit dem frühen Mittelalter mit Schiffen befahren. Grundlage für die Blüte der entstehenden Stadt waren die Salztransporte von Reichenhall und Hallein nach Passau donauabwärts und im Gegenzug die Wein- und Getreidetransporte flußaufwärts. Die Stadt war der wichtigste Handelsplatz des Erzbistums Salzburg. Die einstige Bedeutung und der Reichtum sind noch erkennbar, wenn man durch die Straßen schlendert, und zwar vom Marienplatz aus über die Rottmayrstraße zur Pfarrkirche oder über die Schloßstraße zum Schloß. Die Straßen sind heute verkehrsberuhigt, weil man die Autos in der Tiefgarage Salzachhalle vor dem Oberen Tor abstellen muß. Die malerischen alten Bürgerhäuser sind sicherlich auch dem ein Begriff, der noch nie in Laufen war, denn hier wurden die Außenaufnahmen zu der bekannten Fernsehserie »Das königlich-bayerische Amtsgericht« gedreht. An die alte Zeit erinnern Feste, die jährlich wiederkehren und viele Besucher aus nah und fern anlocken, wie das »Himmelbrotschutzen« der Schiffergilde Laufen – Oberndorf am Himmelfahrtstag, das Schifferstechen und die Piratenschlacht. Am Thannberg feiert man das Sonnwendfest. Es gibt Fluß- und Seefeste, ein Bürgerfest – und das nicht nur für die Bürger, sondern auch für die vielen Gäste, die in

Die Brücke, die vom Marienplatz in Laufen aus über die Salzach ins Österreichische führt, ist eine Eisenkonstruktion im Jugendstil aus dem Jahre 1902/03.

dem staatlich anerkannten Erholungsort ihre Ferien verbringen. Dabei ist Laufen und sein Umland immer noch fast ein Geheimtip.

Still, fast unberührt sind die westlich und südwestlich der Stadt gelegenen Moose und Filze. Nicht überlaufen ist das Naherholungsgebiet **Abtsdorfer See** im Südwesten und reizvoll die Auenlandschaft längs der Salzach. Im Süden ragen über die abwechslungsreiche Hügellandschaft die steinernen Gipfel der Berchtesgadener Alpen auf, vor allem der Hochstaufen mit dem Zwiesel und der Untersberg. Um den Abtsdorfer See herum gibt es ausgedehnte Moose, das *Weidmoos* und das *Haarmoos*, an die sich im Norden das *Kulbinger Filz* und im Westen das *Schönramer Filz* anschließen. Das Schönramer Filz ist durch einen Heidewanderweg erschlossen, der auf einem aufgeschütteten Damm verläuft und Einblick in eine urtümliche Landschaft bietet. Es ist schwer, sich der Stimmung zu entziehen, die von der grünlich und bräunlich getönten Feuchtvegetation ausgeht, in der verkrüppelte Birken wie Lichtpfähle wirken. Auch fotografisch läßt sich die Stimmung schwer erfassen, die ohnehin mit dem Wechsel der Tageszeiten und Lichtverhältnisse stets andere Eindrücke vermittelt. Noch ursprünglicher ist der dicht mit Bäumen bewachsene *Wiedmais* und das Kulbinger Filz. Einen Überblick über die Mooslandschaft hat man von der Höhe des *Hungerberges* aus, auf dem einige Gehöfte angesiedelt sind. Wer in dem Gebiet wandert, kommt vorwiegend durch Weiler mit einem besonders reichen Bestand an historischen Bauernhäusern. **Kulbing**, auf einer Anhöhe im Moränengebiet des Salzburger Flachgaus, ist so ein Beispiel. Die Höfe sind an der Straße nach Osten ausgerichtet, ihr Alter reicht über mehrere Jahrhunderte. Darunter gibt es unverputzte Blockhäuser aus dem 17. und 18. Jahrhundert und verputzte aus dem 19. Jahrhundert. Auffallend sind die sogenannten *Schlackensteinhäuser*. Sie sind aus bräunlich und rötlich gesprenkelten Steinen mit großen Fugen gebaut und machen einen etwas düsteren Eindruck.

Das Wahrzeichen der Stadt Laufen im Salzachbogen bildet die im Jahre 1338 erbaute Stiftskirche.

Der Wegverlauf

Vom Laufener Marienplatz gehen wir durch Schloßstraße und Oberes Tor rechts in die Tittmoninger Straße. Beim *Traunsteiner Hof* biegen wir links hoch in die Teisendorfer Straße und wandern auf dem Fußgängerweg durch die Bahnunterführung aufwärts am *Gasthof Haiden* vorbei. Mit weitem Blick über das Umland erreichen wir **Froschham** mit der um 1800 gebauten Herz-Jesu-Kapelle. Ein Waldstreifen baut sich vor uns auf. Er wird vom Schinderbach begrenzt, einer Wasserverbindung zwischen Höfener-Stausee und Abtsdorfer See. Ein Hohlweg leitet uns durch die Bäume. Wir sind im Landschaftsschutzgebiet und kommen danach zur Gemeinde **Leobendorf**. Auf einer Anhöhe über dem Abtsdorfer See, vor dem Kirchhügel, schwenken wir nach rechts und biegen bei einer *Dreieckskreuzung* links ab. Es geht nun langgezogen abwärts ins **Weidmoos.** Die Moosweiler *Stögen* und *Oed* bleiben rechts liegen, und im Bogen erreichen wir *Ehemoosen*. Im Blickfeld die Berchtesgadener Alpen.

Anschließend erreichen wir eine Kreuzung an der *Staatsstraße 2103* in der Nähe von Dorfen. Der folgen wir nach rechts auf den Wald zu und biegen hier links ab nach *Hungerberg* hoch. Das ist für uns nur ein Abstecher, denn wir müssen auf der Zufahrtsstraße bis zur Dreieckskreuzung zurückgehen, um erneut rechts durch *Friedelreut* und vorbei am ukrainischen Friedhof wieder auf die Staatsstraße zu stoßen. Im Friedhof liegen 54 Ukrainer und ein Grieche begraben, die in den Jahren 1944/45 verstorben sind. Rechts von der Fahrstraße stoßen wir auf einen Wanderparkplatz. Er heißt **Knallschachen**. Und von hier führt ein Heidewanderweg erst nördlich, dann nordwestlich durch das *Schönramer Filz*. Vom Dammweg aus sind Plattformen mit Bänken in das Moos gebaut. Man kann hier die Moosromantik genießen und sich von den wechselnden Stimmungen der eigentümlichen Heidelandschaft einfangen lassen. Zwischen Baumstrünken haben sich grüne Lachen gebildet, Birken und Kiefern wachsen verstreut zwischen Grasinseln und Kräutern. Der Heidewanderweg zweigt links ab. Wir halten uns geradeaus, nordwärts. Fichtenwald beginnt zu dominieren.

In Höhe des *Schrammgrabens* stoßen wir auf eine Fahrstraße und überqueren sie. Auf einer Anhöhe erblicken wir im Südosten den Weiler Geisbach. Ein Stück geht es am Waldrand weiter, ehe wir wieder hineintauchen und jetzt dem Wanderwegzeichen **7** (in einer Raute) folgen. Zwischen Fichten und Birken hat sich am Waldboden ein Moos- und Krautteppich ausgebreitet. Bei einer Kreuzung stehen *Waldhütten*. Und hier halten wir uns rechts in südöstlicher Richtung. Wo ein verwachsener Weg einmündet, schwenkt unser Forstweg links ab und stößt auf das Gehöft *Wiedmais* in einer Lichtung. Es ist allerdings nicht zugänglich. Das *Kulbinger Filz* nimmt uns auf, wir sind jetzt in einer Buschwildnis und auf einer verwachsenen Wegroute in östlicher Richtung. Aus dem Gewirr von Birken und Sträuchern wird ein Hochwald, und nach wenigen Schritten ist der Rand erreicht. Vor uns liegt ein Hügel, dem wir ein Stück bergauf folgen. Ein Querweg nimmt uns nach links, nach Norden, auf, und der nächste Abzweig ostwärts läßt uns Kulbing erreichen.

In **Kulbing** halten wir uns rechts und kommen im Bogen hinunter zu einem Waldvorsprung. Beim *Schinderbach* bewegen wir uns auf einer querverlaufenden Straße nach links. Von der biegen wir aber gleich rechts weg, gehen über die Bachbrücke, am Rande eines Waldstücks entlang und kommen zum nächsten Waldstück, dessen Rand uns weiterleitet in Richtung Biburg. Linker Hand steht eine *Feldkapelle*. Den Blick begrenzt ein Waldstreifen. Wir kommen zu einem querverlaufenden Weg, dem wir nach links an den Bäumen entlang folgen. Wir überqueren die Bahngleise und gehen nach rechts in eine Vorfahrtstraße. Der Fußweg neben der Straße bringt uns nach **Laufen** hinein. Beim Rasthaus »Stüberl« geht es steil hinunter, vorbei an der Landwirtschaftsschule und am Traunsteiner Hof, zurück zum Marienplatz.

Nützliche Informationen

Ausgangsort: Laufen liegt an der Salzach, am nördlichen Rand des Landkreises Berchtesgaden, an der Bahnlinie Berchtesgaden – Freilassing – Mühldorf und an der Bundesstraße 20.

Ausgangspunkt: Marienplatz in der Altstadt von Laufen.

Anfahrt/Rückfahrt: Von Bad Reichenhall, dem Landkreissitz, bzw. von der Autobahnausfahrt Bad Reichenhall auf der B 20 nordwärts. Der Bahnhof von Laufen liegt am Westrand der Stadt.

Höhendifferenzen: Keine wesentlichen.

Etappenlängen: Insgesamt 22 km; Laufen –

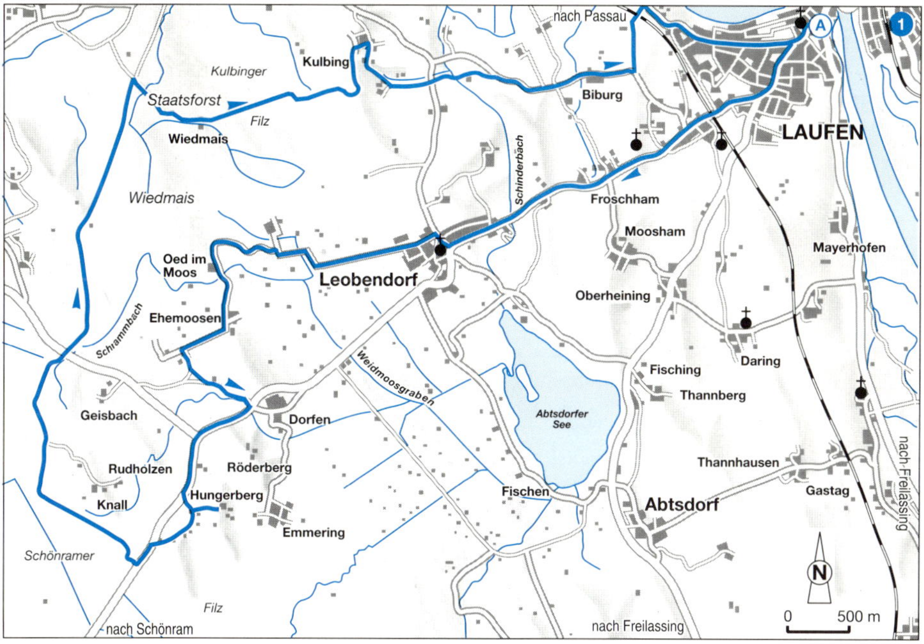

Leobendorf 3,5 km; Leobendorf – Hungerberg 4,5 km; Hungerberg – Parkplatz Knallschachen 1 km; Parkplatz – Heideweg – Wiedmais 6 km; Wiedmais – Kulbing 2 km; Kulbing – Laufen 5 km.
Gehzeiten: Insgesamt 5½ Std.; Laufen – Leobendorf 50 Min.; Leobendorf – Hungerberg 70 Min.; Hungerberg – Parkplatz Knallschachen 15 Min.; Knallschachen – Wiedmais 90 Min.; Wiedmais – Kulbing 30 Min.; Kulbing – Laufen 75 Min.
Einkehr: Außer in Leobendorf (3,5 km von Laufen), keine. Es wird empfohlen, Essen und Trinken mitzunehmen.
Sehens- und Wissenswertes: • Die Altstadt in Laufen mit den alten Häuserfassaden, die Bürgerhäuser im Salzachstil mit der ältesten gotischen Hallenkirche Süddeutschlands und dem Schloß im salzburgisch-italienischen Palazzostil, die Stille-Nacht-Kapelle in Oberndorf, der Abtsdorfer See und das denkmalgeschützte Ensemble in Kulbing.
Auskunft: Verkehrsverband Abtsdorfer See, Geschäftsstelle Leobendorf, 83410 Laufen, Tel. (0 86 82)18 10.
Karte: Topographische Karte, Bayerisches Landesvermessungsamt, 1:25 000, Blatt 8043.

2 Von Laufen nach Süden

Ein Fluß, ein Schloß und ein See

Tourencharakter: Eine von der Länge her etwas anspruchsvollere, aber sonst bequeme Wanderung auf überwiegend befestigten Wegen. Wo die Route auf Fahrstraßen verläuft, gibt es kaum Beeinträchtigungen durch den Verkehr, außer im Bereich des Abtsdorfer Sees, der in der Saison als Naherholungsgebiet gut besucht ist. Die Salzachauen sind still.
Beste Jahreszeit: Je nach Witterungsverhältnissen zu jeder Jahreszeit begehbar.
Reine Gehzeit/Weglänge: 4 Std./15 km.
Markierung: Am Salzachufer Markierung Nr. »2«, »3« und »5«.
Höhendifferenz: Nicht wesentlich.

Laufen ist im Salzachbogen bei den Stromschnellen entstanden und war unter den Römern ein befestigter Platz: »Castellum ad Loffi«. Im Althochdeutschen heißt ein Felshindernis im Fluß »loufe«. Die Felsriffe an der Flußschleife zwangen die Schiffe zum Umla-

Die Fischrechte am idyllischen Abtsdorfer See bei Laufen gehörten einst dem Erzstift Salzburg und der Abtei von St. Peter. Heute wird hier Wassersport großgeschrieben.

den. Der Weg zur Siedlung war also zwangsläufig. Um die Mitte des 8. Jahrhunderts erwarb der Salzburger Bischof Virgil die Siedlung. Erste gesicherte Hinweise auf die Salzachschiffahrt gibt es seit 826. Als Stadt im Sinne eines befestigten Handelsortes für das Erzstift Salzburg – hier wurde das Reichenhaller und Halleiner Salz umgeschlagen – erscheint Laufen im 11. Jahrhundert. Im 12. Jahrhundert war die Stadt eine Insel des Wohlstandes und der Ordnung, so daß man sogar die Münzprägestätte der Salzburger Erzbischöfe und Landesherren hierher verlegt hat. Bei den Provinzialkonzilen, Hof- und Gerichtstagen, gaben sich geistliche und weltliche Große in der Stadt ein Stelldichein. 1166 hielt Kaiser Friedrich I. Barbarossa in Laufen Hof- und Gerichtstag. Er wollte damit den papsttreuen Salzburger Erzbischof gefügig machen.

Der Fluß war im Guten wie im Bösen Schicksal der Stadt, aber erst 1816 wurde er Grenzfluß. Die Vorstädte Altach und Oberndorf kamen zu Österreich, und als man Ende des 19. Jahrhunderts die Eisenbahn baute, wurde die Salzachschiffahrt eingestellt. Die Lebensgrundlage der Stadt ging verloren. Die Schiffer gerieten in Not, und es erschien wie ein kleines Wunder, als im Unheils- und Hungerjahr 1816 in der österreichischen Schifferkirche St. Nikola erstmals das Lied »Stille Nacht, heilige Nacht« erklang und über die ganze Welt gehen sollte.

Das Bild der Stadt ist heute noch gezeichnet vom Fluß, vom Hauch der Ferne und von der geistigen Kraft und Architektur des Südens. Es ist die Inn-Salzach-Architektur in ihrer heiteren Gestalt. Das Straßenbild mit den Plätzen und Gassenschluchten gehört zu den Kostbarkeiten der Vergangenheit, die uns bis heute erhalten blieben. Und von der Stiftskirche, sie ist das Wahrzeichen der Stadt, heißt es in einer zeitgenössischen Urkunde: »Opus sumptuosum ac mira pulchritudine«, »ein aufwändiges Werk von wunderbarer Schönheit«. Anno 1338 ist sie entstanden. Der Kreuzgang enthält einen nahezu lückenlosen Überblick alter Grabmalkunst vom 14. bis zum 19. Jahrhundert. In dieser Kirche hat auch Johann Michael Rottmayr, der große Barockmaler, der 1654 in Laufen geboren wurde, gearbeitet. Laufen war immer eine

Stadt der Künstler, von der Spätgotik bis in unsere Zeit. In ihr hat Gordian Guckh als Maler gewirkt und der Barockbildhauer J. A. Pfaffinger seine Werke geschaffen.

Der Boden dieser geschichtsträchtigen Stadt ist seit der jüngeren Steinzeit besiedelt. Auf ihm waren Illyrer, Kelten und Römer seßhaft.

Zu den Wahrzeichen in der Umgebung gehört seit dem frühen Mittelalter das südlich gelegene **Schloß Triebenbach.** Seine Anfänge stammen aus dem 12. Jahrhundert. Die ersten Besitzer waren die Herren von Trüebenbach. Dann war es im Besitz von verschiedenen Salzburger Adelsfamilien. Der letzte adelige Besitzer war Freiherr von Schidenhofen. Sein Sohn Joachim war ein Jugendfreund von Wolfgang Amadeus Mozart. Im Schloß sollen unter anderem auch einige Liedkompositionen des jungen Mozart entstanden sein. Bemerkenswert am Gebäude sind das Renaissance-Doppelportal und der Komedisaal. Das Schloß kann allerdings nicht besichtigt werden. Der heutige Besitzer hat ringsherum sogar Warntafeln aufgestellt. Im nahen Ort *Niederheining* ist die *St. Laurentiuskirche* ein Kleinod spätgotischer Kunst.

Landschaftlich besonders schön ist der **Abtsdorfer See**, dessen Fischrechte dem Erzstift Salzburg und den Äbten von St. Peter gehörten. Der Zauber der Landschaft offenbart sich vor allem, wenn sich an einem schönen Sommerabend der Turm der spätgotischen Kirche von Leobendorf im Wasser spiegelt und wenn die weiten Wälder des Mooses dem See Kühle und Frieden schenken.

Durch das Schönramer Filz führt ein Heidewanderweg. Er erschließt eine urtümliche Moorlandschaft.

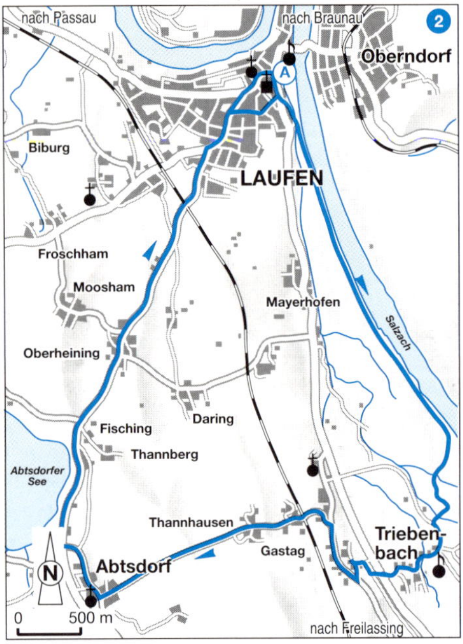

Der Wegverlauf

Vom Marienplatz in der Altstadt **Laufens** halten wir uns ostwärts auf die Grenzbrücke zu. Rechter Hand können wir auf Treppen hinunter zum Salzachufer hinabsteigen (durch die *Feuergasse*). Dann halten wir rechts auf dem befestigten *Uferweg* tief unter den Uferhäusern entlang auf eine Holzbrücke zu. Sie überquert den Stadtbach. Im Auwaldstreifen, der uns jetzt aufnimmt, sind Bänke aufgestellt. Wir sind auf dem *Abtsdorfer Wanderweg* mit den Kennummern *2, 3 und 5* in einer aufgestellten Raute. Weit und träge fließt die **Salzach** zwischen den grünen Wülsten des Randwaldes. Parallel zu unserem Uferpfad, etwas erhöht, verläuft ein Fahrweg. Bei einer Schranke und einer Holzhütte schwenkt Weg **Nr. 2** rechts in den Forstweg ab. Zwischen Ulmen, Eichen, Ahorn, Linden und Erlen, einem bunten Gemisch verschiedenster Baumarten, strebt unser Weg am Ufer entlang. Der begleitende Fahrweg schwenkt vom Uferweg weg, und wir erreichen die **Surmündung**. Auch der Lauf der Sur ist durch einen breiten Damm begrenzt. Ein Holzhäuschen steht hier bei Flußkilometer 52,4 – gestartet sind wir bei Flußkilometer 49. Wir gehen nun am Damm des Flüßleins **Sur** weiter, der genau südwärts verläuft, in die Uferwiesen. Rechter Hand sehen wir bereits **Schloß Triebenbach** und die Gehöfte und Häuser, die sich um den Bau geschart haben. Vor uns ragen die Gipfel der Berchtesgadener Alpen auf. Beim ersten Gehöft (»Aubauer«) könnten wir bereits vom Damm hinuntergehen und über die Hauszufahrt zum Schloß wandern. Etwa 150 Meter auf dem Damm weiter gibt es eine reguläre *Dammabfahrt*. Von hier gehen wir im spitzen Winkel rechts weg auf das Schloß zu. Bei einem Wegdreieck mit einer Insel halten wir uns links, vorbei an der Schloßeinfahrt.

Ein wenig müssen wir jetzt in westlicher Richtung hin und her wandern, bis wir die *Bundesstraße 20* erreichen. Diese können wir an einem Durchlaß unterqueren. Danach geht es ein paar Schritte rechts, bis wir auf die Abfahrt von der Bundesstraße 20 stoßen. Sie nimmt uns beim Weiler *Loh* nach Westen in einen querverlaufenden Weg auf. Hier gehen wir ein paar Schritte links und dann rechts in die Vorfahrtstraße. Es ist eine Hangstraße, und wir kommen zum Heurigenlokal *»Weinfaßl«* mit Biergarten und gehen danach links den bewaldeten Rain hoch, und zwar auf dem *Mehlweg*. Eine Brücke aus Stein führt über die Bahnlinie nach **Gastag** hinein. Hier von der Höhe haben wir eine weite Übersicht über die Niederungen um den Abtsdorfer See. Nach wenigen Schritten erreichen wir **Thannhausen**. Immer wieder beeindruckt der Blick auf die Alpenkette. Ein Waldstreifen wird durchquert, Bänke stehen am Weg, und vor uns liegt **Abtsdorf**. Im Ort schwenken wir beim *Gasthof Huber* rechts ab, erreichen den Ortsrand und eine querverlaufende Fahrstraße. Sie nimmt uns nach rechts, nach Norden, auf. Wir sind jetzt hoch über dem Ufer des **Abtsdorfer Sees**. Am Weiler *Seethal* kommen wir vorbei und am Weiler *Fisching*. Dort, wo wir auf die Uferstraße gestoßen sind, beginnt beim *Seemair* ein Rundweg um den Abtsdorfer See, über Seebichl, Haarmoos, Seebad und Seeleiten zurück.

Von Parkbuchten aus kann man zum See hinuntersteigen. Neben der Straße verläuft ein Fußweg. Er leitet uns weg vom Seebereich nach **Oberheining**. An einem Gasthof (ohne Namen) vorbei geht es durch den Ort, wir stoßen auf den Weiler *Oberhaslach* und gehen durch die Bahnunterführung nach **Laufen** hinein. Es ist die Abtsdorfer Straße, die uns zu einer Vorfahrtstraße bringt. Beim *Café König* biegen wir hier in die *Teisendorfer Straße*. Weiter geht es auf der *Tittmoninger Straße* am Traunsteiner Hof vorbei zum Oberen Tor und auf der Schloßstraße zum *Marienplatz* zurück.

Nützliche Informationen

Ausgangsort: Laufen an der Salzach, am nördlichen Rand des Landkreises Berchtesgaden, an der Bahnlinie Berchtesgaden – Freilassing – Mühldorf und an der Bundesstraße 20.
Ausgangspunkt: Marienplatz in der Altstadt von Laufen.
Anfahrt/Rückfahrt: Von Bad Reichenhall, dem Landkreissitz, bzw. von der Autobahnausfahrt Bad Reichenhall auf der Bundesstraße 20 nordwärts. Der Bahnhof von Laufen liegt am Westrand der Stadt.
Höhendifferenzen: Keine wesentlichen.
Etappenlängen: Insgesamt 15 km; Marienplatz – Surmündung 5 km; Surmündung – Abtsdorfer See 5 km; Abtsdorfer See zurück nach Laufen 5 km.
Gehzeiten: Insgesamt 4 Std.; Marienplatz – Surmündung 1 Std. 20 Min.; Surmündung – Abtsdorfer See 1 Std. 20 Min.; Abtsdorfer See zurück nach Laufen 1 Std. 20 Min.
Einkehr: Landgasthof Weinfaßl in Loh, Gasthof Huber in Abtsdorf, Gasthof in Oberhaining.
Sehens- und Wissenswertes: • Die Altstadt Laufen mit Hallenkirche und Schloß, Schloß Triebenbach, das Naherholungsgebiet des Abtsdorfer Sees, die denkmalgeschützten Weiler Daring und Kulbing mit den alten bäuerlichen Anwesen im Typ des Salzburger Flachgaus, die Stille-Nacht-Kapelle im österreichischen Oberndorf, das Schönramer und Kulbinger Filz mit seiner Heide- und Mooscharakteristik und seltenen Pflanzen.
Auskunft: Verkehrsverband Abtsdorfer See, Geschäftsstelle Leobendorf, 83410 Laufen, Tel. (0 86 82) 18 10.
Karte: Topographische Karte, Bayerisches Landesvermessungsamt, 1:25 000, Blatt 8043.

3 Vom Markt unterm Teisenberg nach Norden

Biotope und Speicher an der Sur

Tourencharakter: Die Route von Teisendorf über Gumperting nach Wimmern verläuft auf befestigten Wegen und ist gut ausgeschildert. Ab Wimmern gibt es zwei Varianten bis Furt, dem Punkt, wo der Staubereich des Speichers endet. Die ausgewählte ist etwas abenteuerlich und sollte nicht nach schweren Regenfällen begangen werden. Der Rückweg am Speicherufer und zu den Surbiotopen ist gut instand gehalten und ohne Orientierungsschwierigkeiten begehbar. Erst bei den Biotopen muß man aufpassen, weil man beinahe zwangsläufig zur Surbrücke kommt, was nicht beabsichtigt ist. Es gibt einen alternativen Weg am Lußgraben entlang, der zum Bahnübergang bei Schnödling leitet. Der Weg ist aber nicht sehr gut zu gehen, so daß sich bei kritischen Wegverhältnissen die beschriebene Wegführung empfiehlt. Wanderausrüstung empfehlenswert
Beste Jahreszeit: Die Hauptroute ist auch im Winter begehbar, nicht markiert, aber im wesentlichen gut ausgeschildert.
Reine Gehzeit/Weglänge: 3½ Std./ 15 km.
Markierung: An der Sur Weg Nr. »8« und Nr. »13«.
Höhendifferenz: Besondere Höhenunterschiede gibt es nicht.

Teisendorf war einer der Hauptorte des Rupertiwinkels, ein ehemals salzburgisches Gebiet westlich der Saalach und der Salzach, 634 Quadratkilometer zwischen Piding im Süden und Tittmoning im Norden, eine Art Kirchenstaat zwischen Bayern und Österreich, der am 12. September 1810 zu Bayern kam, obwohl das Fürstentum Salzburg seit 1803 aufgelöst war. Der letzte Pfleger von Teisendorf meinte von seinem Amtssitz: »Was Annehmlichkeit der Lage und eine gesunde Luft anbelangt, möchte Deisendorf außer Salzburg und Laufen all übrigen Gerichten des Landes den Rang streitig machen«.

Der Markt Teisendorf liegt an der *Sur*, die bei Surberg, in der Nähe von Traunstein entspringt und nach 50 Kilometer Lauf zwischen Surheim und Laufen in die Salzach mündet. Von dem Fluß berichtete der letzte Pfleger von Teisendorf, Franz von Agliardis, daß er »manchmal ein Unheil verursachender, reißender Bach sei«. Für Teisendorf sei er aber doch eine Wohltat, weil er die meisten Mühlen und Holzsägen im Gericht betreibe. Zugleich habe er das »beste Fischwasser«. Immerhin betrieben die Sur und ihre Nebenflüsse Ache und Kleine Sur einstmals 35 Mühlen, Säge- und Hammerwerke. Der berühmte Fischreichtum geht auf die Zeit vor ihrer Begradigung zurück. Der Huchen, der König der lachsartigen Fische, der sonst nur im Donauflußsystem beheimatet ist, zog im beginnenden Frühling die großen Flüsse aufwärts und in Nebenflüsse wie die Sur, um in großer Zahl abzulaichen und damit die Art zu erhalten. In der Sur war der Huchen auch Standfisch, und Exemplare bis zu 40 Pfund Gewicht waren keine Seltenheit. 1959 sind die letzten Huchen am alten Wehr in Sillersdorf gefangen worden. Auch Hochwasserkatastrophen waren im Surtal keine Seltenheit. Die letzte ereignete sich am 7. und 8. Juni 1945. Der Speicher und die Begradigung haben dem Einhalt geboten. In der Sur gab es früher auch Biber. Die letzten wurden 1870 beobachtet.

Der Bereich, in dem der Surspeicherdamm errichtet wurde, ist übrigens Grenzgebiet zwischen den Landkreisen Berchtesgaden und Traunstein. Die Region war seit der Landnahme Teil des Herzogtums Bayern und kam 1254 zum Fürstbistum Salzburg. Von 1810 bis 1918 war es wieder königlich-bayrisch. Der gewaltige, 30 Meter hohe Speicherdamm hat einen 27 Meter tiefen Schieberkasten. Die Dammkrone steht auf einem 177 Meter langen Grundablaß. Er kann bis zu 75 Kubikkilometer in der Sekunde Wasser ablassen.

Die Biotope am Südende des Speicherraums im Bereich des zufließenden Lußgrabens sind durch Mäander und Überflutungen

Die Sur wurde nördlich von Teisendorf aufgestaut. Naturbelassen sind dagegen die Altarme bei Gumperting, die sich zu sehenswerten Feuchtbiotopen entwickelt haben.

der Sur entstanden, die hier nicht begradigt wurde.

Der Wegverlauf

Die **Andreaskirche** steht an der Kreuzung Klosterweg und Marktstraße. Von hier gehen wir ein paar Schritte westlich rechts in die Wimmerstraße und hinunter zur Surbrücke. Aufwärts spazieren wir dann zu den *Bahngleisen* und hier rechts durch die Unterführung. Das Weideland ist weiträumig von Wald umgeben. Wir kommen an den Häusern von *Espannhausen* vorbei und erreichen **Gumperting**. Hier scheint die Welt zu Ende. Wenn wir uns rechts halten, stoßen wir auf eine Sackgasse. Zuvor geht es links hinunter und über die »*Kleine Europabrücke*«, welche die Sur überquert, die hier eine tiefe Schlucht gebildet hat. Nun steigen wir steil hoch. Der Surspeicher ist nämlich am rechten Ufer von einem Höhenzug begrenzt, der nun zunächst breit ausladend daliegt. Es geht vorbei an den Häusern von *Oberstarz*. Vor uns ragt die Zwiebelkuppel der Kirche von **Wimmern** auf. Vor dem Ortsbeginn nimmt uns ein Querweg nach links, nach Norden, auf. Wir gehen auf diesem bis zum letzten Haus, also vorbei an einem Abzweig, und hier scheiden sich die Geister.

Der eigentliche, von der Gemeinde ausgeschilderte *Surspeicherweg* folgt dem rechten Abzweig. Er leitet ins Tal hinunter, also zum Fuß des bewaldeten Höhenrückens in Richtung Furt, wo es wieder einen Surübergang gibt. Wir gehen aber geradeaus weiter an Bänken vorbei auf die Höhe zum Weiler *Wimm*. In der Fortsetzung erreichen wir bei den Häusern von *Doppel* den Waldrand. Wir verlassen die Feldbucht nach Norden und folgen einem anfangs sehr verwachsenen Weg abwärts. Auf beiden Seiten fällt das Land steil ab. Kurz vor Auslauf des Höhenzuges erreichen wir *Weidegebiet*. Eine Koppel versperrt den Weiterweg, wir folgen Wegspuren links hinunter zur *Straße*. Sie verbindet den Weiler Furt mit den Häusern von Schleifmühl und den Dammbereich mit dem E-Werk. Unsere weitere Wegrichtung ist Süden. Rechts zweigt ein Weg zum Kraftwerk ab. Wir gehen geradeaus auf den *Damm* hinauf. Er läßt uns das nördliche Hinterland, also die Talmulde unter dem Damm und dem Speicher, überblicken.

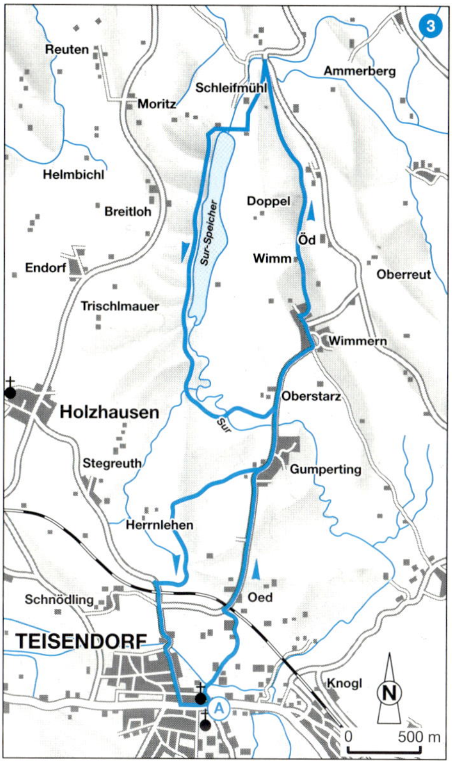

Am anderen Dammende geht es südwärts weiter. Hier stoßen wir auf **Wegzeichen Nr. 8 und 13.** Auf und ab folgt nun unsere Route dem Speicherufer. Rückblicke ergeben ein malerisches Bild. Eine Buschwildnis begrenzt den Hang nach Westen. Wiesen breiten sich an freien Stellen zwischen Fluß und Ufer aus. Über Stufen steigt der Weg steil hoch, verläuft ein Stück am hohen Hang und läßt uns wieder die Uferwiesen erreichen. Schließlich schwenkt er nach Südosten auf die **Surbiotope** zu. Sie sind von Buschwerk, Wasserpflanzen und Seerosen bewachsen. Wasservögel haben hier ihr Paradies, aber auch Insekten und Reptilien. Bei der Brücke über den Lußgraben verzweigt der Weg. Rechts geht es parallel zum Lußlauf zum kleinen Weiler *Luß*. Nach dem letzten Haus führt dann ein Fußweg vorbei an *Stegreuth* in Richtung Süden und stößt bei einem Waldstück über Wiesen auf den Bahnübergang bei *Schnödling*.

Wir halten uns nach links zu den Biotopen. Hier verzweigt der Weg noch einmal. Wir gehen parallel zum Fluß nach Osten und kommen bei der großen **Surbrücke** – der kleinen Europabrücke – zur Straßenverbindung *Gumperting–Wimmern*. Vor dieser Brücke könnte man nach rechts abbiegen. In Höhe von Gumperting ginge es dann vom Waldrand weg, nochmals rechts, in Richtung Herrnlehen, dann südwärts zur Bahnlinie und rechtshaltend zur Bahnunterführung. Wir überqueren auf der großen Surbrücke den Fluß, kommen durch *Gumperting* und schwenken vor dem Ortsende rechts ab, wo wir auf die zuvor beschriebene Wegroute stoßen und zur Bahnunterführung gelangen. Nach der Bahnunterführung sehen wir bereits vor der Kulisse der Berchtesgadener Alpen den Markt **Teisendorf**. Auf einer Steinbrücke überqueren wir die Sur. Die Holzhauser Straße leitet uns dann zur Marktstraße und nach links zur **Kirche** zurück.

Nützliche Informationen

Ausgangsort: Teisendorf liegt in der Mitte zwischen Traunstein und Freilassing, zwischen Bundesstraße 304 und Bundesautobahn München – Salzburg, ebenso an der Bahnlinie Traunstein – Freilassing. Wer über die Autobahn anreist, kann die Ausfahrt Neukirchen benutzen, um nach Teisendorf zu gelangen.
Ausgangspunkt: Andreaskirche am Klosterweg in Teisendorf.
Höhendifferenzen: Unwesentlich, der tiefste Punkt liegt bei 460 m, der höchste bei 520 m.
Etappenlängen: Insgesamt 15 km; Teisendorf – Wimmern 6 km; Wimmern – Dammkrone 3 km; bis Biotope 3 km; zurück nach Teisendorf 3 km.
Gehzeiten: Insgesamt 3½ Std.; Teisendorf – Wimmern 1 Std.; Wimmern – Dammkrone 1 Std.; bis Biotope 1 Std.; Biotope – Teisendorf ½ Std.
Einkehr: Keine. Es empfiehlt sich, etwas zu trinken mitzunehmen. Wanderausrüstung empfehlenswert.
Sehens- und Wissenswertes: • Teisendorf am Fuße des Teisenberges, der 1334 Meter hoch ist und erwandert werden kann. • In der Nähe ist auch das Wanderzentrum Schönramer Filz, eine fast unberührte Moor- und Heidelandschaft mit eigenartiger Pflanzen- und Tierwelt. • Unweit liegt der Abtsdorfer See, ein Badesee mit warmem Moorwasser. • Sehenswert ist auch die alte Schifferstadt Laufen an der Salzach mit dem gut erhaltenen mittelalterlichen Stadtbild und der ältesten gotischen Hallenkirche Süddeutschlands, mit sehenswertem Kreuzgang. • In Achthal gibt es ein Bergbaumuseum.
Auskunft: Verkehrsverein e. V. Teisendorf, 83317 Teisendorf, Poststraße 11, Postfach 11 08, Tel. (0 86 66) 2 95.
Karten: Topographische Karte, Bayerisches Landesvermessungsamt, 1:25 000, Blätter 8142 und 8143. Fritsch Wanderkarte, Blätter 161 und 163.

4 An der Oberteisendorfer Ache

Vom Burgplatz Raschenberg in die historische Bergbauzeit

Tourencharakter: Die verhältnismäßig kurze Rundtour hat nur eine Schwachstelle, und zwar der Abstieg von der Ruine Raschenberg. Sonst sind die Wege gut, überwiegend befestigt, lediglich die Verbindung Strußberg – Oberteisendorf verläuft auf schmalen Feld- und Waldwegen, die von der Witterung beeinträchtigt werden können. Bedarf keiner besonderen Ausrüstung.
Beste Jahreszeit: Im Prinzip das ganze Jahr über begehbar, witterungsabhängig.
Reine Gehzeit/Weglänge: 2½ Std./9 km.
Markierung: Vom Raschenberg ins Achtal: Nr. »3«. Wegweiser zur Kapelle Heiligbrunn.
Höhendifferenz: Im Aufstieg 150 m. Der Aufstieg verteilt sich über einige Kilometer.

Teisendorf und auch das westlich gelegene **Oberteisendorf** liegen an der alten Landstraße von Traunstein nach Reichenhall. Während im Markt stattliche Bürgerhäuser, vor allem beiderseits der Traunsteiner und der

Am Fuße des Raschenbergs mit seiner Burgruine liegt Oberteisendorf.

Marktstraße, beeindrucken, hat der Ortsteil Oberteisendorf mehr dörflichen Charakter und ist durch den Fremdenverkehr geprägt. Im Markt erinnern die Häuser ein wenig an den Inn-Salzach-Stil, besonders die auf das 17. Jahrhundert zurückgehenden ehemaligen fürstbischöflichen Bauten.

Die Brauereifamilie Winninger – das Winninger Bier ist heute noch weit verbreitet – hat die Anlagen nach der Säkularisation übernommen und sie im 19. Jahrhundert weiter ausgebaut. Beeindruckend ist der Barockbau ihrer Villa am östlichen Ende der Marktstraße, deren Architektur auf Gabriel von Seidel zurückgeht. Die Hauptverkehrsstraße berührt das benachbarte Oberteisendorf, das sich um Kirche und Friedhof schart und am südlichen Rande des Surtales ausgebreitet unter den aufsteigenden Hängen zum Teisenberg liegt. Hier hat sich tief das Achtal eingeschnitten, und hier kam es, begründet durch die Bodenschätze, zu historischen Besonderheiten. Als vor zweitausend Jahren die Römer in diese Gegend kamen, waren die Erzlagerstätten bei Neukirchen am Teisenberg mit Sicherheit schon bekannt. Erkennbar sind sogar Bergbauspuren aus vor- und frühgeschichtlicher Zeit. Mit Beginn der Eisenzeit hat dann wohl auch der Erzabbau begonnen, von dem in Urkunden zum ersten Mal im 11. Jahrhundert die Rede ist. Diese Vorkommen waren wiederholt Ursache für Grenzverhandlungen und Grenzstreitigkeiten.

In dem Vertrag zu Erharting vom 20. Juli 1275 hat man den endgültigen Grenzverlauf zwischen Bayern und Salzburg genau über die Mitte des Eisenreviers gelegt. Nur 600

Meter lagen damit die Erzgruben am bayerischen Kressenberg und die am salzburgischen Schwarzenberg auseinander. Der Fluß, die Oberteisendorfer Ache, und die nahen Erzlagerstätten waren Grund genug, um das Eisen im Tal auch zu verarbeiten. In einer Urkunde aus dem Jahre 1433 ist nachzulesen, daß damals Erzbischof Johann von Salzburg einen Eisenhammer bei Raschenberg an einen Hammerschmied aus Miesenbach vergeben hat. 1537 wurde dann die Eisengewerkschaft Achthal – Hammerau gegründet. Sie betrieb drei Hochöfen zur Verhüttung des am Schwarzenberg geförderten Eisensteins. Die Energie dafür lieferte das Holz der riesigen Wälder entlang des Teisenberges. Es wurde zu Holzkohle gebrannt. Aber auch die großen Moore der Umgebung mußten Brenntorf liefern. Das gewonnene Roheisen hat man dann zu den verschiedensten Eisenerzeugnissen verarbeitet, die nicht nur im Salzburger Land, sondern auch in Bayern und Schwaben verbreitet wurden. Von der Qualität der Gußerzeugnisse kann man sich überzeugen, wenn man den Brunnen vor der Kirche in Achthal anschaut. Erst 1910 wurde der Bergbau im Achtal eingestellt. Das **Bergbaumuseum in Achthal**, geöffnet von Mai bis Ende September sonntags von 10 bis 12 Uhr und donnerstags von 13.30 bis 15.30 Uhr, erzählt davon.

Von der **Burg** über Oberteisendorf weiß man wenig, und noch weniger ist heute zu sehen. Die Anlage stammt wohl aus dem 12./13. Jahrhundert. Reste von zwei bis drei Meter hohen Wällen aus eingestürzten Mauern und eines ausgemauerten Brunnenschachtes sollen jetzt wieder restauriert werden. Jenseits des Achtales erhebt sich der Hasenzipf, an dessen Hängen die Sonnenwege führen, wo sie in Strußberg enden. Nördlich davon steht im Wald verborgen die **Kapelle Heiligbrunn** von Bruder Konrad an einer Quelle und unweit davon der **Nikolostein**, eine am Boden liegende bemooste Steinplatte. Sie ist eine aus einer Reihe von Steintrümmern, die im Wald verstreut liegen.

Vor Tausenden von Jahren haben gewaltige Gletscher auf ihrem Rücken Geröll- und Steinschutt aus den Alpen hierher getragen. So sind auch die *Moränenhügel* entstanden. Zurückbleibende riesige Eisblöcke haben den Grundstock für die Seen im Umland gelegt. Beim Abbau eines Moränenhügels am südlichen Ortsrand sind große Steinfindlinge zutage gekommen, die aus dem Dachsteinmassiv, den Berchtesgadener Bergen und den Hohen Tauern stammen.

Der Wegverlauf

Von der **Kirche** in der Dorfstraße halten wir uns südwärts zum Ortsende und biegen links weg, den Schloßweg steil hoch in Richtung Schloß Ried. In einem Wegbogen rechter Hand auf einem vorgelagerten Plateau – eine Bank mit Aussicht ins Tal ist aufgestellt – stoßen wir auf den Platz mit den Mauertrümmern der **Ruine Raschenberg**. In der von Unkraut und Bäumen überwucherten Wildnis ist allerdings kaum etwas zu sehen. Gegenüber der Aussichtsbank führt ein kaum sichtbarer Pfad, er ist mit **Weg Nr. 3** markiert, hinunter. Steil, teilweise über Stufen, kommen wir ins **Achtal**. Hier gehen wir links über die *Achbrücke* in den Ortsteil *Kumpfmühle*. Ein paar Häuser drängen sich dicht zwischen den steilen Waldhängen. In südlicher Richtung wird der Ortsteil *Hammer* erreicht. Der Name deutet auf das einstige Hammerwerk. Danach erreichen wir die *Gemachmühle*. Ein Sträßchen von Freidling mündet ein, und der Weg schwenkt südwestwärts erneut über eine Achbrücke nach **Achthal**. Der Gasthof »Reiter« steht hier und das Bergbaumuseum. Ebenso die Häuser der einstigen Eisenhütte, die ehemalige Gießhütte, die zum Bergwerk gehörte. Sie ist ein stattlicher Bau. Daneben steht das Amtshaus der Eisengießerei. Das Vorhaus mit den Gußeisenteilen und der eiserne Balkon wurden in der eigenen Gießerei gefertigt. Der Brunnen aus Eisenguß ebenfalls. Die kleine Kapelle daneben heißt Maria Schnee.

Wir kommen zum dritten Mal über die Bachbrücke, verlassen den Ortsteil Achthal und sind in einer waldgesäumten Talenge, bis wir die Häuser von **Mühlpoint** erreichen.

Das Bergbaumuseum in Achthal erinnert an den über 400 Jahre währenden Erzabbau in Neukirchen am Teisenberg, der erst 1910 eingestellt wurde.

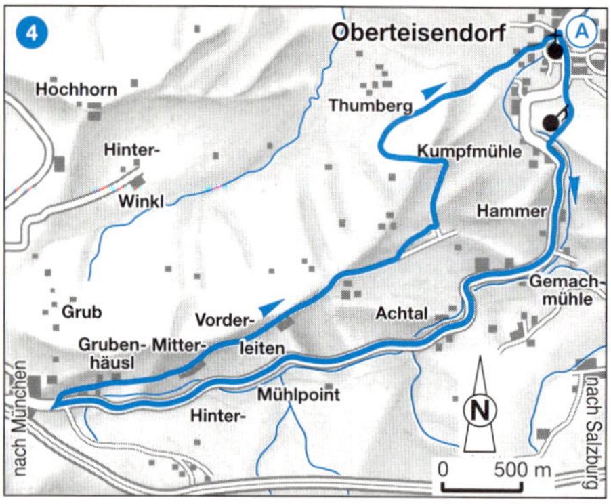

Hier wird die Ache zum vierten Mal überquert. Bei der fünften Brücke haben wir bereits das Grabenhäusl passiert und kommen zum *Schwammgraben*, einer Häusergruppe links der Straße und bereits in der Nähe von Neukirchen mit seinem Autobahnanschluß. Bei der Kreuzung halten wir uns rechts die *Sonnenstraße* hoch. Jetzt bieten sich uns zwei Wegvarianten an. Wir biegen bei den Häusern von **Hinterleiten** links auf einen parallel verlaufenden Weg ab, der in unseren Weg aber wieder einmündet. Bänke sind an unserer Route, die zunächst aufwärts führt, aufgestellt, und wir wandern hoch über dem Achtal. Der Blick auf den Teisenberg ist frei. Ein Wiesensteilhang fällt rechter Hand ab. Bei *Vorderleiten*, dort wo ein Zuweg von Bach in die Straße mündet, endet auch der Große Sonnenhangweg. Wir erreichen den Abzweig *Gierstling* und schließlich die Häuser von **Strußberg**. Beim letzten Haus schwenken wir links weg und gehen am Wiesenhang hoch zum Waldrand.

Hier machen wir einen Abstecher nach rechts am Rand entlang zur *Kapelle Heiligbrunn*, die etwas im Wald über einer Quelle steht. Bruder Konrad, heißt es hier, lädt zum Gebet. Wir kommen wieder zurück zu unserem Ausgangspunkt und gehen am Waldrand links weiter in westlicher Richtung. Ein Stück verläuft unser Weg innerhalb des Waldes. Am Ende der Wiesenbucht schwenken wir rechts steil in Serpentinen auf einen Pfad (mit Bank) ein, den Hang hinunter. Bei der Felsplatte des **Nikolosteines** steigen wir auf Stufen zum Waldrand hinunter. Auch hier steht eine Bank. Innerhalb des Waldes geht es noch steil weiter. Links liegt *Thumberg*, eine Siedlung auf einer Anhöhe. Dann nimmt uns der Wald auf. Ein Waldstück wird bergab durchquert und danach ist bereits **Oberteisendorf** im Blickfeld. Wir steuern auf Maibaum und Kirche zu und gehen dann rechts über die Achbrücke zurück in die Dorfstraße zum Ausgangspunkt.

Nützliche Informationen

Ausgangsort: Ortsteil Oberteisendorf, 2 km westlich des Marktes Teisendorf.
Ausgangspunkt: Kirche in der Dorfstraße Oberteisendorf.
Anfahrt/Rückfahrt: Über die Bundesstraße 304, die Oberteisendorf am nördlichen Rand berührt. Es gibt auch einen Zugang von der Ausfahrt Neukirchen der Bundesautobahn München – Salzburg durch das Achtal nach Oberteisendorf.
Höhendifferenz: 150 m.
Etappenlängen: Insgesamt 9 km; Oberteisendorf über Raschenberg – Achthal 2½ km; Achthal – Abzweig Neukirchen 2 km; bis Strußberg 2½ km; zurück nach Oberteisendorf 2 km.
Gehzeiten: Insgesamt 2½ Std.; Oberteisendorf – Achthal 45 Min.; Achthal – Abzweig Neukirchen ½ Std.; bis Strußberg 45 Min.; zurück nach Oberteisendorf ½ Std.
Einkehr: In Achthal Gasthof Reiter.
Sehens- und Wissenswertes: • Teisendorf liegt am Fuße des Teisenberges, der 1334 Meter hoch ist und erwandert werden kann. • In der Nähe ist auch das Wanderzentrum Schönramer Filz, eine fast unberührte Moor- und Heidelandschaft mit eigenartiger Pflanzen- und Tierwelt. • Unweit liegt der Abtsdorfer See, ein Badesee mit warmem Moorwasser. • Sehenswert ist die alte Schifferstadt Laufen an der Salzach mit dem gut erhaltenen mittelalterlichen Stadtbild und der ältesten gotischen Hallenkirche Süddeutschlands, mit sehenswertem Kreuzgang. • In Achthal gibt es ein Bergbaumuseum.
Auskunft: Verkehrsverein e. V. Teisendorf, 83317 Teisendorf, Poststraße 11, Postfach 11 08, Tel. (0 86 66) 2 95.
Karten: Topographische Karte, Bayerisches Landesvermessungsamt, 1:25 000, Blatt 8142. Fritsch Wanderkarte, Blätter 161 und 163.

5 Von Anger auf den Steinhögl

Aussicht vom Burgplatz Vachenlueg

Tourencharakter: Die Route eignet sich als gemütlicher Nachmittagsspaziergang. Sie verläuft zum großen Teil auf befestigten Wegen. Lediglich der Abschnitt zwischen Ringelbach und Steinhögl verlangt sowohl Orientierungssinn als auch etwas Mühe. Hier sind die Wege zum Teil schlecht und nicht durchgehend erkennbar.
Beste Jahreszeit: Das ganze Jahr über.
Reine Gehzeit/Weglänge: 2½ Std./8 km.
Markierung: Keine. Der Wegweiser oberhalb Ringelbach ist irreführend.
Höhendifferenz: Im Aufstieg knapp 100 m.

Der bayerische König Ludwig I. soll über Anger gesagt haben: »Du bist das schönste Dorf meines Königreiches.« Er war am 25. August 1841 zu Besuch und sicherlich von dem Dorf beeindruckt, das auf einem nach drei Seiten abfallenden schmalen Plateau liegt. Auf seinem höchsten Punkt wurde der schlanke Turm der Kirche errichtet, die weit ins Land grüßt. Jedem Autobahnfahrer fällt sie auf, wenn er von München kommend vor Reichenhall nach Norden schaut. Wo das Dorf steht, gab es eine Burg, die aber schon im 10. Jahrhundert von Gräfin Ellanburg aufgelassen wurde. An der Stelle entstand die Kirche. Über Jahrhunderte hieß der Ort dann auch Ellanburgskirchen, und man nannte ihn bis ins 18. Jahrhundert auch »Ölbergskirchen«. Erst danach wurde der Name »Anger« gebräuchlich. Lediglich von Nordwesten ist der Ortskern mit dem riesigen Dorfanger von einer Straße erschlossen. Es ist nicht lange her, daß man diesen Anger als Weide benutzt hat. Hier auf dem Dorfplatz steht eine Mariensäule, eine Figur, die man im nahen Achthal, wo Eisenerz gewonnen und verhüttet wurde, gegossen hat. Am Fuße des Angers fließt die Stoißer Ache. Das Tal ist ein ehemaliges Urstromtal, das der letzte Gletscher vor mehr als zehntausend Jahren ausgeschliffen hat.

Geologisch liegt der Ortskern von **Anger** auf einem Rücken aus Nagelfluh. Der Höhenzug im Nordosten, der **Högl**, ist ein Sandsteinhügel. Schon die Römer sollen hier Sandsteinbrüche betrieben haben. Die erste Urkunde über den Högler Sandstein geht auf das Jahr 1372 zurück. Hier hat man dem Verlauf der Steinschichten folgend Sandsteinplatten aus bis zu 40 Meter Tiefe herausgeholt. Aus dem gleichmäßigen, feinkörnigen Gestein sind vor allem Schleifsteine, Tür- und Fensterstöcke und Platten für Hausgänge hergestellt worden. Der Sandstein läßt sich ja leicht bearbeiten, solange er noch erdfeucht ist. So entstanden auch die kunstvollen Verzierungen an den Türstöcken und Eingangsportalen. Bodenplatten aus Sandstein vom Högl befinden sich sogar in einer Moschee von Istanbul.

Bei **Vachenlueg** hat man Spuren einer Austernbank gefunden und im Süden, dort wo sich der Staufen erhebt, kann man im Fels mit etwas Glück versteinerte Meeresschnecken entdecken. Vom Högl stammen auch die ältesten Funde der Gegend, eine Steinaxt und ein Bronzeschwert. Auch die uralte Salzstraße von Reichenhall nach Teisendorf ging durch Gemeindegebiet. Sie führte von Urwies, an der ehemaligen Staufenecker Hinrichtungsstätte vorbei, über Unterberg zur Aufhamer Kirche und von da zum Gasthof »Zur Burgruine«, einer alten Tavernenwirtschaft, wo eine Gerichtsstätte und eine Zollstation stand. Dann folgte die Straße dem Verlauf der heutigen Staatsstraße zum »Kröpflwirt« – hier gab es einen Umspannplatz – und weiter nach Höglwörth und über Ramsau nach Teisendorf.

Befestigungen im Verlaufe der Salzstraße zum Schutz der Händler und Reisenden waren Staufeneck, Aufham, Anger, Grub, Steinhögl und Vachenlueg.

Nicht nur Anger hatte eine bemerkenswerte Kirche, dies gilt auch für die Kirche von **Steinhögl,** die mit ihrer ehemaligen Wehranlage um das Jahr 1000 gebaut wurde. Sie ist dem heiligen Georg und dem heiligen Leonhard geweiht. Um die Kirche zieht sich eine Steinmauer, hinter der einmal eine Freistatt war. Auf dem Hauptaltar sieht man den heiligen Georg auf einem Schimmel dargestellt. Der ursprüngliche Kirchenbau ist 1414 umgestaltet worden.

Der riesige Dorfanger mit der 1884 in Achthal gegossenen Marienfigur wurde in Anger früher als Viehweide genutzt.

Unterhalb von Steinhögl auf einem Bergsporn liegt der *Burgplatz* von Vachenlueg. Die Haunsperger haben 1414 hier eine Ritterburg mit einer Burgkapelle gebaut. Zu sehen sind heute nur noch einige Mauerreste, aber die 1848 errichtete Kirche soll zum Teil aus den Steinen der ehemaligen Burganlage entstanden sein, die 1824 mit der Kapelle eingestürzt ist. Unbeschädigt geblieben ist der Altar der Burgkapelle und eine Glasvitrine, in der sich ein Madonnenbild befand. Daraufhin hat spontan eine Wallfahrt begonnen. Die Gastwirtschaft »Zur Burgruine« ist eine uralte Taverne und das einzige Wirtshaus weit und breit, das durch eine kaiserliche Gründung entstanden ist. Es war Kaiser Friedrich III., der seinerzeit dem Haunsperger Ritter Georg das Recht verliehen hatte, eine Taverne mit »Brot und Bier feilhalten« zu errichten. Das war im Jahre 1459. Die Aussicht vom Burgplatz in das weite Hügelland im Norden ist beeindruckend.

Der Wegverlauf

Am Westrand von Anger, unterhalb des Kirchberges am Ufer der Stoißer Achе ist ein **Parkplatz** angelegt. Hier halten wir uns zunächst südostwärts auf der *Scheiterstraße.* Links geht es dann über die Achebrücke den *Mühlweg* hoch und oben auf der *Pfaffendorferstraße* weiter, dann rechts hinunter. Wir folgen der Salzstraße auf dem Fußweg nach rechts bis zum *Kröpflwirt,* dann vor der *Moosbacher Alm* links weg aufwärts, den Schildern »Högl« folgend nach *Hainham* hinein. Hier steht die sogenannte »Schauerkapelle«.

Im Rechtsbogen wandern wir dann durch den Ort und halten uns beim letzten Haus links, dem **Wegweiser A 5** nach in Richtung Steinhögl – Ringelbach. Steil geht es also den *Ringelbachweg* aufwärts, erst zum Waldrand – eine Bank steht dort – , dann durch einen Waldvorsprung und schließlich zum **Gehöft Ringelbach**. Um die Häuser herum spazieren wir dann über die Wiese nach rechts zum Waldrand. Bei der Bank halten wir uns links steil in den Wald hinein. Zunächst geht es rechts neben einem Graben aufwärts. Wir folgen Pfadspuren bis zu einem Querpfad und bleiben neben dem Graben. Beim Wegweiser »Steinhögl« lassen wir uns nicht beirren. Er zeigt geradeaus hinauf in eine weglose Waldregion. Wir gehen aber links weiter zu einer *Holzhütte.* Daran vorbei wandern

Der 51 Meter hohe Turm der Dorfkirche, die am Platz der Ellanburg errichtet wurde, ist das weithin sichtbare Wahrzeichen des Dorfes Anger.

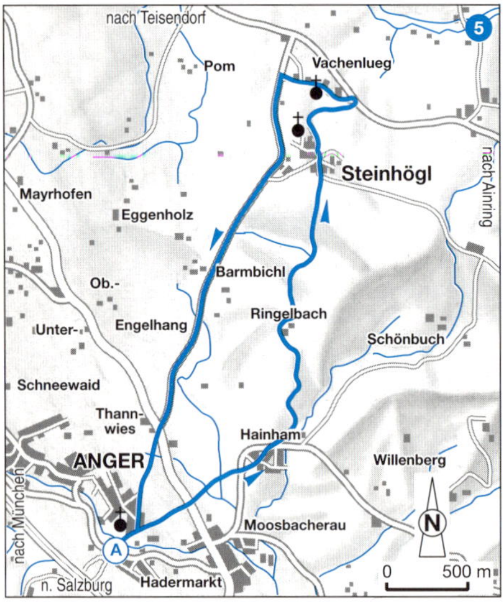

wir bergab aus dem Wald heraus und hinunter nach **Steinhögl** mit der St. Georgskirche. Im Ort gehen wir geradeaus über eine Kreuzung, folgen also dem Wegweiser *Vachenlueg* nordwärts. Geradeaus an der Kirche vorbei erreichen wir einen Steilabfall am Ortsrand. Nun biegen wir rechts weg, folgen dem Waldrand und spazieren neben einer Schlucht bis zu einem Waldeck. Ein Pfad nimmt uns dann nach links auf. Es geht steil erst zu einer Bank, dann in den Ort **Vachenlueg** hinein. »Froschkönig« heißt das Restaurant, auf dessen Parkplatz wir stoßen. Dann gehen wir hinüber zum Burgplatz mit Kirche und Taverne. Es heißt, daß der Historiker Abjahn von Vachenlueg bereits eine Zeichnung gemacht hat. Mit dem Aussterben der Grafen von Haunsperg im Jahre 1699 erlosch die Herrschaft. 1817 kaufte ein Moritz Neubauer die Hofmark für 3000 Gulden. 1824 verfielen die Baulichkeiten der Burg. 1842 bis 1900 war der bayerische Staat der Besitzer, danach Franz Edfelder. 1954 hat man die Außenmauern der Burganlage gesprengt.

Der Weiterweg führt uns links, westwärts, aus dem Ort zu einem *Parkplatz*, von dem die Aussicht ins Umland eindrucksvoll ist. Danach geht es hinunter zu einer *Vorfahrtstraße*, in die wir links einbiegen und die steil aufwärts leitet. Auf der Anhöhe haben wir schöne Ausblicke auf die Berchtesgadener Alpen, vor allem auf den nahen Staufen. Die Aussicht bleibt uns erhalten, wenn wir nun hinunter wandern, dem Weg **A 5** folgend, vorbei an einem *Reiterhof*, auf einem Fahrweg, der *Vachenlueger Straße* heißt. Fast im Tal, erreichen wir den Waldrand, dem wir ein Stück folgen. Bei den Häusern geht es dann links auf der Vorfahrtstraße weiter und kurz danach rechts ab nach **Anger** zurück, wieder in die Pfaffendorferstraße und in den Mühlweg, zur Brücke der Stoißer Ache und zum Parkplatz.

Nützliche Informationen

Ausgangsort: Anger liegt direkt an der Bundesautobahn München – Salzburg. Die nächste Ausfahrt ist aber die Ausfahrt Reichenhall. Die Teisendorfer Straße am Ortsrand von Piding leitet dann an Anger vorbei zur Bundesstraße 304 bei Teisendorf.
Ausgangspunkt: Parkplatz am Ufer der Stoißer Ache, am westlichen Ortsrand von Anger.
Höhendifferenz: 100 m.
Etappenlängen: Insgesamt 8 km; Anger – Hainham 1,5 km; Hainham über Ringelbach nach Steinhögl 2,5 km; Steinhögl – Vachlueg 500 m; Vachlueg – Anger 3,5 km.
Gehzeiten: Insgesamt 2½ Std.; Anger – Hainham ½ Std.; Hainham – Vachenlueg 1 Std.; Vachenlueg – Anger 1 Std.
Einkehr: In Vachenlueg im »Froschkönig« und im Gasthof »Zur Burgruine«.
Sehens- und Wissenswertes: • Pfarrkirche von Anger mit dem 51 Meter hohen Turm, das ehemalige Kloster am Höglwörther See, die Kuratiekirche in Aufham, die Taverne und die Kirche von Vachenlueg, die Kirche von Steinhögl. • Neubichler- und Stroblalm am Högl. • Das Bergbaumuseum in Achthal. • Das Ainringer Moos vor allem im Hinblick auf die industrielle Nutzung einer Torflandschaft. • Schloß Staufeneck bei Piding.
Auskunft: Verkehrsamt der Gemeinde Anger, Dorfplatz 4, 83465 Anger, Tel. (0 86 56) 98 89 22, Fax (0 86 56) 98 89 15.
Karten: Topographische Karte, Bayerisches Landesvermessungsamt, 1:25 000, Blatt 8143/44. Fritsch Wanderkarte, Blätter 161 und 163.

6 Wo die Torfindustrie Wunden schlug

Rund um das Ainringer Moos

Tourencharakter: Die verhältnismäßig kurze Wanderung beansprucht nur 2½ Stunden Zeit, wird aber nach großen Regenfällen zu einem Abenteuer, weil sie am Rand des Mooses verläuft, zum Teil sogar mitten hindurch geht. Auch die Orientierung ist etwas problematisch, will man sich die eigentliche Attraktion der Route – die Torfproduktion im industriellen Maßstab – nicht entgehen lassen.
Beste Jahreszeit: Das ganze Jahr über.
Reine Gehzeit/Weglänge: 2½ Std./8 km.
Markierung: Keine.
Höhendifferenz: Keine nennenswerte auf dieser Wanderung.

Ainring liegt am Nordhang des Högl und war bis 1978 eine eigene Gemeinde. Der letzte Bürgermeister, Joseph Streibl, wurde »Lachei« genannt, was sich auf den Hausnamen bezieht, und er hat von sich reden gemacht. Er war ein von der bayerischen Akademie der Wissenschaften anerkannter Forscher, der sich speziell mit der Erkundung des Högl befaßte. Die Familie Streibl sitzt seit knapp 600 Jahren auf dem Lachlhof in Oberhögl. Nahe ihrem Anwesen hat man u. a. ein verziertes Schwert aus der Bronzezeit gefunden.

Die Gemeinde Ainring, am Nordfuß des Högl, ist ein Ort, dessen Häuser weit verstreut am Hang liegen. Die Pfarrkirche, der Pfarrhof und die Pfarrökonomie sowie die ehemalige Schule gruppieren sich auf dem Ainringer Kirchberg. Die Gebäude sind spätmittelalterlichen Ursprungs und haben ein schloßartiges Aussehen. In der Senke am Nordfuß der Gemeinde, in dem Winkel zwischen der Kleinen Sur, der Sur und der Salzach hat sich ein ausgedehntes **Moor** gebildet, das industriell ausgebeutet wurde: Beim Abbau der riesigen Torffelder hat man Gegenstände aus der Frühgeschichte gefunden, wie Speerspitzen, Tongefäße, Spangen und Fibeln aus Bronze. Die Moorlandschaft ist allerdings weitgehend vernichtet. Der industrielle Torfabbau ist inzwischen zwar eingestellt, und man beginnt mit der Renaturierung, aber bis sie abgeschlossen sein wird, werden 30 Jahre vergehen, und bis der ursprüngliche Zustand dieser Moorlandschaft wiederhergestellt ist, 300 Jahre. An dem einstigen landschaftlichen Kleinod mit seiner ursprünglichen Pflanzen- und Tierwelt zeigt sich, wie schnell der Mensch etwas zerstören kann, das über Jahrtausende gewachsen ist.

Sümpfe und Moore entwickeln sich ja vom Grunde eines Gewässerbodens, also eines Sees, wenn sich Abfallstoffe ansammeln. Allmählich verlandet der See. Aus dem vermoderten Pflanzenmaterial entsteht Torf. Und dieser Torf ist bei Gartenfreunden beliebt. Es handelt sich um ein Material, das in der Lage ist, Wasser extrem gut zu speichern. Torf nimmt das Zwanzigfache seines Gewichts an Wasser auf, ist aber nährstoffarm. Im Torf können nur wenige Pflanzen ohne Dünger leben. Beispielsweise das Heidekraut. Es entsteht ein biologischer Kreislauf, der zur nährstoffreicheren Ausbildung führt, so daß auch Bäume wachsen können. Allmählich wird dann das Moor zum trockenen Land.

Das Ainringer Moos war vollständig bewaldet. Allerdings auf einem sehr feuchten Untergrund. Man hat dann – auf alten Karten ist es noch sichtbar – Dränagegräben gezogen, um diesen Untergrund weiter auszutrocknen. Dann wurden im Zentrum des Mooses die Bäume gefällt, die Humusschicht wurde abgehoben, und man begann den darunterliegenden Torf mit riesigen Maschinen zu ernten. Heute ist das Land hier einige Meter tief ausgehoben. Der Torfboden ist noch sichtbar: eine ungewöhnlich gleichmäßige Schicht braunen Materials, auf dem man wie auf einem Teppichboden geht. Die Gleise des Moorbähnchens sind noch vorhanden; es bringt heute Interessierte und Schaulustige ins Moos. Die Holzschuppen, die aufgestapelten Schwellen und das Material für den Torfbetrieb am Rande der Abbaufläche sind auf schwankendem Boden teils schon üppig von Pflanzen überwuchert. Erhalten geblieben ist vom Moosgebiet nur ein spärlicher Randwald. Es ist eindrucksvoll, dieses Gebiet zu durchwandern. Vor allem stimmt es nachdenklich, wenn man auf Pfaden ins Abbaugebiet geht und sich die Wunden in der Landschaft betrachtet.

Im Moränengebiet des Salzburger Flachgaus liegt Thundorf mit seiner St. Martinskirche.

Der Wegverlauf

Am Nordrand von Ainring verläuft die Kreisstraße 10, die Fortsetzung einer Straßenverbindung von der Bundesstraße 304 nach Thundorf. Bei der *Ortszufahrt nach Ainring* beginnt unsere Wanderung. Wir gehen nach Norden in einen Feldweg über Wiesen, der direkt auf den **Mooswald** zuführt. Über einen Graben kommen wir an den Waldrand. Eine Bank steht hier, und halb links folgen wir einer Schneise zwischen einem Hochwaldstück und dem Buschwald des Mooses. Bevor wir in diese Schneise und den Wald eintauchen, lohnt sich ein Rückblick. Wir sehen auf Ainring, auf den Högl und dahinter auf die Berchtesgadener Alpen.

Am nächsten Abzweig halten wir uns links. Es geht hinunter in einen kleinen Talboden, in eine Grabensenke und in den Mooswald hinein. Birken, Fichten, Ulmen wachsen hier, und wir folgen nun einem Pfad am nördlichen Rand des Mooses, der in westlicher Richtung verläuft. Rechts steigt ein Grashang zu einer Baumgruppe auf. Es fol-

Der Torfabbau im Ainringer Moos hat tiefe Wunden hinterlassen. 300 Jahre werden vergehen, bis der Urzustand wiederhergestellt ist.

gen ein Feld und eine Fichtenplantage, am Weg sprudelt eine gefaßte *Quelle,* und Pfade zweigen nach links in den Moosbereich. Wir stoßen dabei direkt in das **Torfabbaugebiet**. Verbotsschilder warnen, aber es lohnt sich, dies wenigstens ein- bis zweimal zu mißachten, um sich ein Bild von dem Torfabbau zu machen. Der Pfad verläuft dann am Rande eines Waldstücks neben dem Abbaugebiet.

Wir erreichen den **Materiallagerplatz** und kommen am Ende auf eine *Lichtung*. Hier geht es links am Waldrand weiter, bis rechts ein *Forstweg* abzweigt. Einige Meter bleiben wir am Rande des Abbaugebietes, ein Waldstreifen nimmt uns auf, und wir stoßen auf die *Fahrstraße Mühlreit – Thundorf.* Hier halten wir uns links, südwestlich. Das Sträßchen verläuft im Tal der Kleinen Sur durch eine parkähnliche Landschaft. Baum- und Buschgruppen, einzelne Bäume und Staudeninseln sind über den Hügeln verteilt. Am Talhang erreichen wir den Weiler *Thundorfer Mühle.* Jetzt, bei der Einmündung des Eselbaches in die Kleine Sur, schwenkt unser Weg nach Süden, nach **Thundorf** hinein.

Von weitem grüßt schon der Turm der St. Martinskirche mit seiner Zwiebelhaube vom Kirchberg. Vor uns steigt der Högl auf mit seinem Fernsehturm, und bei einer querverlaufenden Straße steht der *Gasthof Thundorfer Hof.* Hier geht es links weiter und nun bergab. Wir spazieren parallel zum Höglrand durch den Weiler *Bach* und über einen Buckel mit Blick auf den Salzburger Geisberg zum Weiler *Doppeln.* Dann kommen wir zum Waldrand hinunter, zu den Häusern von *Moos.* Davor schwenken wir links ab,

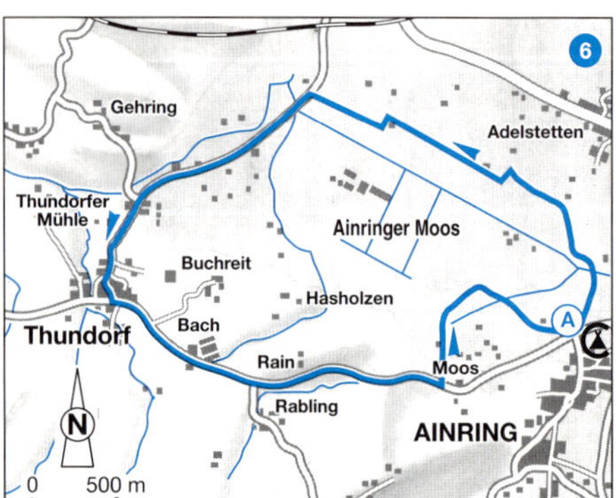

südwärts auf den Mooswald zu. Am Rande ist eine Bank aufgestellt, eine Schranke versperrt den Weg. Danach schwenken wir gleich rechts ab in einen Pfad, den Holzgeländer begleiten. Im Linksbogen kommen wir ins Abbaugebiet des Ainringer Mooses, und zwar an den südöstlichen Rand. Bei nächster Gelegenheit halten wir uns rechts, ostwärts, gehen durch den Buschwald, folgen nach einem Bachlauf ein Stück seinem Rand und erreichen nach dem Waldspitz in östlicher Richtung unseren Ausgangsort an der Kreisstraße 10 am nördlichen Rand von **Ainring**.

Nützliche Informationen

Ausgangsort: Ainring liegt am Nordhang des Högl, südwestlich von Freilassing. Von der Bundesstraße 304 gibt es einen Zubringer aus Richtung Freilassing und von der Bundesstraße 20 Zubringer von Hausmoning bzw. Mitterfelden und Feldkirchen aus.
Ausgangspunkt: Nordrand von Ainring, an der Straßenzufahrt in den Ort und an der Kreisstraße 10.
Höhendifferenzen: Keine wesentlichen.
Etappenlängen: Insgesamt 8 km; Ainring – Fahrstraße Mühlreit 2,5 km; Fahrstraße – Thundorf 2 km; Thundorf – Moos 2,5 km; Moos – Ainring 1 km.
Gehzeiten: Insgesamt 2½ Std.; Ainring – Fahrstraße Mühlreit 1 Std.; Fahrstraße – Thundorf ¾ Std.; Thundorf – Moos ¼ Std.; Moos – Ainring ½ Std.
Einkehr: Thundorfer Hof in Thundorf.
Sehens- und Wissenswertes: • Wallfahrtskirche Ulrichshögl über Ainring, Stroblalm und Neubichler Alm auf dem Högl sowie Vachenlueg mit »Froschkönig« und Gasthaus »Zur Burgruine« (Aussichtspunkte). • Im Norden das Wandergebiet Schönramer Filz mit Heidewanderweg. • Jenseits des Högl die Schlösser Staufeneck und Marzoll, Kloster Höglwörth und Höglwörther See. • Wallfahrtskirche Maria Himmelfahrt in Feldkirchen.
Auskunft: Gemeindeverwaltung Ainring, 83404 Ainring, Tel. (0 86 54) 57 50.
Karten: Topographische Karte, Bayerisches Landesvermessungsamt, 1:25000, Blatt 8143/44 und Fritsch Wanderkarte, Blätter 161 und 163.

7 Zur Klosterinsel Höglwörth

Zauberhafte Seerunde

Tourencharakter: Halbtagswanderung in reizvollem Auf und Ab. Eine Wanderung für jedermann ohne Einschränkung und außerdem gut beschildert. Die Wege sind ausnahmslos in Ordnung. Eine Wanderung für Genießer, denn es gibt unterwegs viel zu sehen und zu erleben, und eine zünftige Einkehr ist außerdem vorhanden.
Beste Jahreszeit: Je nach Witterungsverhältnissen praktisch zu jeder Jahreszeit begehbar.
Reine Gehzeit/Weglänge: 2½ Std./9 km.
Markierung: Keine. Aber Wegweiser vorhanden.
Höhendifferenz: Im Aufstieg maximal 70 m.

Kostbare Schnitzfiguren birgt das Marterl am Höglwörther Weg.

Die Schönheit dieser Landschaft haben schon im Mittelalter die Mönche entdeckt. Daher gab es auf der Insel im **Höglwörther See** und auf dem nahen Zellberg eine Missionsstation der Benediktiner von der Abtei St. Peter in Salzburg. Der Ungarnsturm im 10. Jahrhundert hat sie hinweggefegt. Unter dem Erzbischof Konrad I. von Salzburg (1106–1147) lebte die »Alte Zelle« in Gestalt eines Chorherrenstiftes wieder auf. Das **Inselkloster** inmitten des Sees, eingebettet in eine bezaubernde Vorgebirgslandschaft, ist ein Kleinod des Rupertiwinkels. Nach der Gründung im Jahre 1125 haben die Grafen von Plain und die Herren von Staufeneck das Kloster wirtschaftlich abgesichert. Es wurde Hauskloster der Plainer Grafen und diente dem als Hallgrafen in die Geschichte eingegangenen Geschlecht als Grablege. Die Klosterbauten sehen wie ein Burgschloß aus. Was im Mittelalter entstand, wurde in der zweiten Hälfte des 17. Jahrhunderts in salzburgischer Bauweise erneuert. So entstanden überaus reizvolle Gebäudegruppen. In einem der stimmungsvollen Höfe, der von zwei Tortürmen geschützt ist, steht ein hübscher Brunnen aus dem Jahre 1669.

Die Klosterkirche wurde 1689 geweiht. In ihr ist der romanische Chor aus dem Mittelalter erhalten worden, wenn auch barocküberformt. Dem Stift oblag über Jahrhunderte bis zu seiner Auflösung im Jahre 1817 die Seelsorge in Anger, am Högl und bis Piding, also im Gericht Staufeneck. Den Zugang auf die Stiftsinsel sichert ein Torhaus, das einst dem Klosterrichter als Wohnung diente. Von den ehemaligen Wirtschaftsbauten hat sich das stattliche Klosterwirtshaus erhalten. Es ist heute still geworden um das einstige Klosterreich. Brautpaare lassen sich in der Stiftskirche trauen, und Hochzeitsgesellschaften feiern beim »Klosterwirt«. Sonst sind es vor allem Wanderer, die sich hierher verirren, den ungewöhnlichen Reiz des waldumschlossenen Sees, in dem man sogar baden kann, genießen und in der zauberhaften Landschaft Glückseligkeit tanken.

In Höglwörth gibt es übrigens ein heiliges Grab, das die Augustinerchorherren 1652 errichtet hatten, nachdem bereits Kreuzritter und Pilger im 11. und 13. Jahrhundert Nachbildungen des Grabes Christi aus der Grabeskirche zu Jerusalem mit nach Hause gebracht hatten. Zuvor gab es in Höglwörth einen Karfreitagsumgang, ja sogar eine Art Passionsspiel. Der Kalvarienberg bei Höglwörth mit der Darstellung des Ölberges erinnert daran. Im ausgehenden 18. Jahrhundert ist die Aufstellung des heiligen Grabes untersagt worden. Es ist einer königlichen Verfügung Ludwigs I. vom 31. März 1836 zu verdanken, daß die nahe Gemeinde Anger eine eigene Pfarrei wurde. Seit dieser Zeit stellen die Höglwörther das »Heiliggrab« alle drei Jahre wieder auf.

Mit Höglwörth hat sich ein kulturhistorisches Denkmal allerersten Ranges erhalten, eingebettet in eine Landschaft, die weithin ihresgleichen sucht und die auch den Spruch rechtfertigt, der für das ganze Berchtesgadener Land gilt: »Wen Gott liebhat, den läßt er fallen in dieses Land«.

Der Wegverlauf

Von weitem schon grüßt die Kirche von Anger mit dem hohen Schiff und dem 51 Meter hohen Turm, der von einer Doppelzwiebel gekrönt ist, ins Land. Auf dem *Kirchberg,* um den sich die Häuser von **Anger** gruppieren, beginnen wir unsere Wanderung. Der riesige *Dorfanger* mit der Marienstatue darauf ist ein großartiger Ausgangspunkt. Wir halten uns in nordwestlicher Richtung zur Auffahrtsstraße, biegen gleich rechts in die *Holzhauser Straße* und treffen bereits auf Wegweiser, unter anderem zum Haustierpark. Bei einer *Dreieckskreuzung* halten wir uns rechts. Weit reicht der Blick auf den Höhenzug Högl im Osten und auf die Berchtesgadener Gipfel im Süden.

Wir spazieren ansteigend auf den Weiler *Stockham* zu. Im Linksbogen kommen wir am *Schneiderhäusl* vorbei, wandern dabei nordwestwärts steil hinunter und biegen in der Senke rechts ab. Wir sind auf der *Ramsauer Straße,* und der Wald nimmt uns auf. Wir folgen dem Waldweg zunächst nach Norden. Nordwestlich kommen wir wieder hinaus, und zwar bei einer *Bachbrücke.* Im Bogen geht es durch Weideland hinunter

Das Augustinerchorherrenstift auf der Insel im Höglwörther See wurde um 1125 neu gegründet. Die heutigen Bauten stammen aus der zweiten Hälfte des 17. Jahrhunderts.

und wieder auf einen Waldstreifen zu. Ein Stück halten wir uns rechts am Rand. Bei einer Bank tauchen wir zwischen die Bäume hinein, nochmals steil abwärts. Eine *Dreieckskreuzung* bei einer Bachbrücke nimmt uns auf. Links geht es zum **Haustierpark**, der ab 10.00 Uhr geöffnet ist. Wir nutzen diesen Weg als Abstecher, denn die Auswahl seltener Haustiere ist sehenswert. Wir kommen dann wieder zurück zum Waldeck mit der Brücke, biegen nun in Richtung Anger hügelwärts in das Landschaftsschutzgebiet hinein. Der Weg führt am Waldrand ostwärts. Wir sind auf dem *Mooshäuslweg*.

Nach der Steinbrücke folgen wir dem Bachlauf hoch am Hang und bleiben zunächst am Innenrand des Waldes. Danach teilt sich der Weg. Links verläuft eine Route nach Mayrhofen, rechts unten in der Senke liegt der Weiler *Mooshäusl*. Bis hier mag sich wohl einst der Höglwörther See ausgedehnt haben. Zwischen den Baumkronen sieht man bereits den Turm der Stiftskirche von Höglwörth. Im Rechtsbogen, der Weg schwenkt also nach Süden, erreichen wir den riesigen Parkplatz vor dem Zugang zur Klosterinsel. Hier beim »Klosterwirt« kann man einkehren. Wir besuchen die **Klosteranlage** auf der Insel und machen uns dann auf den *Seerundgang,* zunächst über eine Holzbrücke und dann dicht am Ufer, vorbei am Bad. Der viel frequentierte Weg ist gut ausgebaut, Bänke sind vorhanden, und es gibt außer dem Bad Zugänge zum See, also Badeplätze. Die Klosterinsel kann man im Laufe des Seerundgangs von allen Seiten betrachten, und immer sind die Gebäude des burgschloßartigen Baues attraktiv. Der Rundgang endet am Klosterweg, ein querverlaufender Weg, der Anger mit der Klosterinsel verbindet und befahrbar wäre, aber für den Verkehr gesperrt ist.

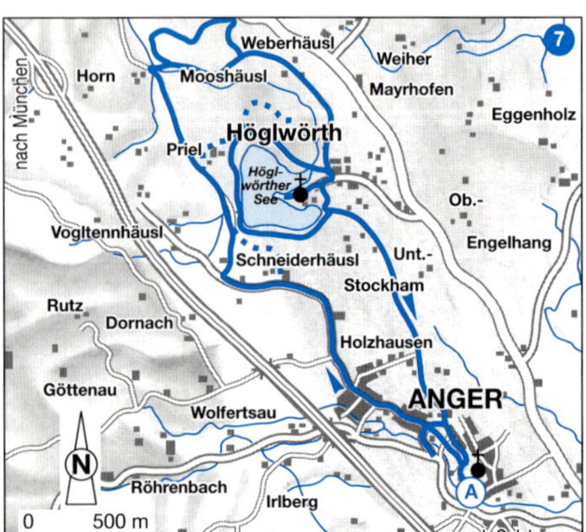

Wir wenden uns nun nach Südosten und steigen über einem Bachtal den Hang hoch. Bald erreichen wir den östlichen Rand des Weilers *Holzhausen* und die Sportplätze. Steiler geht es nun aufwärts, vorbei an Bänken, die Aussicht über das Land im Norden bieten. Vorbei auch an Marterln mit lebensgroßen Heiligenfiguren. Schließlich erreichen wir den Ortsrand von **Anger** an einer Steilhangstraße und kommen zurück zum Dorfplatz.

Nützliche Informationen

Ausgangsort: Anger liegt direkt an der Bundesautobahn München – Salzburg. Die nächste Ausfahrt ist Bad Reichenhall. Die Teisendorfer Straße am Ortsrand von Piding leitet dann an Anger vorbei zur Bundesstraße 304 bei Teisendorf.
Ausgangspunkt: Dorfplatz von Anger.
Höhendifferenzen: Der höchste und der tiefste Punkt liegen etwa 70 m auseinander.
Etappenlängen: Insgesamt 9 km; Anger – Haustierpark 4 km; Haustierpark – Höglwörth 2 km; Seerunde 1 km; Höglwörth – Anger 2 km.
Gehzeiten: Insgesamt 2½ Std.; Anger – Haustierpark 1 Std.; Haustierpark – Höglwörth ½ Std.; Seerunde ½ Std.; Höglwörth – Anger ½ Std.
Einkehr: »Klosterwirt« auf der Klosterinsel.
Sehens- und Wissenswertes: • Pfarrkirche von Anger mit dem 51 Meter hohen Turm. • Das ehemalige Kloster am Höglwörther See. • Die Kuratiekirche in Aufham, die Taverne und die Kirche von Vachenlueg, die Kirche von Steinhögl. • Neubichler Alm und Stroblalm am Högl. • Das Bergbaumuseum in Achthal. • Schloß Staufeneck.
Auskunft: Verkehrsamt der Gemeinde Anger, Dorfplatz 4, 83465 Anger, Tel. (0 86 56) 98 89 22, Fax (0 86 56) 98 89 15.
Karten: Topographische Karte, Bayerisches Landesvermessungsamt, 1:25000, Blatt 8143/44 und Fritsch Wanderkarte, Blätter 161 und 164.

8 Von Neukirchen auf den Teisenberg

Über die Kachelsteine zur Stoißer Alm

Tourencharakter: Bei dieser Rundwanderung sind immerhin über 600 Höhenmeter zu überwinden. Allerdings zum überwiegenden Teil auf Forststraßen oder ordentlichen Wegen. Der Abstieg von der Stoißer Alm ist trotz der Steile des Weges außergewöhnlich gut hergerichtet. Trotzdem sollte man bei der Wanderung auf festes Schuhwerk mit guten Profilsohlen achten. Die Route verläuft nahezu ausschließlich im Wald.
Beste Jahreszeit: Je nach Witterung und Schneeverhältnissen das ganze Jahr möglich.
Reine Gehzeit/Weglänge: 3 Std./10 km.
Markierung: Im Anstieg roter Balken auf weißem Grund. Ausreichend Wegweiser vorhanden.
Höhendifferenz: Im Aufstieg 624 m.

Der **Teisenberg**, der Hausberg des Marktes Teisendorf, erscheint wie ein Vorposten der Berchtesgadener Alpen, ist in Wirklichkeit aber ein dicht bewaldeter Ausläufer der Chiemgauer Berge. Der Waldreichtum war auch Voraussetzung für die Eisenerzgewinnung und -verhüttung im Achtal. Südlich der Waldhöhe, die 1300 Meter übersteigt, steigen die Felsgipfel des Staufen an, der 1771 Meter hohe Hochstaufen, der Mittelstaufen, der Zwiesel und der Hinterstaufen. Vom großen Weideplatz der Stoißer Alm hat man den Eindruck, sie würden alles übermächtig überragen, obwohl sie eigentlich nur 400 Meter höher sind. Für den Naturfreund zeigt sich das Land, die Täler, Hügel und Höhen um den Markt, in seiner ganzen Vielfalt.

Es gibt eine bunte Vogelwelt mit Meisen, Finken, Rotkehlchen, Eichelhähern, Kiebitzen. Da sind auch Wasservögel, die Stock-, Krick-, Knäk-, Tafel- und Reiherenten. Es gibt den Fischreiher, und der Bussard zieht seine Kreise, Schwalben und Mauersegler jagen zwischen den Häusern. Der Schwarzspecht fällt mit leuchtend rotem Scheitel auf. Die Wasseramsel ist zu beobachten und die Gebirgsstelze. Auf dem Teisenberg gibt es den Dreizehenspecht und den Kolkraben. Er war nach dem Krieg fast ausgerottet.

Die Pflanzenwelt ist genau so reich vertreten mit Hasel, Schneeball, Hartriegel, Liguster, Weißdorn und Holunder, mit Fichte, Hainbuche und Rotbuche. Es gibt eine Fülle von Blumen und Gräsern, darunter viele geschützte Arten. Ja, ein ganzer Kräutergarten ist vertreten mit Labkraut, Schafgarbe, Löwenzahn, Ehrenpreis, Spitzwegerich, Hirtentäschel und Brennessel.

An den feuchten Stellen wachsen Wiesengeißbart, Weidenröschen, Pestwurz, Zinnkraut, Beinwell und vieles andere mehr. Und weil die meisten Menschen sich in der Flora und Fauna kaum auskennen, hat man einen Waldlehrpfad angelegt, der ausführliche Informationen bietet. Teisendorf hat sogar einen geologischen Lehrgarten.

Die Landschaft ist hier von den Tälern der Sur und ihren Nebenflüssen gestaltet, aber auch von den Gletschern der Eiszeit. Man kann, wenn man aufmerksam wandert, Schritt um Schritt Neues entdecken, und gerade auf Rundwegen wie dem über die Kachelsteine, die bequem angelegt sind, läßt sich vieles beobachten. Es sind ja keine schwierigen Bergpfade, bei denen man beständig auf den Weg achten muß. Und schließlich hat man am Höhepunkt der Wanderung im Weidebereich der Stoißer Alm Gelegenheit, weit über das Hügelland im Norden zu schauen, aber auch die beeindruckende Vielgestalt der Berchtesgadener Alpen im Süden zu bewundern.

Man wird aber auch zu kritischer Beobachtung gedrängt, bei der sich beispielsweise die Frage ergibt, warum am Teisenberg die Forstwege teilweise so breit sind, daß zwei Busse aneinander vorbeifahren könnten. Und warum das Netz der Forstwege so außergewöhnlich dicht ist. Schließlich ist der Umschlag im Hochwald auf fast hundert Jahre ausgelegt. Das heißt, zur Aufstockung bedarf es keiner großartigen Wegführung, und zur Holzernte eines Waldstückes kommt man nur alle hundert Jahre. Andererseits gehört den Fremdenverkehrsverantwortlichen des Marktes Teisendorf ein Lob. Der Teisenberg ist nicht überall erschlossen, und die

Weit reicht der Blick vom Rand des Stoißer Almgeländes nach Norden in die Moränenlandschaft am Teisenberg.

markierten Wanderwege sind gut ausgeschildert und vernünftig angelegt. Außer dem Gratweg über die gesamte Höhe des Teisenberges gibt es nur wenige gekennzeichnete Abstiege und zwei große Anlaufpunkte, neben der Stoißer Alm nurmehr die Achterhütte in 1000 Meter Höhe, abgesehen von einer Route zur Farnbichlalm im Gebiet von Inzell.

Der Wegverlauf

Beim Weiler *Loch* gibt es in 700 Meter Höhe einen **Wanderparkplatz**. Von Markt Teisendorf aus ist er in Richtung Autobahnzufahrt durch das Achtal zu erreichen, indem man beim Ortsschild Neukirchen bei der Tankstelle links abzweigt und die Autobahn unterquert. Es ist die »Bergstraße«, welche die Zufahrt bildet. Bei den Häusern von Loh muß man sich dann rechts halten. Der Wanderparkplatz befindet sich nach der Brücke des *Schwarzenberggrabens*. Es geht am Bach entlang südwärts bis zu einem Forststraßenabzweig. Hier halten wir uns rechts und kommen dann auf die Kesselsteinstraße bzw. den Kachelsteinweg, der beschildert ist. Im Revier *Kohlstatt* halten wir uns in westlicher Richtung durch den Berghochwald. Bei einem Abzweig – auch hier gibt es einen Wegweiser – wandern wir südwestlich weiter. Die Forststraße schwingt beim **Kleinen Kachelstein**, der 904 Meter hoch ist, nach Osten.

Weg **Nr. 37** nach Frauenstätt zweigt dann ab, und wir folgen nun einer *rot-weißen Markierung* mit dem Wegweiser »Großer Kachelstein – Stoißer Alm«. Nach wenigen Metern zweigt auch ein Weg in Richtung Farnbichlalm ab. Wir sind bei der Höhenmarkierung *900*, wenn wir die Forststraße verlassen und in der Hauptrichtung Süden in großem Bogen auf einem Pfad den Hang hochsteigen. Beim Schwenk nach Südosten haben wir die Tausend-Meter-Grenze überwunden und sehen auch den Grat des 1234 Meter hohen **Großen Kachelsteines**. Eine Forststraße wird überquert, wir kommen an Glockenblumenfeldern vorbei. Nach einem erneuten Aufschwung wird der Hangpfad etwas abschüssig, bis wir einen felsigen Grat erreichen, der ostwärts zieht. Von hier aus gibt es eine Abzweigung nach Inzell über die Hubertushütte.

Wir steuern der *Höhe 1333 Meter* zu. Es wird noch einmal steil. Es gibt aber keine Aussicht, weil auf beiden Seiten Bäume die Sicht versperren. Auf dem Grat geht es ostwärts weiter. Wir schwenken aber rechts weg, den Markierungen nach, und erreichen das Gelände der **Stoißer Alm** durch einen Koppeldurchlaß. Vor uns liegt die Alm. Von hier aus biegt ein Weg nach Inzell über Bekker- und Farnbichlalm ab. Ein Gedenkstein erinnert daran, daß beim Brand der Stoißer Alm im Jahre 1967 drei Menschen umgekommen sind. Nach Einkehr in der Alm kann man nordwärts hochsteigen zu Kapelle und Gipfelkreuz, dem höchsten Punkt im Almgelände. Nun ist die Aussicht umfassend.

Weiter geht es dann über Wiesen hinunter im Rechtsbogen aus der südlichen in die östliche Richtung. Immer noch ist die Aussicht bestechend, vor allem ins Vorland. Wir folgen dem Grat zwischen den Bäumen und

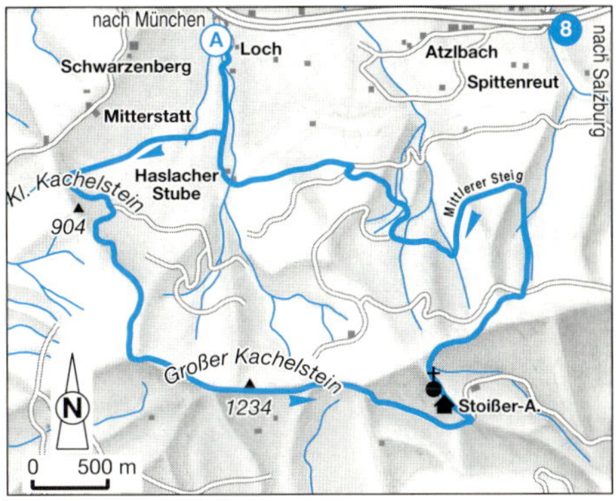

kommen nach einem weiteren *Koppeldurchlaß* in den Wald hinein. Die Wege trennen sich. Wegweiser geben die Richtung an. Einer führt über Hub nach Teisendorf und Zellberg-Anger. Ein anderer über Kühberg nach Teisendorf und Neukirchen. Wir wandern *Richtung Loch* auf einem sehr gepflegten Weg steil nordwärts hinunter, halten uns bei der nächsten *Wegverzweigung* links und stoßen in eine Bachschlucht. Jetzt folgen wir den Bachläufen, einige werden überquert, in der Hauptrichtung Norden am Steilhang, bis

Die Stoißer Alm östlich der Kachelsteine am Teisenberg ist ein beliebtes Ausflugsziel.

der Weg in eine Forststraße mündet. Nun geht es westlich weiter. Bei einer *Dreieckskreuzung* halten wir uns rechts. Der Blick ins Unterland wird frei. Im Bogen erreichen wir eine weitere *Dreieckskreuzung*, gehen jetzt steil hinunter und dann links über eine Bachbrücke zur *Haslacher Stube*, einer Forstdiensthütte. Danach wird der Bach, es ist der *Schwarzenberggraben*, überquert. Die Forststraße schwenkt nach Norden und trifft auf unseren Abzweig zum Kleinen Kachelstein. Das letzte Stück Weg zum *Wanderparkplatz* über Loch ist mit dem Aufstieg identisch.

Nützliche Informationen

Ausgangsort: Zufahrt nach Neukirchen über Ausfahrt Neukirchen an der Autobahn München – Salzburg bzw. von Markt Teisendorf über die Achtalstraße.
Ausgangspunkt: Wanderparkplatz bei Loch über Neukirchen.
Höhendifferenzen: Insgesamt 624 m; Ausgangspunkt 709 m, höchster Punkt 1333 m.
Etappenlängen: Insgesamt 10 km; Aufstieg zur Stoißer Alm 5 km; Abstieg zum Wanderparkplatz Loch 5 km.
Gehzeiten: Insgesamt 3 Std.; Aufstieg zur Stoißer Alm 2 Std.; Abstieg nach Loch 1 Std.
Einkehr: Stoißer Alm (Mitte Mai bis Mitte September bewirtschaftet).
Sehens- und Wissenswertes: • Teisendorf liegt am Fuße des Teisenberges (1334 m), der für das Wandern vielfältig erschlossen ist.
• In der Nähe ist auch das Wanderzentrum Schönramer Filz, eine fast unberührte Moor- und Heidelandschaft mit eigenartiger Pflanzen- und Tierwelt. • Im Norden von Teisendorf liegt der Abtsdorfer See, ein Badesee mit warmem Moorwasser. • Sehenswert ist die alte Schifferstadt Laufen an der Salzach mit dem gut erhaltenen mittelalterlichen Stadtbild und der ältesten gotischen Hallenkirche Süddeutschlands. • In Achthal gibt es ein Bergbaumuseum.
Auskunft: Verkehrsverein e. V. Teisendorf, 83317 Teisendorf, Poststraße 11, Postfach 11 08, Tel. (0 86 66)2 95.
Karten: Topographische Karte, Bayerisches Landesvermessungsamt, 1:25 000, Blatt 8142 und Fritsch Wanderkarte, Blätter 161 und 163.

9 Über den Spielmannsberg zum Högl

Aussicht und Einkehr bei Strobl- und Neubichler Alm

Tourencharakter: Die 200 Höhenmeter Aufstieg zum Högl sind keine Strapaze, sondern ein abwechslungsreicher Spaziergang mit beständigem Auf und Ab. Die Wege sind durchwegs gut, im Bereich des Höglgrates bestens instandgehalten. Wer die Wanderung plant, sollte wegen der attraktiven Einkehrmöglichkeiten beispielsweise auf der Stroblalm oder auf der Neubichler Alm viel Zeit mitbringen.
Beste Jahreszeit: Wenn es die Witterung zuläßt, kann man die Route das ganze Jahr über gehen.
Reine Gehzeit/Weglänge: 2 Std./8 km.
Markierung: Keine.
Höhendifferenz: Insgesamt 185 m im Aufstieg.

Kein Zweifel, der **Högl**, der heute für die Berchtesgadener ein Ausflugsziel und für die Feriengäste eine Attraktion ist, war schon in vorgeschichtlicher Zeit bewohnt, bewiesen durch Funde, aber auch, wenn man die exponierte Lage berücksichtigt, plausibel. Der bewaldete Höhenzug ist von Rodungsinseln unterbrochen, die als Weideland genutzt werden und die in vielen Fällen eine großartige Aussicht ins Umland bieten, ins Salzburgische hinein, zu den Berchtesgadener Bergen und ins hügelreiche Vorland im Norden und Westen.

Geologisch ist dieser Höhenzug aus einem Gestein, das man »Flysch« nennt. Bereits die Römer haben dieses Gestein gebrochen. Heute lockt der aufgelassene Steinbruch Menschen an, die in der Erde nach Mineralien und Versteinerungen suchen. In der Nachbarschaft, auf der **Stroblalm**, die einst eine Steinmetzschmiede war, kann man sich dann von den Strapazen erholen. Hier wird für das leibliche Wohl gesorgt. Einkehren kann man auch eine halbe Gehstunde südöstlich auf der **Neubichler Alm**, heute Berg-

und Sporthotel. Auch von hier ist die Aussicht bestechend. Man sieht auf den **Johannishögl**, einen weiteren Höhepunkt des Högl, ebenfalls mit einer gemütlichen Wirtschaft versehen. Man erblickt die uralte Taufkirche, und vom Hügel, auf dem diese Kirche steht, sieht man zum Greifen nah jenseits der Saalach die Festspielstadt Salzburg.

Der große Barockmeister Johann Michael Rottmayr, der in Laufen geboren ist, hat den barocken Hauptaltar der spätgotischen Kirche auf dem Johannishögl geschaffen. Der kleinere gotische Altar wird dem Laufener Bürgermeister Gordian Guckh zugesprochen. Kostbare Fresken gibt es an den Wänden. Auch **Ulrichshögl** ist ein Ausflugsort mit einer Kirche, die im 15. Jahrhundert über romanischen Resten gebaut wurde und zur Wallfahrt lädt. Romanischen Ursprungs mit einem spätgotischen Chor ist die Kirche auf dem **Steinhögl** St. Georg geweiht. Es bietet sich auf dem Högl also eine Fülle von Sehenswürdigkeiten und Erlebnissen, die auf einer Wanderung gar nicht zu bewältigen sind. Sogar eine Burg gab es hier, *Vachenlueg* steht dafür. So kann man schier endlos wandern und schauen und vieles bewundern und sich von diesen »Strapazen« immer wieder in gemütlichen Wirtschaften erholen.

Der Wegverlauf

Oberhalb von **Spielmannsberg** gibt es einen großangelegten Parkplatz. Dieser Spielmannsberg liegt an einem Fahrsträßchen, das von Hainham westwärts am Höglhang verläuft, eine Reihe von Weilern verbindet und dann hinunter in Richtung Piding schwenkt, auf der Kreisstraße Nr. 7. Östlich von Spielmannsberg steht eine kleine *Kapelle*, an der die Stroblalmstraße nach Norden verläuft, eben zu diesem Parkplatz und weiter im Linksbogen zum Weiler *Steinbrecher* am Rande des Waldes. Dann zieht die Straße den Wiesenhang hoch, wieder in der Nähe des Höglwaldes. Wir erreichen in östlicher Richtung die **Stroblalm.** Sie liegt hoch über dem Tal in 755 Meter Höhe. Nach Süden fallen die Wiesenhänge ab, im Blickfeld ragen die Gipfel der Berchtesgadener Alpen auf. Der **Steinbruch** in der Nähe lohnt einen Abstecher.

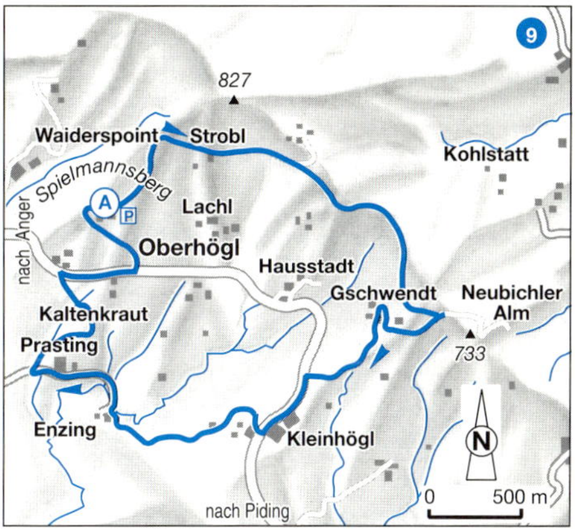

Wir wandern auf einem für den öffentlichen Verkehr gesperrten Weg ostwärts weiter in den Wald hinein. Bei einer Bank biegen wir rechts ab, folgen einem Waldweg hinunter, vorbei an einem kleinen Weiher. Bei einem Abzweig halten wir uns rechts, einer *blauweißen Markierung* nach. Wir kommen zum Waldrand, schwenken nach links, folgen einem Hangweg nach Osten. Eine Bank lädt zur Rast bei einem Kreuz und einem Marterl, dann biegt der Weg nach Süden, wendet seinen Lauf noch einmal nach Osten und erreicht die Straße bei **Gschwendt**. Hier gibt es einen *Wanderparkplatz*. Wir kommen hinunter zur **Neubichler Alm**, einer etwas mondäneren Einkehr, die an aussichtsreicher Stelle steht. Vor allem der Blick nach Salzburg ist eindrucksvoll. Im Winter kann man hier skifahren. Es gibt einen Schlepplift.

Unser Weiterweg führt auf einer Verbindungsstraße zur *Kreisstraße 7* hinunter, also von der Neubichler Alm westwärts durch einen Waldstreifen und über Wiesengelände zur querverlaufenden Fahrstraße. Nach links kommen wir zu den Häusern **Sechshögl**, identisch mit dem auf der Karte verzeichneten *Kleinhögl.* Hier, mitten im Weiler, schwenken wir rechts weg in Richtung *Aufham.* Nach dem Gehöft am Weilerrand kommen wir in die Weiden hinunter und halten uns links zum Waldrand. Bei einem Bachlauf stoßen wir ein Stück in den Wald hinein und gleich wieder hinaus in die Wiesen und auf einen Jägerstand zu. Danach schwenken wir im Bogen zu den Häusern von *Enzing.* Ein

Fahrweg nimmt uns auf, es ist die *Prastinger Straße*. Sie leitet zunächst nordwärts hinunter über eine Bachbrücke, schwenkt dann nach Westen, und wir kommen zum Weiler *Kaltenkraut*.

Steil führt der Weg hinunter zu einem Waldvorsprung und biegt nach Südwesten auf **Prasting** zu. Bei einer Baumreihe lädt eine Sitzgruppe zur Rast, und vor den Häusern von Prasting zweigt rechts ein Weg ab in den Wald hinein. Er verläuft neben einer Bachschlucht, führt über eine Brücke und wieder aus dem Wald hinaus zu einer Häusergruppe. Erneut stoßen wir auf den Waldrand, biegen rechts einen Teerweg hoch. An Haus und Bank vorbei leitet uns ein Feldweg in den Wald, und hier steigen wir über eine Brücke zum Bachrand. An ihm geht es aufwärts zu einer Fahrstraße und rechts weiter, nochmals im Wald bergauf, dann hinaus und zu den Häusern von **Spielmannsberg**. Danach brauchen wir nur links abzuschwenken zum *Parkplatz* und dem Ausgangspunkt unserer Wanderung.

Der seit vorgeschichtlichen Zeiten bewohnte »Högl« lockt heute mit Ausflugsgasthöfen wie der Stroblalm, die einst eine Steinmetzschmiede war.

Die Kirche von Anger hat eine exponierte Lage, sie ist praktisch von allen Seiten sichtbar. So präsentiert sie sich von der Neubichler Alm.

Nützliche Informationen

Ausgangsort: Spielmannsberg ist über die Kreisstraße 7 entweder von Piding aus in nördlicher Richtung oder von Anger über Hainham zu erreichen. Der Weiler liegt am Südhang des Högl.
Ausgangspunkt: Parkplatz östlich von Spielmannsberg.
Höhendifferenzen: Insgesamt 185 m. Der höchste Punkt ist die Stroblalm mit 755 m. Der tiefste Punkt Enzing mit 570 m. Die Neubichler Alm liegt in 733 m Höhe.
Etappenlängen: Insgesamt 7 km; Parkplatz bei Spielmannsberg – Stroblalm 1 km; Stroblalm – Neubichler Alm 2 km; Neubichler Alm – Kleinhögl 1,5 km; Kleinhögl – Prasting 1,5 km; Prasting – Spielmannsberg 1 km.
Gehzeiten: Insgesamt 2 Std.; Spielmannsberg – Stroblalm 20 Min.; Stroblalm – Neubichler Alm 40 Min.; Neubichler Alm – Kleinhögl 20 Min.; Kleinhögl – Prasting 20 Min.; Prasting – Spielmannsberg 20 Min.
Einkehr: Stroblalm, Neubichler Alm.
Sehens- und Wissenswertes: • Pfarrkirche von Anger mit dem 51 Meter hohen Turm, das ehemalige Kloster am Höglwörther See, die Kuratiekirche in Aufham, die Taverne und die Kirche von Vachenlueg, die Kirche von Steinhögl. • Neubichler Alm und Stroblalm am Högl. • Das Bergbaumuseum in Achthal. • Das Ainringer Moos, vor allem im Hinblick auf die industrielle Nutzung einer Torflandschaft. • Schloß Staufeneck.
Auskunft: Verkehrsamt der Gemeinde Anger, Dorfplatz 4, 83465 Anger, Tel. (0 86 56) 98 89 22, Fax (0 86 56) 98 89 15.
Karten: Topographische Karte, Bayerisches Landesvermessungsamt, 1:25 000, Blätter 8143/44, 8243 und Fritsch Wanderkarte, Blätter 161 und 163.

Im Umkreis von Bad Reichenhall

10 Waldeinsamkeit unter dem Hochstaufen

Von Urwies auf Steiner Alm und Staufeneck

Tourencharakter: Für Liebhaber von Bergwäldern eine lange, aber erholsame Wanderung unter dem Hochstaufen, überwiegend auf Forstwegen, die gut zu gehen sind. Der Höhenunterschied von 460 auf 1100 Meter verteilt sich auf gut 6 Kilometer. Dazwischen gibt es aber Steilanstiege, so daß der Weg zur Steiner Alm den größten Teil der vierstündigen Tour beansprucht. Die Wanderung endet bei der Burg Staufeneck, einem wehrhaften Schloß.
Beste Jahreszeit: Je nach Witterungsverhältnissen bis in den Spätherbst und vom zeitigen Frühjahr an.
Reine Gehzeit/Weglänge: 4 Std./12 km.
Markierung: Vor der Steiner Alm »W 2«, gelegentlich rot-weiß, sonst Wegweiser.
Höhendifferenz: Im Aufstieg 460 m.

Auf **Staufeneck** saß um das Jahr 930 ein Graf Engilbert aus dem Hause der Aribonen als Burgherr. Ihm folgten die Grafen von Plain. Die Urkunden nennen unter anderen einen Wilhelmus Capitaneus de Pleyen de Staufenecken. Vogteirechte, Gerichtsbarkeit und Polizeigewalt über weit verzweigte Güter waren mit dem Besitz der Burg verbunden, deren Grundmauern romanischen Ursprungs sind. 1513 ging die Anlage mit ihren Gütern an die Salzburger Fürstbischöfe und war seitdem Sitz eines salzburgischen Pfleggerichts. Damals hat der Erzbischof Leonhard von Keutschach die Burg in der heutigen Form umgebaut und mit Wehrgängen, Wohngebäuden, Burghofzwinger, Halsgraben und Kapelle aber auch mit Amtsräumen, Folterkammer und Kerker ausgestattet. Die Folterkammer kann man als Hauptsehenswürdigkeit heute noch besichtigen. Unter dem Burgdach führt um die ganze Burg ein Wehrgang aus spätgotischer Zeit, der vollständig erhalten geblieben ist, mit Schießscharten und Ausgucklöchern hinaus ins salzburgische Land. In einem Teil der Burganlage ist ein Zweig des Bayerischen Nationalmuseums untergebracht, und im Sommer gibt es Führungen durch die Burg.

Beim Schloß kann man übrigens Reste eines ehemaligen *Kalkofens* aus dem 18. Jahrhundert, und zwar am Schloßweg, besichtigen. Die Burg gehört zur Gemeinde Piding, zusammen mit den Ortsteilen Pidingerau, Mauthausen, Staufeneck und Urwies am westlichen Saalachufer und vor den Toren Bad Reichenhalls.

Die Ausläufer des **Hochstaufens** trennen die Gemeinde von der Kreisstadt, und obwohl der Hochstaufen nur 1771 Meter hoch ist, ragt er wie eine steinerne Bastion vor den Berchtesgadener Bergen auf, wenn man von Norden oder Nordwesten anreist. Er ist der östliche Beginn einer gewaltigen Kette, die über Mittelstaufen, Zwiesel, Hinterstaufen nach Westen verläuft und hier Inzell überragt. Steil fallen die Steinflanken dieser Kette nach Norden und Süden ab. Sie sind von ausgedehnten Bergwäldern umrahmt. Im Süden unwirtlicher, im Norden freundlicher bis in Höhen um 1000 Meter aufsteigend. Auf beiden Seiten aber gibt es beliebte Ausflugs- und Wanderziele.

Das Tal der Stoißer Ache, die bei Piding in die Saalach mündet, begrenzt das Staufenmassiv nach Nordosten, im Norden sind es der Ramsauer Bach und die Oberteisendorfer Ache. Zu den Ausläufern nach Nordwesten gehört der Teisenberg. In einer Senke zwischen Teisenberg und Hinterstaufen liegt der *Frillensee*, einer der kältesten Seen in den Alpen und Austragungsort von Eislaufmeisterschaften. Der Staufen ist quellenreich unter seinem Felsrücken. Während aber am Südhang die zahlreichen Quellen keine besonderen Auswirkungen haben, speisen sie am Nordhang eine ganze Reihe von Bächen. Das zerfurchte Waldland am Nordhang ist durch Forststraßen erschlossen mit einer Fülle von Querverbindungen in Form von Waldwegen und Pfaden, aber auch von markierten bzw. beschilderten Wanderwegen.

Der Wegverlauf

Von der Staatsstraße 2103 bei Mauthausen, also unmittelbar vor der Autobahnanschlußstelle Reichenhall in Richtung Teisendorf, zweigt am nordwestlichen Rand von **Urwies** ein Forstweg nach links ab. Er leitet über eine Brücke bis zu einem Wendeplatz. Von hier gehen wir links durch eine Schranke und dann rechts aufwärts auf einem Fußweg, der mit *»Steiner Alm«* beschildert ist. Südwestlich wandern wir am Leitengraben hoch durch dichten Niederwald. Die Schlucht wird immer tiefer, Teile des Weges sind im Frühjahr abgestürzt, und unser Pfad schwenkt nach Süden, biegt dann aber südwestlich hoch, und wir sind dem Bachgrund wieder näher.

Ein Steg führt uns auf die andere Bachseite in den Buchenwald hinein. Steil geht es am Hang hinauf. Wir erreichen im Fichtenwald dann eine Forststraße. Geradeaus ist sie zum Hochstaufen und zur Steiner Alm beschildert. Rechts nach Aufham und Anger. Wir halten uns rechts, folgen also der Forststraße in nordwestlicher Richtung bergab. Hier gab es einmal einen Lehrpfad. Jedenfalls lassen Reste von Tafeln mit Informationen zu Fauna und Flora darauf schließen.

Nach dem Übergang über den Aufhamer Bach kommen wir über eine Anhöhe steil hinunter zu einer *Dreieckskreuzung*. Eine Bank steht hier, und Wegweiser leiten links in Richtung Steiner Alm mit der Markierung **W 2.** Erneut folgt ein Abzweig, nun zum Hochstaufen links weg, *Steiner Alm* geradeaus. Diesem Weg gehen wir nach. Er macht einen weiten Bogen. Wo ein Steig von Anger heraufkommt, halten wir uns links von der Forststraße weg. Das ist allerdings nur eine Abkürzung, die zu einer *Dreieckskreuzung* leitet. Auch hier gehen wir links ab.

Auf der Höhe zweigt dann der **Hochstaufensteig** rechts ab. Wir wandern bergab auf einem Hangpfad, auch von Aufham kommt ein Steig hoch, und schließlich erreichen wir einen *Koppeldurchlaß* auf einem Grat. Eine Bank steht hier, etwa 100 Meter tiefer liegt die **Steiner Alm** mit einer Kapelle davor im

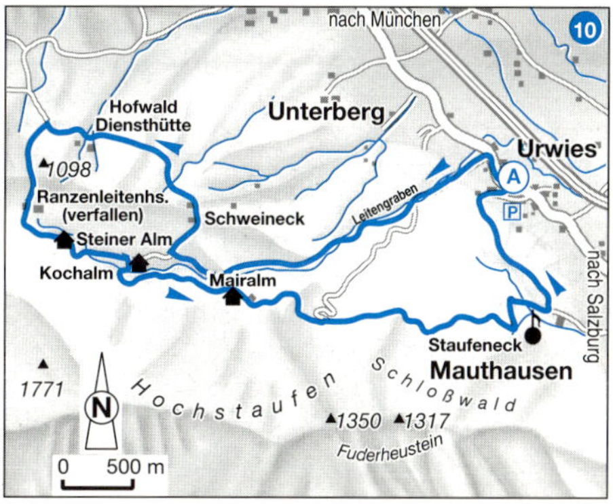

Wiesengelände. Jenseits ragt der Hochstaufen auf. Wir steigen nun in Serpentinen hinunter. Selbstbedienung ist angesagt, wenn wir einkehren wollen.

Weiter geht es auf dem Fahrweg, zunächst südwärts. Der schwenkt dann in östliche Richtung. Es ist rot-weiß markiert. Noch im Almgelände kommen wir an der **Kochalm** vorbei, direkt unter den Steilhängen des Hochstaufen. Unterhalb im Wegbogen geht es nun rechts weg, immer noch bergab, und Stufen führen dann weiter auf den Wald zu. Nach dem Koppeldurchlaß sind wir wieder zwischen den Bäumen. Zunächst geht es am Bach entlang. Dann überqueren wir eine Forststraße. Hier ist allerdings weder beschildert noch markiert. Wir halten uns rechts, östlich weiter, am Bach entlang und am Hang bergab. Eine Lichtung nimmt uns auf. Hier steht die **Mairalm**. Sie ist nur an Wochenenden bewirtschaftet. Jetzt folgen wir der Forststraße und kommen am Steilhang zum *Baumannkreuz*. Das ist ein Gedenkstein, eine Bank steht hier, die Aussicht ins Tal ist beeindruckend. Ein paar Schritte weiter wurde rechts im Hang ein Bergblumengarten angelegt.

Eine *Dreieckskreuzung* nimmt uns auf. Rechts geht es durch eine Schranke, Bänke sind am Weg aufgestellt, gelegentlich finden wir noch die rot-weiße Markierung. In Talnähe wird es noch einmal steil. Bei einer Kreuzung halten wir uns links. Beschildert ist »Kneippanlage« und »Piding«. Auf einem Plateau unter dem Schloß Staufeneck liegt ein kleiner *Weiher*, in dem man die Kneippanlage installierte. Hier gibt es auch Parkplätze. Wir gehen in Richtung Tanzcafé hinunter

Am Weg zur »Stoaner Alm« auf 1098 Meter Höhe ist das felsige Massiv des Staufen fast immer im Blickfeld.

und halten uns bei den Häusern links auf dem Fußweg, der unterhalb des Waldes, also im Talboden am Rande des Hügelaufbaus, nordwestwärts verläuft. Bald sind die ersten Häuser von **Urwies** erreicht. Wir können gleich beim *Zenz* zur Straße hinuntergehen und auf dieser zurück zum Ausgangspunkt oder noch am Waldrand einen Bogen schlagen, bis wir entweder die Forststraße erreichen, auf der wir unsere Wanderung begonnen haben, oder diesem Bogen nachgehen und inmitten von Urwies landen.

Nützliche Informationen

Ausgangsort: Urwies, Gemeinde Piding, unmittelbar in der Nähe des Autobahnanschlusses Bad Reichenhall, an der Teisendorfer Straße, Staatsstraße 2103, von der Straßenverbindung Autobahnanschluß Bad Reichenhall in nordwestlicher Richtung.

Ausgangspunkt: Nordwestrand von Urwies.

Höhendifferenzen: Insgesamt 460 m. Der Weg steigt von 460 m Höhe an, erreicht in Höhe des Leitengrabens bereits 600 m, beim Schweineck 919 m, bei der Hofwald-Diensthütte sind es 943 m und auf dem Höhengrat über der Steiner Alm 1100 m. Die Steiner Alm liegt 1027 m hoch, die Kochalm 1000m, die Mairalm 817 m, Staufeneck 517 m.

Etappenlängen: Insgesamt 13 km; Urwies – Schweineck 4 km; Schweineck -Steiner Alm 4 km; Steiner Alm – Staufeneck 4 km; Staufeneck – Urwies 1 km.

Gehzeiten: Insgesamt 4 Std.; Urwies – Schweineck 3/4 Std.; Schweineck – Steiner Alm 1 3/4 Std.; Steiner Alm – Staufeneck 1 Std.; Staufeneck – Urwies 1/2 Std.

Einkehr: Steiner Alm und an Wochenenden in der Saison Mairalm.

Sehens- und Wissenswertes: • Im Schloß Staufeneck gibt es im Sommer Führungen.

Der Burgplatz »Staufeneck« wird schon um 930 n. Chr. in einer Urkunde genannt. Was heute an Bauten zu sehen ist, stammt aus dem Jahre 1513.

• Das nahe Bad Reichenhall mit dem Kurzentrum, der Soleleitungsweg um Bad Reichenhall, der Saalach- und der Thumsee, der Predigtstuhl mit der Seilbahn. • Der Högl im Norden mit Johannishögl, Ulrichshögl, Strobl- und Neubichler Alm und der Ruine Vachenlueg. • Das Dorf Anger mit dem sehenswerten Dorfanger. • Schloß Marzoll südöstlich von Piding.

Auskunft: Gemeinde Piding, 83451 Piding, Tel. (0 86 51) 20 49.

Karten: Topographische Karte, Bayerisches Landesvermessungsamt, 1:25 000, Blatt 8243 und Fritsch Wanderkarte, Blatt 161.

11 Am Hinterstaufen

Über Zwiesel und Kohleralm

Tourencharakter: Leichtere Bergwanderung auf gut ausgebauten und markierten Wegen. Erforderlich sind jedoch festes Schuhwerk mit Profilsohle, Wetterschutz und Notverpflegung. Immerhin ist man mindestens 6½ Stunden unterwegs, wenn man vom Wanderparkplatz Jochberg am Kohler aus geht. Die Tour verlängert sich um 1½ Stunden ab Weißbach.
Beste Jahreszeit: Frühsommer bis Spätherbst.
Reine Gehzeit: 6½ bzw. 8 Std.
Markierung: Blauer Balken auf weißem Grund. Ab Kohleralm Roter Balken auf weißem Grund. Durchgehend Wegweiser vorhanden.
Höhendifferenz: Im Aufstieg 900 m.

Der Ort **Weißbach**, der zur Gemeinde Schneizlreuth gehört, liegt an der historischen goldenen Salzstraße. Als im 17. Jahrhundert die Wälder um Reichenhall nicht mehr genug Brennholz zur Salzgewinnung lieferten, ließ Herzog Maximilian von Bayern eine **Soleleitung** nach Traunstein bauen. Baumeister des technischen Meisterwerkes, das bis ins 19. Jahrhundert verwendet wurde, war der Ingenieur Hans Reiffenstuel. Die Soleleitung führt an Weißbach vorbei. Der Ort hat seinen Namen vom Bachlauf, der am Westende Wasserfälle bildet und am Nordende eine tiefe **Klamm** gegraben hat. Es ist ein großes Erlebnis, durch die Steiganlagen dieser Klamm zu wandern, die nicht für den Fremdenverkehr eingerichtet waren, sondern der Überwachung der Holztrift dienten.

Weißbach besitzt eine weitere Attraktion, den **Gletschergarten**, eine gewaltige Felsplatte, die Schleifspuren des Saalachgletschers zeigt. Der wälzte sich in der Eiszeit von Zell am See über Lofer nach Bad Reichenhall und verband sich dort mit dem Salzachgletscher. Ein Arm trennte sich bei Schneizlreuth und besetzte die Senke unter dem Müllnerhorn, das heutige Weißbachtal, und zog über Weißbach nach Inzell gegen Norden. Der Gletschergarten ist erschlossen worden, als man die Deutsche Alpenstraße baute. Er zeigt Gletscherschliffe, Riesentöpfe und erratische Blöcke. Das sind Findlinge, Felsbrocken, die vom Eis des Gletschers transportiert worden sind.

Am Gletschergarten vorbei geht der historische **Salinenweg** zwischen Bad Reichenhall und Inzell, der 250 Höhenmeter überwindet. Durch Wasserräder betriebene Pumpen förderten die Sole bergauf. Es gab hier sieben Kolbendruckpumpen, die von sieben Meter hohen Wasserrädern angetrieben wurden. Wenn das Wasser nicht ausreichte, mußte man die Räder mit Menschenkraft bewegen lassen. Zu einem Pumpenhaus führt oberhalb Weißbachs die sogenannte *Himmelsleiter* mit 420 Stufen.

Wer sich über die Salzgewinnung und das Salinenwesen anschaulich informieren will, kann in Bad Reichenhall die Ausstellung »Salz in der Geschichte« besuchen. Teil der Ausstellung ist z. B. eine mit Wasserkraft betriebene Solehebemaschine in der Alten Saline, deren Räder einen Durchmesser von 13 Metern haben.

Dokumente über das Triftwesen, dieses für die Salzgewinnung so bedeutende Transportwesen, finden sich im Holzknechtmuseum in Ruhpolding-Laubau.

Ein beliebtes Wandergebiet oberhalb Weißbachs ist der Jochberg, der durch die Jochbergstraße erschlossen ist. Sie führt vom Nordende Weißbachs am Stabach hoch und weiter zur Kohleralm, wo ein Wanderparkplatz angelegt ist.

Der Wegverlauf

Vom **Wanderparkplatz** führt eine gut ausgebaute Forststraße nordostwärts, zunächst am Rand des Almgeländes vom Gehöft *Rinnerauer* entlang, dem Wald zu. Der Weg zur Zwieselalm ist mit 3 Kilometer Länge angegeben.

Durch urtümliche Felsschluchten steigt man von Inzell zum Grat zwischen Gamskogel und Zwiesel auf.

Die Zwieselalm liegt auf einer Aussichtsterrasse. Im Hintergrund das Sonntagshorn, ein Fast-Zweitausender der Chiemgauer Alpen.

Kurz nach Waldbeginn erreichen wir eine *Forststraßengabelung*, bei der wir rechts abzweigen. Nun schwenkt ein Steig von der Forststraße nach links ab und nordwärts hoch. Es wird steil. Wir müssen die Forststraße noch einmal überqueren, gelangen in Richtung Nordosten. Hier beginnen die Serpentinen, die in der Hauptrichtung nordwärts im Wald steil ansteigen. Wenn sich die Richtung nach Nordwesten wendet, wird es etwas flacher, und wir kommen in das Gelände der **Zwieselalm**. Die letzten 50 Meter führen über einen Grashang und auf Stufen zur Alm. Die Zwieselalm ist bewirtschaftet und liegt 1400 Meter hoch. Daneben steht das Kaiser-Wilhelm-Haus.

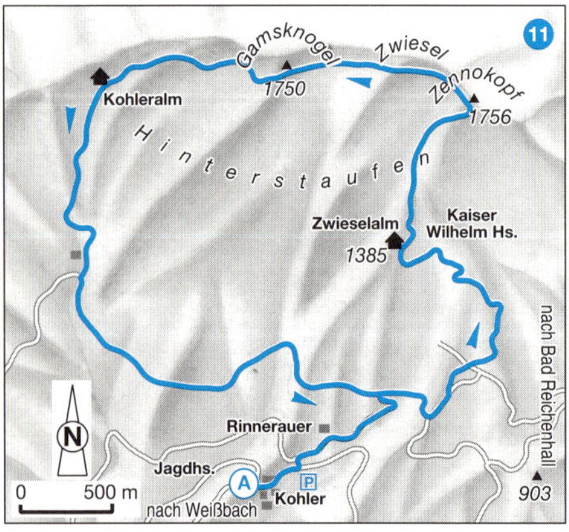

Links von der Alm folgen wir einem gut ausgebauten Steig mit einer *weiß-blau-weißen Markierung* in den latschenbewachsenen Südhang und dann über eine Westflanke bis zum Hinterstaufen hinauf. Über 350 Höhenmeter sind zu überwinden, ehe wir einen der Vorgipfel, den **Zennokopf**, erreichen. Auf dem Gratweg geht es weiter, und nach wenigen Minuten ist der 1781 Meter hohe Zwiesel erreicht, die höchste Erhebung der Staufenkette. Vom Zennokopf gibt es übrigens einen Gratweg zum Hochstaufen, der neben Trittsicherheit auch Schwindelfreiheit erfordert.

Es geht nun bedeutend ausgesetzter weiter Richtung Gamsknogel. Der Klettersteig hier ist nur für Geübte. Zum Teil sind Drahtseile gespannt. Wir kommen vorbei am *Abzweig*

Adlgaß – Inzell und über einen kahlen Hang zum **Gamsknogel** (1750 m). Bis hierher waren leichte Kletterstücke zu bewältigen, und vom Gipfel sieht man schön hinunter in den Inzeller Talkessel und auf den Teisenberg. Vom Gamsknogel weg ist der Weg westwärts wieder leicht. Holzstufen helfen beim Abstieg. Wir erreichen das Almgelände der nicht bewirtschafteten **Kohleralm** in 1450 Meter Höhe unter dem Heimgartenstein. Aber immerhin können wir hier rasten. Es gibt Bänke und auch Wasser. Vor der Kohleralm zweigt ein Weg nach links zur Zwieselalm ab. Von ihr aus kann man Reichenhall erreichen.

Die Wege, die von der Kohleralm ausgehen, sind gut beschildert. Wir folgen dem Schild rechts an der Hütte vorbei nach Weißbach mit *weiß-rot-weißer Markierung.* Es ist ein schmaler Pfad, der in kurzer Zeit durch Wald 400 Meter steil hinunterstößt ins Quellgebiet des Bambaches. Hier steht die *Staufenstube,* eine Diensthütte. Der Weiterweg läuft etwa 200 Meter am Bach entlang und kommt dann aus dem Wald hinaus auf eine Forststraße, auf der wir links zunächst hinuntergehen und nach einem schönen Anstieg ganz absteigen zum **Jochbergparkplatz.** Wer vom Jochbergparkplatz nach Weißbach absteigen will, hat noch 4 Kilometer Weg vor sich.

Nützliche Informationen

Ausgangsort: Weißbach liegt an der Deutschen Alpenstraße zwischen Schneizlreuth und Inzell, an der Bundesstraße 305. Ausfahrt Siegsdorf ab der Autobahn München – Salzburg.
Ausgangspunkt: Wanderparkplatz an der Jochbergstraße, der vom Ortseingang Weißbach gesehen rechts hinauf zum Ortsteil Jochberg, kurz vor dem letzten Bauerngehöft, dem Rinnerauer, liegt.
Höhendifferenzen: Insgesamt 900 m. Jochbergparkplatz 880 m, Zwieselalm 1400 m, Zwiesel 1781 m, Kohleralm 1450 m, Staufenstube (Diensthütte) 1060 m.
Gehzeiten: Insgesamt 6½ Std.; Aufstieg zur Zwieselalm 2 Std.; zum Zennokopf 1 Std.; zur Kohleralm 1½ Std.; Kohleralm – Jochberg 2 Std.
Einkehr: Zwieselalm. Kohleralm unbewirtschaftet.
Sehens- und Wissenswertes: • Die Weißbachschlucht, die Soleleitung an der Alpenstraße, die Weißbacher Wasserfälle unter dem Gletscherschliff an der Alpenstraße.
Auskunft: Verkehrsamt Schneizlreuth im Haus des Gastes in Weißbach an der Alpenstraße, 83458 Schneizlreuth, Tel./Fax (0 86 65) 74 89.
Karten: Topographische Karte, Bayerisches Landesvermessungsamt, 1:25 000, Blatt 8242 und Fritsch Wanderkarte, Blatt 161.

12 Über den Hochstaufen

Steinerne Jäger und Bartlmahd

Tourencharakter: Die Überschreitung des Hochstaufen ist eine Hochgebirgstour, die beim Aufstieg über die Steinernen Jäger Trittsicherheit und Schwindelfreiheit erfordert. Kinder müssen an die Leine genommen werden. Wer sich den Rundweg nicht zutraut, kann über die Bartlmahd auf- und absteigen. Die Wege bis zu den Steinernen Jägern sind gut, die Steinernen Jäger selbst ein Klettersteig. Die Route ab Hochstaufengipfel ist ohne Schwierigkeiten zu gehen.
Ausrüstung: Festes Schuhwerk (keine Turnschuhe), Wetterschutz und Notverpflegung.
Beste Jahreszeit: Frühsommer bis Herbst.
Reine Gehzeit/Weglänge: 6 bis 7 Std./ Ca. 15 bis 16 km.
Markierung: Weiß-rot-weißer Balken. Sonst Wegweiser.
Höhendifferenz: Im Aufstieg 1100 m.

Der Hauptgipfel des **Hochstaufens** gehört eigentlich noch zu den Chiemgauer Bergen. Er ist ein Ausläufer, der zwischen dem Högl im Süden und dem Lattengebirge im Norden vorgeschoben ist. Bis auf 1200 bzw. 1300 Meter bedeckt ein dichter Waldmantel den Berg. Darüber steigen schroffe Felsen auf, die dramatischer aussehen, als sie eigentlich

Das Staufenmassiv ist ein Ausläufer der Chiemgauer Alpen. Von hier schweift der Blick in den Salzburger Flachgau und nach Salzburg.

sind. Vom 1713 Meter hohen Gipfel des Hochstaufens führt ein schlanker Grat nach Osten auf den Vorderstaufen zu, und dieser Grat, der in 1300 Meter Höhe endet, heißt »Steinerne Jäger«.

Eine Sage erzählt davon: Vor Tagesanbruch sind einst zwei Jäger aufgestiegen und auf die Schneid, also auf den Grat, gekommen. Der Tag graute, Nebel lag tief im Tal, und man hörte das Glockenläuten, das zur Frühmesse rief. Einer der Jäger stopfte sich eine Pfeife Tabak. Der andere putzte seine Hose. Sie tranken einen Schluck Schnaps, aber gebetet haben sie nicht. Nach einer Weile hat es zur Wandlung geläutet. Die Jäger lachten und sagten: »Wir wandeln schon 2 Stunden lang, und ein Gamsbock ist uns lieber.« Sie stiegen weiter den Grat hoch. Plötzlich sahen sie einen Gamsbock. Die Jäger legten auf ihn an und schossen. Der Schuß hallte wie ein Donner, aber der Gamsbock fiel nicht. Er sah zottig aus wie ein Bär, seine Augen blitzten feurig, und die Jäger meinten, es müsse der Teufel sein. Sie wollten davonlaufen, aber ihre Füße wurden so schwer, daß sie nicht weiterkamen. Auf einmal zog ein Wetter auf. Es wurde eisige Nacht, ein Schrei hallte übers Land, und die Jäger wurden zu Stein.

Und so heißt es im Lied:
»Bei Salzburg steht a hocher Berg
der Staufen – wer'n kennt –,
da sahn zwoa langie Felsn obn
die stoanern Jager gnennt.
Die Felsen stenga heut no da,
als zoacha von den gricht'
der Kruag, schau, geat so lang zum Brunn
bis er amal dabricht.
Der Kruag, schau, geat so lang zum Brunn,
bis er amal dabricht.«

Der Wegverlauf

Die Wanderung beginnt an der **Padinger Alm** am Südhang des Staufens, einem Berggasthaus, das man über die Ortsumgehung Bad Reichenhall, Ausfahrt Richtung Inzell, erreicht, indem man gleich nach der Saalachbrücke rechts abzweigt und an Kasernen und Sportplätzen vorbei in Nonn der Beschildeung »Padinger Alm« folgt. Sie wird nach einer Serpentinenstraße erreicht. Die Wirtschaft hat montags Ruhetag. Vom Biergarten aus hat man einen wunderbaren Blick über den Bad Reichenhaller Kessel.

Nach dem Parkplatz Padinger Alm, wo die Teerstraße in einem Bogen wieder in Richtung Gaststätte führt, zweigt eine geteerte Forststraße ab, die allerdings nicht markiert ist. Sie führt zum **Wanderparkplatz**. Von hier geht es auf einer breiten Kiesstraße, die für den öffentlichen Verkehr gesperrt ist, weiter. Erst nach 100 Metern treffen wir auf die ersten *Wegweiser* zum Hochstaufen, zum Reichenhaller Haus und zum Klettersteig Steinerne Jäger (nur für Geübte) mit der Markierung *weiß-rot-weißer Balken.* Nach 500 Metern teilt sich der Weg. Links geht es zur Bartlmahd. Wir wandern geradeaus in Richtung Steinerne Jäger zunächst auf einem gut ausgebauten Holzabfuhrweg durch Wald. Nach einem abgesetzten Höhenrücken folgen wir einem *beschilderten Steig,* der nicht zu verfehlen ist. Er führt links weg von der Forststraße. Rechts taucht bald eine *Hütte* im Wald auf, und wir kommen auf eine Bergwiese. Es ist die **Buchmahd**, nach dem Buchenwald benannt, durch den wir schon die ganze Zeit laufen.

Bei ein paar Felsen erreichen wir den Grat. Auch hier ist beschildert. Ein Weg zweigt rechts ab hinunter nach Mauthausen und zur Bahnstation Piding – Weißbach. Wir steigen links hoch Richtung *Steinerne Jäger – Reichenhaller Haus – Hochstaufen.* Der Weg auf dem Grat wird steiler, ist allerdings noch nicht ausgesetzt. Er verläuft zunächst im Wald. Schließlich kommen wir an eine **Aussichtskanzel**. Nach links haben wir einen Steilabfall, und wir brauchen bereits etwas Trittsicherheit. Gemsenkot und Alpenrosen säumen den Weg, der wieder ein Stück hinunterführt.

Zwischen dem Frillensee mit der Gasslalm dahinter und dem Hochstaufen liegen nahezu 800 Höhenmeter. Auf dem See werden im Winter Eislaufmeisterschaften ausgetragen.

Dann beginnt der eigentliche **Klettersteig** durch sehr griffigen Fels. Die Routenführung ist gut markiert, aufgrund der Südlage allerdings auch völlig der Sonne ausgesetzt. Hier sollten Kinder und Unsichere an das Seil. Der Klettersteig selber erfordert weniger Kletterausrüstung als Trittsicherheit und gutes Schuhwerk mit ausgeprägter Profilsohle. Dann macht er auch viel Spaß. Immer wieder gibt es zur Erholung Passagen, die leicht bergab führen bis zum nächsten Teil des Klettersteiges. Auf den letzten 50 Höhenmetern sieht man das **Reichenhaller Haus**. Neben der Berghütte steht eine Gedächtniskapelle zum Gedenken an die gefallenen Bergkameraden. Vom Gipfel des Hochstaufens hat man eine gute Rundumsicht. Er ist ja praktisch ein Vorposten, von dem aus der Blick weit über das Vorland reicht.

Von der Hütte aus geht es auf dem Normalweg in Richtung **Bartlmahd**. Es ist ein unschwieriger Geröllsteig, der dem Grat nach Westen folgt, etwas bergauf, bald bergab. Dann schwenkt er links hinunter in einen Wiesenpfad mit Stufen und taucht schnell in die Waldgrenze ein. Ein Wegweiser zeigt an: »Padinger Alm, Bad Reichenhall und Abzweig zur Zwieselalm«. Wir schwenken nach links, steigen südöstlich unter dem Felsaufbau des Hochstaufens in Serpentinen ab. Danach in der Hauptsache südwärts. Der Weg wird immer besser und leitet uns das letzte Stück wieder in südöstlicher Richtung auf dem Forstweg, auf dem wir von der Padinger Alm heraufgekommen sind.

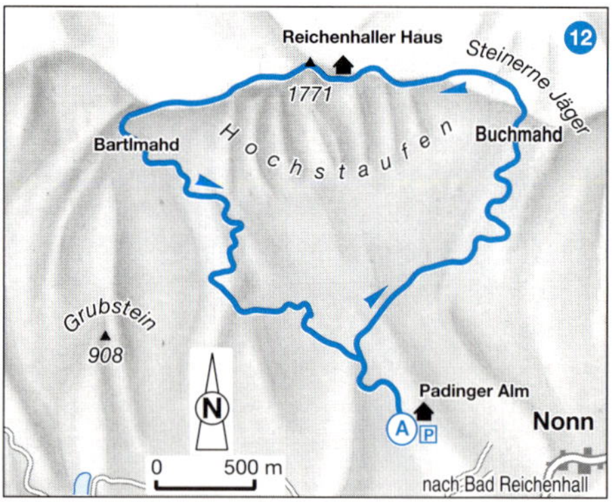

Nützliche Informationen

Ausgangsort: Die Padinger Alm kann mit dem Pkw erreicht werden, sonst ab Reichenhaller Bahnhof und von hier mit dem Bus bis zur Nonnkaserne. Von der Kaserne ist es eine ¾ Std. auf die Padinger Alm, bergab eine ½ Std.

Ausgangspunkt: Die Padinger Alm über Bad Reichenhall.

Höhendifferenz: 1100 m.

Etappenlängen: Insgesamt ca. 15–16 km; Kaserne – Padinger Alm 3 km; Padinger Alm – Steinerne Jäger ca. 3 km; Steinerne Jäger – Hochstaufen-Gipfel ca. 2 km; Hochstaufen-Gipfel – Bartlmahd ca. 2 km; Bartlmahd – Padinger Alm ca. 3 km; Padinger Alm – Kaserne 3 km.

Gehzeiten: Insgesamt 6¾ Std.; vom Busstop an der Kaserne zur Padinger Alm ¾ Std.; Padinger Alm – Steinerne Jäger 2 Std.; Steinerne Jäger – Hochstaufen-Gipfel 1½ Std.; Hochstaufen-Gipfel – Bartlmahd 1 Std.; Bartlmahd – Padinger Alm 1 Std.; Padinger Alm – Busstop an der Kaserne ½ Std.

Einkehr: Padinger Alm (Montag Ruhetag) und Reichenhaller Haus.

Sehens- und Wissenswertes: • Schloß Staufeneck über Piding, im Sommer Führungen. • Der Dorfanger des Dorfes Anger am Nordfuß des Hochstaufen. • Das Chorherrenstift Höglwörth am Nordfuß des Staufen. • Der Högl mit Burg Vachenlueg, Ulrichshögl, Johannishögl, Stroblalm und Neubichler Alm. • Das Bergbaumuseum in Achenthal bei Teisendorf. • In Bad Reichenhall die Stiftskirche St. Zeno; das zur Gemeinde gehörige Schloß Marzoll; Schloß Gruttenstein; Kurgastzentrum und Kurgarten (beinahe ein botanischer Garten); die alte Saline; der Floriansplatz mit dem Floriansbrunnen; das Heimatmuseum in der Getreidegasse mit Ausgrabungen von den Wohnstätten in Karlstein; das Faschingsordenmuseum in der Heiligbrunnerstraße, das Salzmuseum und die Glashütte in der alten Saline.

Auskunft: Kur- und Verkehrsverein e. V. Bad Reichenhall/Bayerisch Gmain, Kurgastzentrum, 83435 Bad Reichenhall, Tel. (0 86 51) 30 03, Fax (0 86 51) 24 27.

Karten: Topographische Karte, Bayerisches Landesvermessungsamt, 1:25000, Blatt 8243 und Fritsch Wanderkarte, Blatt 163.

Das Nonner Oberland war schon in der Bronzezeit besiedelt. Heute ist es ein beliebtes Fremdenverkehrsgebiet im Einzugsbereich von Bad Reichenhall.

13 Über dem Nonner Oberland

Padinger Alm und Listwirt

Tourencharakter: Man kann diese Runde so einrichten, daß man zum Mittagessen die Padinger Alm erreicht und zum Kaffee den Listwirt. Dann spaziert man gemütlich über den Seebachweg zum Nonnenkirchl zurück. Die Wege sind durchwegs gut.
Beste Jahreszeit: Mit Einschränkung auch bei schlechter Witterung das ganze Jahr über.
Reine Gehzeit/Weglänge: 2½ Std./8 km.
Markierung: Padinger bis Alm Weg Nr. »3«. Am Hoswaschbach Nr. »1«.
Höhendifferenz: Im Aufstieg 160 m.

Die **Nonner Georgskirche** liegt auf einer Landstufe über dem Saalachtal und bietet nicht nur Aussicht auf die umliegenden Steinberge, sondern mit ihrem kleinen Friedhof vor dem Hintergrund der Bergriesen auch ein romantisches Bild. Die Mauern des Langhauses sind romanisch und gotisch, der Chor spätgotisch, und das Ganze wurde samt Zwiebelturm barock ausgebaut. Den gotischen Flügelaltar mit seinen Schnitzfiguren, Reliefs und Tafelbildern schuf Gordian Guckh im Jahre 1513. Vor der Friedhofsmauer und dem Rundbogenportal steht eine schwarze Mariensäule aus dem Jahre 1895. Im Mittelalter befand sich vor dem Friedhof eine Gerichtsstätte, vielleicht an der Stelle, wo heute die alte Linde mit der Bankumrahmung steht. Wenig Raum ist in dem kleinen Friedhof, in dem auch adlige Herrschaften ihre Grabmäler haben. Das Kleinod lädt zum

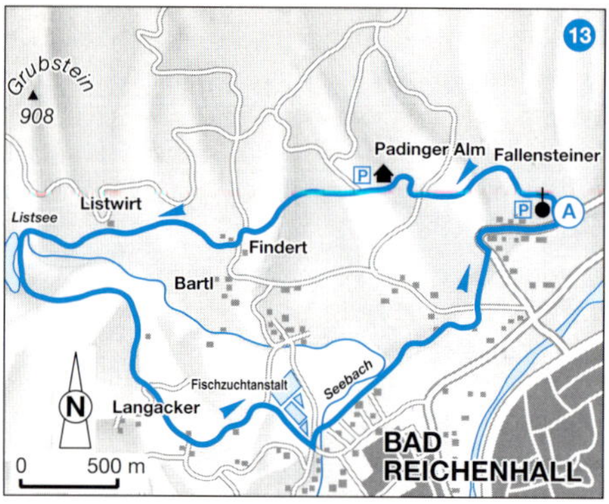

Verweilen, ehe es ins *Nonner Oberland* geht, wo von der Aussichtsterrasse, auf der die Padinger Alm steht, der ganze Reichenhaller Talkessel überblickt werden kann.

Da ist die alte Zenokirche mit dem Kloster. Der heilige Zeno ist ein Schutzpatron gegen Wassergefahren. Immerhin ist die Saalach früher nach der Schneeschmelze ein reißender Fluß geworden. Das **Münster St. Zeno** in Bad Reichenhall, eine Stiftskirche, ist die größte romanische Basilika Oberbayerns. 90 Meter ist sie lang. Im Innern gibt es manch Erstaunliches zu sehen. Darunter eine Schnitzgruppe am Hochaltar aus der Zeit um 1520, während die Wandmalereien erst im 20. Jahrhundert entstanden sind. Das Augustiner-Chorherrenstift (Kloster) daneben hat einen romanischen Kreuzgang und ein gotisches Gewölbe. Ein Steinrelief erinnert an Kaiser Friedrich Barbarossa, einen Gönner des Klosters.

Manches ist sehenswert in der Salzstadt **Reichenhall**, die zum Kurort und zum Bad geworden ist. Das Wort »Hall«, das aus dem keltisch-illyrischen »Hal« kommt oder vom westgermanischen »Hall«, bedeutet »Salz«. Reiche Salzvorkommen werden seit 5000 Jahren hier ausgebeutet und haben ganz wesentlich das Schicksal der Stadt bestimmt. Die Vororte Nonn und Karlstein am Hang des Hochstaufens haben eine uralte Siedlungsgeschichte. Am Langacker hat man Funde aus der Bronzezeit gemacht und auch römische Gräberfelder entdeckt. Weit verstreut liegen hier die Gehöfte am Hang. Bereits in früheren Zeiten mag es die geschützte Lage des nach Süden und nach Südosten offenen Hangs gewesen sein, die zur Siedlungstätigkeit anregte. Uralt sind einige Bauerngehöfte, wie das des *Mesnerbauern* aus dem Jahre 1688. Dazwischen haben Wohlhabende in der Vergangenheit ihre Villen gebaut. Die Villa Buchhof gehört dazu und die Villa Lamprechtshof. Unten in den Saalachauen sind Kuranlagen entstanden.

Der Wegverlauf

Beim **Nonner Kirchlein** gibt es Parkplätze. Wir wandern vor der westlichen Friedhofsmauerbegrenzung nach Norden hoch, vorbei an einem Gehöft, das *Fallensteiner* heißt. Der Fahrweg macht einen Linksbogen und endet in Privatgelände. Wir gehen links weg über einen Stufenweg zu einem buschgesäumten *Hohlweg*. Wie durch einen Tunnel werden wir hinaufgeführt. Gelegentlich bieten sich Ausblicke ins Reichenhaller Tal und natürlich auf die Bergwelt ringsum. Wir kommen auf einen Teerweg, der eine Hauszufahrt ist, und folgen ihm nach links. Im Wald aufwärts stoßen wir auf die Auffahrt zur Padinger Alm, es geht also rechts bergauf weiter. Eine große Kurve führt auf die Lichtung und zur Terrasse, auf der die **Padinger Alm**, ein Ausflugslokal, steht. Von hier läßt es sich weit ins Land schauen, hinunter ins Tal und ringsum auf die Berge.

Vom *Parkplatz* unter der Padinger Alm halten wir uns auf dem Forstweg in westlicher Richtung; er ist mit **N 3** bezeichnet. Bei einem Abzweig müssen wir links weitergehen. Steil und steinig ist der Weg, der im Wald hinunterführt und aus dem Wald heraus zu den Häusern im Nonner Oberland leitet. Jetzt müssen wir nach rechts in den *Leitenweg* einbiegen, der auf einer Landstufe zwischen Bäumen und Almwiesen (mit Bänken) nach Westen führt. Wieder am Waldrand erreichen wir den **Listwirt.** Auch hier kann man zünftig einkehren, im Haus oder im Garten sitzen, aber die Aussicht ist nicht mehr so umfassend. Immerhin sind wir dicht über dem Talboden des *Hammerbaches.* Dem folgen wir am Listwirt vorbei westwärts in den Wald hinein. Im Wald geht es wieder aufwärts. Wir sind auf dem *Maximiliansweg* des Alpenvereins und auf dem *Fernwanderweg E4,* der die Pyrenäen mit dem Burgenland verbindet.

Auf der Höhe verzweigt der Weg. Wir halten uns links und sind nach wenigen Schritten am **Listsee**, einem dunklen, von Laubbäumen und Büschen umrahmten Waldweiher, in dem sich der Staufen spiegelt. Wir wandern nun südwärts ein Stück bergauf und dann hinunter zum *Listanger.* Hier an der Lichtung verzweigen die Wege. Wir bewegen uns in östlicher Richtung auf einem Fahrsträßchen abwärts. Es ist die *Zwieselstraße,* ein Hangweg neben der Schlucht des Hammerbaches. Dann öffnet sich das Tal des Hammerbaches. Wir kommen durch eine Schranke und gehen auf einem Teerweg im *Brucktal* noch im Wald und weiter abwärts zu einer Kreuzung mit Bänken. Schließlich verlassen wir den Wald.

Wir kommen zwischen den Häusern auf der Zwieselstraße hinunter, durch Weideland zu einer *Fischzucht.* Links darüber liegt der Poschengrund. An einer Holzhütte vorbei erreichen wir das südliche Ende der Teiche und gehen links in einen für den öffentlichen Verkehr gesperrten Weg. Es ist ein Fußweg, zunächst zwischen Schilf (Bänke sind vorhanden), der mit **N 1** bezeichnet wird. Der *Hoswaschbach* fließt hier. Der Wasserlauf wird auch Seebach genannt. Wir wandern unter dem locker besiedelten Hang des **Poschengrundes**, kommen über eine Brücke in eine Fahrstraße und gehen erst links und dann gleich rechts auf dem Fußweg weiter, der über eine Wiese zum Waldrand leitet. Der Weg verzweigt. Wir bleiben auf einem Weg, der nachts von Laternen beleuchtet wird. Am Waldrand stehen Bänke, und über

Beim Listwirt am Fuß des Hochstaufens kann man gut einkehren. Der Gasthof liegt am Maximiliansweg, einer historischen Route zur Erinnerung an den bayerischen König Max II.

eine Wiese kommen wir zu einem Haus. Beim *Quellenhof* steigen wir zur Fahrstraße hinunter, gehen links am Gasthaus »Graue Katz« vorbei, auf der Landstufe zurück, bis wir zur Kirche von **Nonn** aufsteigen können.

Nützliche Informationen

Ausgangsort: Anfahrt von Bad Reichenhall über die Kretabrücke und hier rechts in die Nonner Straße, durch die Kuranlagen und am Ende links hoch zum Gasthaus »Graue Katz«. Daran vorbei in östlicher Richtung bis zum Abzweig beim Mesnerbauern.
Ausgangspunkt: Nonner Georgskirche.
Höhendifferenzen: Insgesamt 160 m. Die St. Georgskirche liegt 470 m hoch. Der höchste Punkt ist bei 630 m. Deutliche Anstiege sind vom Nonner Kirchlein zur Padinger Alm und vom Listwirt zum Listsee.
Etappenlängen: Insgesamt 8 km; St. Georgskirche – Padinger Alm 1,5 km; Padinger Alm – Listwirt 1,5 km; Listwirt – Fischzucht 2 km; Fischzucht – St. Georgskirche 3 km.
Gehzeiten: Insgesamt 2½ Std.; St. Georgskirche – Padinger Alm 45 Min.; Padinger Alm – Listwirt 30 Min.; Listwirt – Fischzucht 30 Min.; Fischzucht – St. Georgskirche 45 Min.
Einkehr: Padinger Alm, Listwirt, »Graue Katz« in Nonn.
Sehens- und Wissenswertes: • Vom benachbarten Karlstein aus kann man zur Höhenkirche St. Pankraz und zur Ruine Karlstein steigen. • Im Westen schließt der Thumsee an, im Süden der Saalachsee. Der Thumsee ist ein warmer Badesee. • In Bad Reichenhall sind vor allem sehenswert das Kurgastzentrum, das alte Kurhaus mit Gradierwerk, Wandelhaus, Musikpavillon, die Kirche St. Zeno, das Rathaus, das Schloß Gruttenstein, die alte Saline und in der Altstadt der Floriansplatz und das Heimatmuseum in der Getreidegasse.
Auskunft: Kur- und Verkehrsverein Bad Reichenhall/Bayerisch Gmain, Kurgastzentrum, 83435 Bad Reichenhall, Tel. (0 86 51) 30 03, Fax (0 86 51) 24 27.
Karten: Topographische Karte, Bayerisches Landesvermessungsamt, 1:25 000, Blatt 8243 und Fritsch Wanderkarte, Blätter 161 und 164.

14 Von Weißbach zum Eckhart

Das Wunder aus der Eiszeit und die erste Pipeline der Welt

Tourencharakter: Wenn man berücksichtigt, daß man im Bereich des Soleleitungswegs über 400 Stufen absteigen muß und der schmale Pfad, auf dem einst die Leitung verlegt war, dramatisch am Hang liegt, ist diese Rundwanderung im ersten Teil zum Eckhart hin gut zu gehen. Der Stabachweg nach Weißbach zurück ist bequem und hübsch. Wie auf einer Promenade geht es dann am Weißbachufer zurück. Nach schweren Regenfällen ist im Bereich der Soleleitung etwas Vorsicht geboten.
Beste Jahreszeit: Das ganze Jahr über, soweit der Weg schneefrei ist.
Reine Gehzeit/Weglänge: 2 Std./7 km.
Markierung: Keine. Wegweiser vorhanden.
Höhendifferenz: Im Aufstieg 100 m.

Am südwestlichen Rand des Staufenmassivs hat sich der **Weißbach** eine tiefe Schlucht gegraben. Die Quellen dieses kleinen Flusses entspringen im Naturschutzgebiet an der Grenze zum Landkreis Traunstein. Schon wenige hundert Meter südwärts stürzen sie in der Nähe des Gletschergartens als Wasserfälle hinab, um im Bereich der Ortschaft Weißbach erst einmal zu verschnaufen. Erst gegen Ende des Rodungsgebietes von Weißbach wird es dramatisch. Hier tosen die Wasser zwischen steilen Wänden herunter. Vom Mauthäusl aus ist ein Steg in dieser Schlucht angelegt. Wer ihn geht – die Sicherungen sind gut instand – sollte trotzdem Trittsicherheit und Schwindelfreiheit mitbringen. Besonders nach Regenfällen ist es rutschig.

Der Steig ist allerdings nicht gebaut worden, um Touristen anzulocken. Hier hat man in sogenannten Sperrwerken Wasser gestaut und Holz, das man den Bach hinunter getriftet hat, gesammelt, das Wehr geöffnet und das Holz mit den stürzenden Wassern weiterverfrachtet. Weil die Flußwindungen so eng waren, durfte die Scheitlänge der Holzstücke nicht mehr als 90 Zentimeter betragen. An Engstellen kam es zu Verstopfungen. Während der Holztrift hat man sogenannte »Hutposten« aufgestellt. Die mußten den Verlauf der Trifte verfolgen und gegebenenfalls mit entsprechendem Werkzeug etwaige Staus auflösen. Das war ein gefährlicher Beruf.

Am nordwestlichen Rand der kleinen Ortschaft Weißbach, bei den Wasserfällen, gibt es eine weitere Attraktion der Natur, den **Gletschergarten**. Hier hat der Saalachgletscher seine Spuren hinterlassen. Er wälzte sich in der Eiszeit von Zell am See über Lofer nach Bad Reichenhall und verband sich mit dem Salzachgletscher. Ein Arm hat sich bei Schneizlreuth getrennt und die Senke unter dem Müllner Horn, das heutige Weißbachtal, ausgeschliffen. Spuren davon hat man beim Bau der Deutschen Alpenstraße erschlossen.

Am Gletschergarten kann man die Arbeit des Gletschers gut beobachten. Auch gibt es eine Erklärung für das Entstehen der Riesentöpfe. Der Gletscher ist nämlich im Sommer oberflächlich aufgetaut und das Wasser durch Spalten in die Tiefe gestürzt. Wenn die Spalten rund waren, dann entstand eine wirbelnde Bewegung, eine Gletschermühle, d. h. das zylindrische Loch im Gletscher konnte bis zum Boden reichen. Sobald Steine in den Strudel kamen, bohrten sie sich unter Umständen tief in den Fels hinein, wodurch Töpfe von manchmal bis zu einem Meter Durchmesser entstanden. Ein mit Geländer gesicherter Fußweg führt um diesen Gletschergarten herum.

Über eine Wegverbindung stößt man auf den sogenannten **Salinenweg**. Dieser hat seinen Ursprung in einem Problem, das mit der Salzerzeugung verbunden ist. Im Reichenhaller Talbecken treten etwa 13 Meter unter der Erde natürliche Solequellen auf. Sie werden schon seit 5000 Jahren von Menschen zur Salzherstellung genutzt. Bis in die Mitte des 15. Jahrhunderts haben Menschenketten in Ledereimern die Sole zu Tage gefördert. 26 Prozent Salzgehalt hat die Sole. Deshalb muß rund dreiviertel, nämlich der Wasseranteil, verdampft werden, damit Salz gewonnen werden kann. Bis zum Beginn des 20. Jahrhunderts hat man die Sole in eisernen

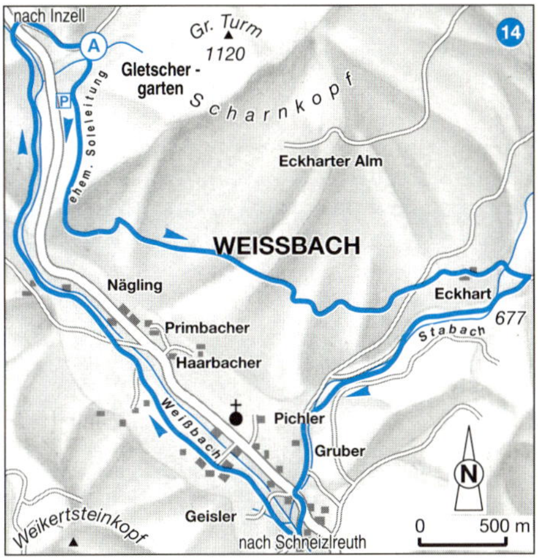

Pfannen verdampft, die man aufheizte. Sole mit geringerem Salzgehalt wurde in bis zu 400 Meter langen Gradierwerken durch Verdunsten des Wassers angereichert. Das Bad Reichenhaller Gradierwerk dient heute zu Kurzwecken.

Um ein Kilogramm Salz zu gewinnen, waren also rund drei Liter Wasser zu verdampfen. Das erfordert einen großen Energiebedarf. Holz war das Mittel, mit dem aufgeheizt wurde. Im 16. Jahrhundert hat die Saline Bad Reichenhall etwa 60000 Klafter Holz im Jahr verbraucht. Ein Klafter entspricht rund drei Kubikmetern. Zu Beginn des 17. Jahrhunderts waren die Holzvorräte im Einzugsbereich der Saline Reichenhall zum großen Teil erschöpft. Man mußte eine neue Saline im Trauntal errichten. Der dafür notwendigen Soleleitung standen zwischen Bad Reichenhall und Inzell 250 Höhenmeter im Wege. Damals beauftragte der bayerische Herzog Maximilian seinen Hofbaumeister Hans Reifenstuel, das Problem zu lösen. Es wurde eine Einrichtung konstruiert, bei der sieben Kolbendruckpumpen, die von sieben Meter hohen Wasserrädern betrieben wurden, die Sole bewegten. In Trockenperioden, wo der Wasserdruck nicht ausreichte, mußte Menschenkraft eingesetzt werden, um die Salzproduktion sicherzustellen.

Die Soleleitung bestand aus ausgehöhlten Baumstämmen. Die Anlage wurde 1816/17 durch Georg von Reichenbach verbessert und die Leitung bis Rosenheim verlängert.

300 Kubikmeter Sole konnten auf diese Weise täglich transportiert werden. Erst 1958 wurde der Betrieb eingestellt.

Eine Wanderung entlang einem der zahlreichen **Soleleitungswege** ist insofern angenehm, weil dabei keine merkbaren Höhenunterschiede bewältigt werden müssen und weil die Wege gut begehbar sind.

Der Wegverlauf

Am **Gletschergarten** gibt es Parkmöglichkeiten unter der Felswand, also am nördlichen Ende von Weißbach. Wir gehen die Stufen auf dem durch Geländer geschützten Pfad am Gletschergarten hoch und betrachten zunächst einmal das Naturwunder, ehe wir

Die Spuren des einstigen Saalachgletschers sind am Nordende von Weißbach oberhalb der Deutschen Alpenstraße zu sehen. Im Gletschergarten kann man die Arbeit des Gletschers an den Gletschermühlen gut beobachten.

Dem Begeher der »Himmelsleiter« am Soleleitungsweg bietet sich dieser Blick auf Weißbach im grünen Talgrund.

zum Soleleitungsweg queren. Es ist ein eben verlaufender Pfad am Steilhang zumindest bis zum *Hausbergstüberl* bei Nägling. Hier steht der Solehochbehälter. Das Stüberl ist allerdings nicht mehr bewirtschaftet.

Daran vorbei kommen wir zu der berühmten **Himmelsleiter**. Es geht in mehreren Sektionen über eine schmale Treppe steil hinunter. Insgesamt sind es 420 Stufen, und bei einer Stufenhöhe von 25 Zentimeter kann man sich gut ausrechnen, welche Höhe dabei überwunden wird. Wir steigen also hinunter und gehen links weiter. Wir stoßen dann auf eine Forststraße, halten uns rechts und kommen zu einer Kreuzung. Hier zweigt rechts der Salinenweg ab. Links kann man zum Zwiesel und Gamskogl sowie zum Jochberg aufsteigen. Wir gehen geradeaus und bergab. Durch die Häusergruppe von **Eckhart** kommen wir hinunter ins Stabachtal. Zunächst gehen wir über die Bachbrücke, im Rechtsbogen weiter und rechts in eine querverlaufende Straße. Es ist die *Jochbergstraße*.

Nun folgen wir dem Bachlauf ab einem *Staubecken* in südwestlicher Richtung. Am rechten Bachufer verläuft ein Fahrweg, am linken ein Fußweg. In Höhe vom *Gruber* gibt es eine Brücke. Der Fußweg stößt also auf den Fahrweg, und wir gehen vollends hinunter nach **Weißbach**. Hier treffen wir auf den *Alpenhof Stabacheck*, gehen über die Weißbachbrücke, halten uns rechts weiter auf der Promenade direkt neben dem Weißbachufer. Wir sind im Auwald. Bei den Häusern von *Reiter* müssen wir wieder den Weißbach überqueren. Links geht es nun zum Parkplatz hoch, neben der Deutschen Alpenstraße, und danach gleich hinunter, wieder zum Weißbachufer und in nördlicher Richtung am Bach entlang zu den **Wasserfällen**.

Ein *Triftdenkmal* gibt es hier, das aus Steinen der Lettenbachklause, einem Sperrwerk für die Holztrift, gebaut worden ist. Die *Pumpstation* der Soleleitung am Beginn der Himmelsleiter liegt 40 Meter oberhalb davon. Bei den Weißbachfällen führt ein Stufensteig steil den Hang hinauf zur Alpenstraße und zurück zum **Gletschergarten**.

Nützliche Informationen

Ausgangsort: Weißbach ist ein Ortsteil von Schneizlreuth und liegt an der Deutschen Alpenstraße, unmittelbar an der Grenze zum Landkreis Traunstein. Wenige Kilometer südlich von Inzell (Bundesstraße 305), Ausfahrt Siegsdorf der Autobahn München – Salzburg. Busverbindung von Bad Reichenhall Richtung Inzell.
Ausgangspunkt: Parkplatz Gletschergarten am nördlichen Ende von Weißbach.
Höhendifferenzen: Zwischen dem Weißbachufer und dem höchsten Punkt sind 100 Höhenmeter zu überwinden. Nach einem kurzen Aufstieg geht es über Stufen die Himmelsleiter hinunter. Dabei verliert man etwa 60 Höhenmeter. Anschließend ist ein Anstieg von etwa 80 Höhenmetern erforderlich.
Etappenlängen: Insgesamt 7 km; Gletschergarten – Himmelsleiter 1 km; Himmelsleiter – Eckhart 2 km; Eckhart – Weißbach 1,5 km; Weißbach – Gletschergarten 2,5 km.
Gehzeiten: Insgesamt 2 Std.; Gletschergarten – Himmelsleiter 30 Min.; Himmelsleiter – Eckhart 30 Min.; Eckhart – Weißbach 30 Min.; Weißbach – Gletschergarten 30 Min.
Einkehr: In Weißbach Gasthaus »Stabacheck« und andere.
Sehens- und Wissenswertes: • Die Weißbachschlucht zwischen Mauthäusl und Schneizlreuth, die Fortsetzung des Soleleitungsweges nach Bad Reichenhall. • Der Thumsee an der Straße nach Bad Reichenhall. • Reiteralm, Pichleralm und Haarbacher Alm in den Höhen westlich von Weißbach und das benachbarte Inzell im Norden. • Die Traunsteiner Hütte auf der Reiter Alm. • Das Saalachtal mit dem Saalachsee zwischen Schneizlreuth und Bad Reichenhall. • Der Kurbetrieb und die Salinen von Bad Reichenhall. • Der Reichenhaller Hausberg, der Predigtstuhl (1613 m), ist durch eine Seilbahn erschlossen und hat einen regen Sommer- und Winterbetrieb.
Auskunft: Verkehrsamt Schneizlreuth/Weißbach an der Alpenstraße, 83458 Schneizlreuth, Tel. (0 86 65) 748 79.
Karten: Topographische Karte, Bayerisches Landesvermessungsamt, 1:25 000, Blatt 8242 und Fritsch Wanderkarte, Blatt 164.

15 Von Karlstein zum Thumsee

Wo Menschen der Bronzezeit gesiedelt haben

Tourencharakter: Die Wanderung, so kurz sie ist, fordert durch die Abstecher nach St. Pankraz hinauf und zur Ruine Karlstein verhältnismäßig viel Zeit. Allerdings auf guten Wegen, die bis auf die Abstecher zu den Besonderheiten das ganze Jahr über begangen werden können. Der Thumsee ist ein Badesee mit warmem Moorwasser, was man bei schönem Wetter im Sommer berücksichtigen sollte.
Beste Jahreszeit: Das ganze Jahr über, mit Ausnahme der Abstecher, deren Begehbarkeit man im Winter vorher erfragen sollte.
Reine Gehzeit/Weglänge: 2 Std./6 km.
Markierung: Keine. Wegweiser vorhanden.
Höhendifferenz: Im Aufstieg 70 m.

Wer von Bad Reichenhall über die Kretabrücke auf der Staatsstraße 2101 an Karlstein vorbei nach Westen fährt, kommt in ein enges Tal, das nicht durch einen sichtbaren Flußlauf gebildet ist, in das aber Bäche einmünden und in dem sich Wasser zu Weihern und Seen aufgestaut hat. Im Süden trennt ein Höhenzug das Tal der Saalach mit dem Saalachsee ab, und im Norden bauen sich die Ausläufer des Hochstaufen auf. Aber gleich zu Beginn des Tales, hinter Kirchberg, zieht sich nördlich der Straße isoliert ein Höhenzug entlang, der 70 bis 100 Meter aus der Umgebung herausragt. Am östlichen Sporn beeindruckt schon von weitem die Kirche **St. Pankraz,** ursprünglich ein romanischer Bau, der 1676 durch einen barocken Neubau ersetzt worden ist. Prächtig ist der Altar aus dem 17. Jahrhundert. Unter der Empore gibt es schöne schmiedeeiserne Gitter. Vor der Kirche hat man ein Kreuz aufgestellt und einen Aussichtsplatz angelegt, der den Blick ins Reichenhaller Becken freigibt. Stufen führen zur ehemaligen Wallfahrtskirche hinauf auf den Pankrazfelsen, vorbei an einer Lour-

Der von Bergwäldern umrahmte Thumsee an der Straße nach Lofer ist ein vielbesuchtes Ausflugsziel. Im Hintergrund das Ristfeuchthorn.

desgrotte. Am Hang hat man Wohnstätten aus der Bronzezeit und der La-Tène-Zeit ausgegraben, aber auch aus der Urnenfelderzeit, die von 1300 bis 800 v. Chr. datiert wird.

Am Fuß der Anhöhe sind Tafeln aufgestellt, die darüber berichten und die auch Bilder von Funden zeigen, die heute im Heimatmuseum in Bad Reichenhall ausgestellt sind. In römischer Zeit gab es hier Gutshöfe und wahrscheinlich auch eine kleine Militärstation. Immerhin beherrschte dieser Felskegel über der Nordseite des Thumseetales den Zugang zum Reichenhaller Becken. Der Name **Karlstein** soll auf Karl den Großen zurückgehen. Bis 1218 saßen hier die Grafen von Plain, die wohl auch die Erbauer der Burg (um 800 n. Chr.) waren. Später ging die Anlage auf das Herzogtum Bayern über. Überreste eines Wohnhauses, einer dem heiligen Andreas geweihten Burgkapelle und der runde Bergfried aus hohen Quadern und Bruchsteinen zeigen die einstige Größe. Was an Mauerresten noch vorhanden ist, stammt teils aus dem 12. Jahrhundert, teils aus dem späten Mittelalter. Auch zur Ruine, die auf einem eigenen, von Pankraz abgesonderten Felssporn steht, muß man über Stufen und am Schluß über eine Leiter hinaufsteigen.

Gegenüber der Thumseestraße bei der heutigen Kugelbachalm gab es noch eine zweite befestigte Straßensperre, einen Turm, der aus dem 12./13. Jahrhundert stammt und als **Turmruine Amerang** bekannt ist.

Der Höhenzug läuft über dem **Thumsee** aus, der zu einem Landschaftsschutzgebiet gehört, das 1100 Hektar groß ist. Am Südrand sieht man Schutthalden, die mit Schneeheide und Kiefernwäldern bewachsen sind. Am Ostufer gibt es große Verlandungsflächen mit Schilf, am Nordufer ein Seebad. Gegenüber der Fahrstraße, im sogenannten *Seemösel*, wird in einigen Weihern Seerosenzucht betrieben. Im wechselnden Licht des Tages bieten sie mit ihren roten, weißen und gelben Blüten ein beeindruckendes Bild. Ein Fußweg führt um diese Seerosenzucht herum, Bänke sind aufgestellt, und man kann trotz des starken Verkehrs auf der Staatsstra-

In der Blütezeit sind die Seerosenteiche bei Karlstein eine wahre Augenfreude.

ße beim Anblick des Blütenzaubers ins Träumen kommen.

Wer durch die Streusiedlung Karlstein wandert, kommt auch am *Schlößl* vorbei, dem ehemaligen Forsthaus aus dem 18. Jahrhundert. Das ist eine Neubarockvilla mit hübschen Ecktürmchen und offenen Arkaden, eingebettet in einen kleinen Park.

Der Wegverlauf

Die Ortseinfahrt von **Karlstein** liegt neben der Staatsstraße 2103, der Thumseestraße; sie heißt *Schmalschlägerstraße*. Hier an der Ecke Staufenstraße ist ein *Parkplatz* angelegt, und von hier aus wandern wir über eine Brücke die Schmalschlägerstraße aufwärts. Es ist beinahe eine Paßstraße, die im waldigen Felshang im Bogen zu dem ersten Haus leitet. Hier zweigen wir links ab in einen schmalen Waldrandweg. Nach ein paar Schritten ist eine Parkbucht angelegt. Von hier aus können wir über Stufen den Abstecher zur **Wallfahrtskirche St. Pankraz** machen.

Über Stufen geht es dann wieder hinunter und ein paar Schritte weiter. Bei einem zweiten Parkplatz beginnt der Aufstieg zur **Ruine Karlstein**. Unten stehen die Tafeln mit den Informationen über die vorgeschichtlichen Funde. Beim Aufstieg zu St. Pankraz hat man bereits Spuren der ausgegrabenen Wohnstätten gesehen, für einen Laien jedoch kaum erkennbar.

Wir wandern nach dem zweiten Auf- und Abstieg auf unserem Sträßchen, das befahren werden kann, weiter, vorbei an dem neubarocken *Schlößchen*, zweigen dann links ab durch das Grundstück und steigen hinunter auf einem Pfad in den Wald hinein, der sich als Buschwald am Steilhang hinzieht. Ein zweites Mal müssen wir nach links abwei-

St. Pankraz über Karlstein steht auf einem Aussichtsplatz. Der ursprünglich romanische Bau wurde 1678 durch einen Neubau ersetzt.

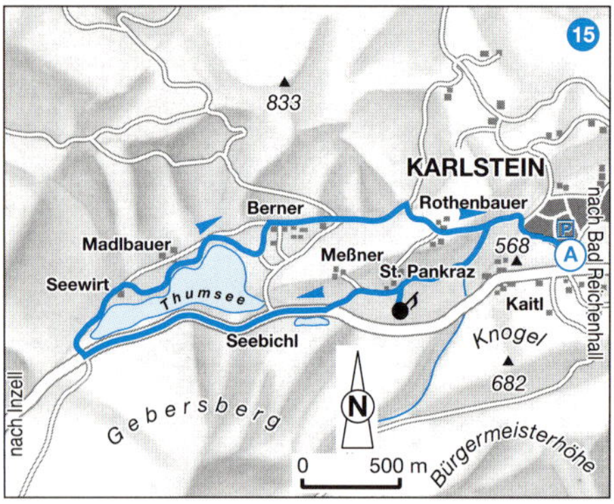

chen. Über den Hangpfad, der durch Geländer gesichert ist und teilweise über Bohlen leitet, kommen wir zur *Thumseestraße* hinunter, und zwar in Höhe der Seerosenteiche, gehen also über die Straße, umrunden die **Seerosenteiche**, kommen wieder zurück und wandern nun nördlich unterhalb der Straße auf einem angelegten Weg um den **Thumsee** herum. Am westlichen Ende des Thumsees gibt es weitere Parkplätze.

Der Badesee, in der Saison und bei schönem Wetter gut besucht, ist vermarktet. Man muß sich den Straßenlärm und die vielen Leute wegdenken, wenn man einen Eindruck von dem von tiefgrünen Wäldern umgebenen und von Felsgipfeln überragten Waldsee haben will, so wie er vielleicht einmal gewesen ist. Auch im Thumsee wachsen vereinzelt Seerosen. Am nördlichen Ufer kommen wir zunächst am Wirtshaus »Seewirt« vorbei. Über dem Bad steht das Wirtshaus »Madlbauer«, und am östlichen Ende stoßen wir auf ein Teersträßchen, dem wir nach links aufwärts folgen.

An einer Bank vorbei gelangen wir zum Haus »Seeblick«, einer riesigen Pension, die wir links oder rechts umrunden können. Wir marschieren auf jeden Fall in eine Wiesenbucht, zum Waldrand und nach dem letzten Haus in den Wald hinein. Jetzt wandern wir ein Stück bergauf, dann wieder hinunter zu einer *Mehrfachkreuzung*.

Wenn wir geradeaus weitergehen, erreichen wir über einen Bachlauf an einem Weiher vorbei die Zwieselstraße. Wenn wir rechts abbiegen, und das tun wir, wandern wir im Bogen hinunter nach Karlstein hinein, und zwar über den *Siebenpalfenweg*. Am Straßenrand ist hoch über dem Tal eine Sitzgruppe angelegt. Von hier kann man bis in den Reichenhaller Kessel schauen, aber auch die Ruine Karlstein und St. Pankraz sind gut zu sehen. Der Siebenpalfenweg mündet in die *Schmalschlägerstraße*, und die leitet uns zurück zum Ausgangspunkt.

Nützliche Informationen

Ausgangsort: Karlstein ist von Bad Reichenhall über die Kretabrücke und die Staatsstraße 2101 bzw. Thumseestraße zu erreichen, Abzweig vor dem Höhenzug mit St. Pankraz im Blickfeld. Bahnverbindung über Freilassing – Bad Reichenhall – Berchtesgaden. Buslinie 2 Bad Reichenhall – Karlstein – Thumsee.
Ausgangspunkt: Schmalschläger-/Ecke Staufenstraße.
Höhendifferenzen: Der Thumsee liegt 526 m hoch. Die Ruine Karlstein und St. Pankraz um 600 m. Die Höhendifferenz beträgt also 70 m und betrifft im wesentlichen die Aufstiege zu St. Pankraz und zur Ruine Karlstein.
Etappenlängen: Insgesamt 6 km; Ausgangspunkt – Thumsee 3 km; Thumseeumrundung 1,5 km; Thumsee – Ausgangspunkt 1,5 km.
Gehzeiten: Insgesamt 2 Std.; Ausgangspunkt – Thumsee 1 Std.; Thumseeumrundung ½ Std.; Thumsee – Ausgangspunkt ½ Std.
Einkehr: »Seewirt« und »Madlbauer«.
Sehens- und Wissenswertes: • Vom benachbarten Karlstein aus kann man zur Höhenkirche St. Pankraz und zur Ruine Karlstein steigen. Im Westen schließt der Thumsee an, im Süden der Saalachsee. Der Thumsee ist ein warmer Badesee. • In Bad Reichenhall sind vor allem sehenswert das Kurgastzentrum, das alte Kurhaus mit Gradierwerk, Wandelhaus, Musikpavillon, die Kirche St. Zeno, das Rathaus, das Schloß Gruttenstein, die alte Saline und in der Altstadt der Floriansplatz und das Heimatmuseum.
Auskunft: Kur- und Verkehrsverein Bad Reichenhall/Bayerisch Gmain, Kurgastzentrum, 83435 Bad Reichenhall, Tel. (0 86 51) 30 03, Fax (0 86 51) 24 27.
Karten: Topographische Karte, Bayerisches Landesvermessungsamt, 1:25000, Blätter 8242 und 8243. Fritsch Wanderkarte, Blätter 161 und 164.

16 Auf dem Gmainer Gangsteig

Vom Gruttenstein zum Gmainer Schloß

Tourencharakter: Auf dieser reizvollen Wanderroute sind in der Saison vorwiegend die Feriengäste in Scharen unterwegs. Es gibt unterwegs Gaststätten und Cafés, so daß der Rundkurs für diejenigen, denen das leibliche Wohl wichtig ist, beinahe zum Hindernislauf wird, aber auch alle anderen finden manch Sehenswertes und Attraktives am Weg.
Beste Jahreszeit: Weil die Wege auch im Winter geräumt werden, gibt es keine jahreszeitlichen Beschränkungen.
Reine Gehzeit/Weglänge: 2 Std./8 km.
Markierung: Keine. Wegweiser vorhanden.
Höhendifferenz: Im Aufstieg ca. 40 m.

Die Geschichte von **Bad Reichenhall** ist die Geschichte vom Salz. Wenn Siedlungsfunde in das 2. Jahrtausend v. Chr., also in die Jüngere Steinzeit, zurückgehen, so hängt das sicherlich mit der Nutzung der Solequellen zusammen. Als die Römer kamen, wurden die *»Salinae«* kaiserliches Monopol. Daß die Salzburger Erzbischöfe über Jahrhunderte Salzrechte bekamen, geht auf eine Schenkung des bayerischen Herzogs Theodo zurück. Er war der Gründer des Bistums Salzburg, dem er Anteile an der Salzerzeugung in Hall zukommen ließ. Die Wittelsbacher, seit 1180 Erzherzöge von Bayern, meldeten ebenfalls Ansprüche auf Bad Reichenhall an, und es kam zu Streitereien. Im 15. Jahrhundert sind dann die bisher von privaten Sudherren betriebenen Anlagen unter herzogliche Hoheit gekommen. Die damals gebauten technischen Wunderwerke der Salzerzeugung sind zum Teil heute noch zu sehen, so ein marmorner Brunnenschacht aus dem 16. Jahrhundert, die hölzerne Soleleitung nach Traunstein – es war die erste Pipeline der Welt – und die großen Pumpenanlagen aus dem 19. Jahrhundert.

Badebetrieb wurde im 18. Jahrhundert in *Kirchberg* registriert. Nach dem Stadtbrand des Jahres 1834 entstand das Heilbad Reichenhall. Im Schlößchen Axelmannstein hat man 1846 die erste Kuranstalt eingerichtet. Das offizielle Prädikat »Bad« kam für Reichenhall aber erst 1890. 1900 wurde Reichenhall bayerisches Staatsbad. Damals hat man die Kurhauswandelhalle und das Gradierwerk gebaut, die heute noch zu den Sehenswürdigkeiten gehören.

Der damalige Stadtbrand hat nicht viel von der alten Bausubstanz übriggelassen. Der sicherlich hübscheste Teil ist der Bereich um die *Floriansgasse* im Südteil der **Altstadt** zwischen den Salinengebäuden im Norden und den Resten der noch erhaltenen Stadtmauer im Süden. Vermutlich ist die Gasse das Kernstück des ältesten Teils von Reichenhall, das im 12./13. Jahrhundert aus mehreren Siedlungszellen zur befestigten Salinenstadt zusammenwuchs. Im Gebiet der Floriansgasse haben sich seit dem Mittelalter die einfachen Salzsieder niedergelassen. Nur hier sind nach dem Stadtbrand Altreichenhaller Häuser erhalten geblieben. Hübsch ist der Brunnen inmitten des Floriansplatzes, und der Reiz des Stadtbildes wird noch durch den im Hintergrund aufragenden Felsstock des Lattengebirges erhöht.

Vom Platz kann man über den Pfannhauser Weg zum **Schloß Gruttenstein** aufsteigen. Es wurde 1219 zum Schutze der Stadt und der Salzquellen von Herzog Ludwig dem Kelheimer erbaut. Im Krieg zwischen Herzog Heinrich von Niederbayern und König Ottokar von Böhmen wurde Gruttenstein, es war das Jahr 1266, belagert und zum Teil verbrannt. Auch in der ersten Hälfte des 14. Jahrhunderts führten Fehden zu Zerstörungen. Schließlich vernichtete ein Brand im Jahre 1585 die Feste vollends. Herzog Wilhelm V. hat dann die Burg wieder aufgebaut. Sie war 1763 Sitz eines kurfürstlichen Pflegers und 100 Jahre lang Kaserne, später Armenhaus der Saline. Zuletzt haben Salinenarbeiter darin gewohnt.

Die Besiedlung von Reichenhall setzt sich über den Gruttenstein nahtlos nach **Bayerisch Gmain** fort, auch wenn Weideland die Neubauviertel zum Teil auflockert. Das Territorium von Bayerisch Gmain ist erst 1811 aus der altsalzburgischen Gemeinde Gmain abgetrennt und dem Königreich Bayern zu-

Der Floriansplatz liegt im Südteil der Bad Reichenhaller Altstadt und war wahrscheinlich eine der ersten Siedlungszellen der befestigten Salzstadt. Hier hatten sich im Mittelalter die Salzsieder niedergelassen.

geschlagen worden. Die Muttergemeinde im Österreichischen heißt jetzt Großgmain. Die Bezeichnung »Bayerisch Gmain« gibt es erst seit 1926. Napoleon war an allem schuld, denn man hat eine direkte Verbindung zwischen Reichenhall und Berchtesgaden gesucht, und der stand der südlichste Zipfel der alten Gemeinde Gmain im Wege. Deshalb hat dann Kronprinz Ludwig von Bayern, der damals in Salzburg residierte, die Teilung

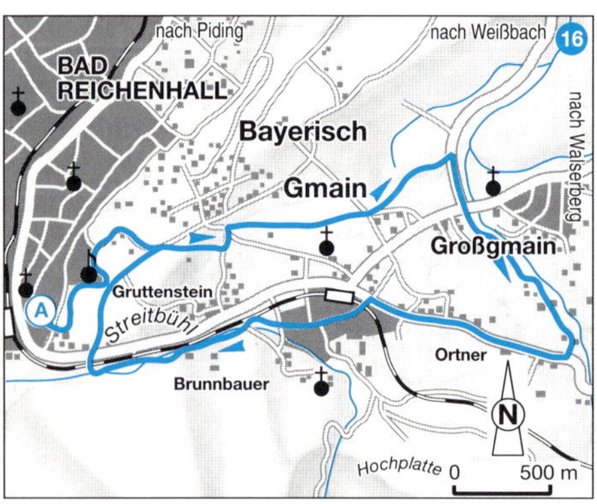

verfügt. Das politische Dasein der Gemeinde begann mit 51 Anwesen und dem Schloß Oberhausen sowie zwei Pestkapellen. Heute ist Bayerisch Gmain ein stark besuchter Fremdenverkehrsort.

Der Wegverlauf

Wir reißen uns vom Brunnen, vom Maibaum, von den Häusern mit den Wandmalereien am Floriansplatz los und spazieren rechts am *Gasthof »Gruttenstein«* über Treppen den Hang hoch. Der Weg geht über Wiesen und ist mit Bänken gesäumt. Schloß **Gruttenstein** und der Schloßgarten liegen vor uns. Nachdem wir es besichtigt haben, steigen wir noch einmal nach **Reichenhall** hinunter, zum *Unteren Lindenplatz,* rechts weiter in die Rosengasse und am Wein- und Enzianstübl vorbei rechts in den *Bergweg* und erneut die Stufen hoch. Auf der Höhe wandern wir links in die Sonnenstraße, bis wir rechts in die Reichenhaller Straße einschwenken können.

Jetzt nimmt uns in östlicher Richtung der **Großgmainer Gangsteig** auf. Es ist ein Fußweg, der hinunter ins Tal leitet und den ganzen Gmainer Talboden überschauen läßt. Vorab ragt der Zwiebelturm der Kirche von Großgmain, bereits im Österreichischen. Drunten bei den Häusern biegen wir halb links in den *Taufkircher Weg* ein.

Unmittelbar am Weißbach und an der österreichischen Grenze schwenken wir rechts in die Leopoldstraße und erreichen den Grenzübergang an der *Großgmainer Straße*, eine Straßenverbindung nach Salzburg. Wir bleiben am Weißbach, es heißt jetzt auch *Weißbachstraße*, kommen an der *Thannbergkapelle* vorbei und schwenken dann im Bogen, vorbei am Gasthof «Drei Sessel« zur *Berchtesgadener Straße*, zugleich die Bundesstraße 20. Wir folgen ihr nach rechts auf dem Fußweg neben der Straße. Ein Abzweig nach links führt über die Friedhofstraße zum Bergfriedhof.

Wir wandern auf das Ortszentrum **Bayerisch Gmain** zu. Bei einer Verkehrsinsel, hier gibt es auch Parkplätze, schwenken wir nach links, gehen durch die Bahnunterführung, beschildert mit »Bergkurgarten«, und wandern auf der *Lattenbergstraße* weiter. Wir kommen an der Schloßgasse vorbei. Hier steht das **Schloß Oberhausen**, ein massiger Bau, der vom 14. bis 17. Jahrhundert entstand und immer wieder umgebaut wurde.

Wo die Lattenbergstraße zur Berchtesgadener Straße abschwenkt, laufen wir geradeaus. Wir folgen dem *Wappachweg* und sind nun dicht an den Bahngleisen. Wir haben den Wappachfluß überquert. Nach dem Haus «Zur grünen Linde« biegen wir rechts über einen Holzsteg in den Fußweg. Es geht noch ein paarmal über den Bach, bis wir auf einen Teerweg stoßen. Hier gibt es auch eine Verbindung zur Hauptstraße. Wir bleiben aber auf dem Fußweg neben dem Bach in einem hübschen Auengelände, bis dieser en-

Schloß Gruttenstein wurde 1219 von Herzog Ludwig dem Kelheimer zum Schutz der Stadt und der Salzquellen gebaut.

det. Jetzt müssen wir die Berchtesgadener Straße überqueren und steigen über den *Gmainer Feldweg* über Wiesen hoch zum *Schloß Gruttenstein* und linkshaltend über den Pfannhauser Weg zur Floriansgasse und zum **Floriansplatz** zurück.

Nützliche Informationen

Ausgangsort: Bad Reichenhall im Saalachtal an den Bundesstraßen 20 und 21. Liegt an der Bahnlinie Salzburg – Berchtesgaden. Insgesamt vier Buslinien.
Ausgangspunkt: Floriansgasse am südlichen Rand der Bad Reichenhaller Altstadt, am besten über die Umgehungsstraße, die Loferstraße, beim Bahnhof Kirchberg abzweigend, zu erreichen. Es geht über Tiroler Hof, Tiroler Straße und Oberen Lindenplatz in die Floriansgasse.
Höhendifferenzen: Ca. 40 m.
Etappenlängen: Insgesamt 8 km; Floriansgasse über Gangsteig zur Leopoldstraße 3 km; bis Berchtesgadener Straße 1,5 km; zurück zur Floriansgasse 3,5 km.
Gehzeiten: Insgesamt 2 Std.; Floriansgasse über Gangsteig zur Leopoldstraße 1 Std.; bis Berchtesgadener Straße 20 Min.; zurück zur Floriansgasse 40 Min.
Einkehr: Gasthof «Gruttenstein«, Gasthof «Drei Sessel« und Cafés an der Berchtesgadener Straße.
Sehens- und Wissenswertes: • In Reichenhall das städtische Heimatmuseum mit dem größten bronzezeitlichen Hortfund nördlich der Alpen, das Kurgastzentrum mit Kurgarten und staatlichem Kurhaus, das Gradierwerk, in der Altstadt die alte Stadtmauer, der Rathausplatz, der Floriansplatz, das Salzmuseum und die Glashütte an der alten Saline, das Faschingsordenmuseum in der Heiligbrunnerstraße, das Münster St. Zeno mit dem Kreuzgang. • Der Predigtstuhl mit der ältesten Zweiseilbahn der Welt.
Auskunft: Kur- und Verkehrsverein Bad Reichenhall/Bayerisch Gmain, Kurgastzentrum, 83435 Bad Reichenhall, Tel. (0 86 51) 30 03, Fax (0 86 51) 24 27.
Karten: Stadtplan von Bad Reichenhall und Topographische Karte, Bayerisches Landesvermessungsamt, 1:25 000, Blatt 8243 und Fritsch Wanderkarte, Blatt 161.

17 Von Weißbach zu den Almen

Die Reiteralm am Weikertsteinkopf und die Almen am Vorderen Schwarzachen

Tourencharakter: Rundtour mit mehreren Varianten. Es beginnt schon dramatisch auf einer Forststraße dem Lauf des Litzlbachs nach. Danach folgt ein Steilanstieg in den Hang des Weikertsteinkopfs auf schmalem Pfad, der am Vormittag bei schönem Wetter der Sonne stark ausgesetzt ist. Das letzte Stück zur Reiteralm kann man gut gehen, weil der Weg ebener ist und im Wald verläuft. Auf der Reiteralm kann man sich entscheiden: entweder den Abstieg auf der Forststraße nach Norden nutzen oder westwärts in Richtung Sulzenstübl wandern. Über dem Hiental gibt es eine weitere Wegvariante. Abstieg in nördlicher Richtung oder auf der Hientalforststraße weiterwandern zur Pichleralm und zur Haarbacher Alm. Auch der Rückweg bietet Wahlmöglichkeiten: direkt am Ufer des Vorderen Schwarzachen oder oberhalb des Tales auf der Forststraße.
Beste Jahreszeit: Vom Frühsommer bis in den Spätherbst, da meistens Forststraßen.
Reine Gehzeit/Weglänge: Je nach Variante 2, 3 oder 4 Std./8, 10 oder 12 km.
Markierung: Keine. Wegweiser vorhanden.
Höhendifferenz: Im Aufstieg 400 m.

Die **Deutsche Alpenstraße** ist insgesamt 440 Kilometer lang. Sie beginnt bzw. endet bei Berchtesgaden und berührt im Berchtesgadener Land Ramsau, Schneizlreuth, Weißbach, ehe sie den Landkreis verläßt. Sie ist identisch mit der Bundesstraße 305. Das Straßenstück oberhalb der Weißbachschlucht zwischen Schneizlreuth und Weißbach mußte man in den Jahren zwischen 1580 und 1590 mühselig in den Fels schlagen. Der Ausbau als Queralpenstraße erfolgte zwischen 1934 und 1936. Es ist zum Teil eine kühne Trassenführung. An einigen Stellen hat man Aussichtspunkte geschaffen, von denen man tief

Auf den Höhen südwestlich von Weißbach laden mehrere Almen zur Einkehr, darunter die Reiteralm in 1000 Meter Höhe.

in die Weißbachschlucht schauen kann. Beeindruckend aber sind die hochaufragenden Waldhöhen beiderseits der Straße. Wer von Weißbach aus nach Westen schaut, ahnt nicht, daß sich auf Plateaus hinter den Waldsteilhängen ausgedehntes Almgelände befindet, meist in sonniger und aussichtsreicher Lage. Der Fremdenverkehr hat es mit sich gebracht, daß sich die eine oder andere Alm ein Zubrot verdient, indem sie Getränke und Brotzeit für die Wanderer und heute auch für die Mountainbiker anbietet.

Das Berggebiet westlich von **Weißbach** ist durch Forststraßen bis zur Landesgrenze nach Österreich und über die Landkreisgrenze bei Traunstein erschlossen. Tief haben sich die Täler des Litzlbachs, des Hienbachs und des Vorderen Schwarzachenbachs eingeschnitten. Es sind gewaltige Schluchten entstanden, in die Waldhänge fast senkrecht abstürzen. Es grenzt oft an Wunder, wie sich die Wurzeln der Bäume in den Steilhängen festkrallen. In den Niederungen wächst üppiger Buschwald. Die weniger extremen Stellen sind von Berghochwald bedeckt, teils Fichten, teils Buchen, nur selten unterbrochen von anderen Laub- und Nadelbaumarten. Außer Moosen und Farnen gibt es keine üppige Bergpflanzenvegetation. Die Wege und Forststraßen sind zwar in der Saison von Wanderern besucht, vor allem in Richtung der bewirtschafteten Almen, aber etwas abseits kann man absolute Stille und Einsamkeit genießen und auf guten Wald- und Forstwegen auf- und abbummeln. Es ist keine Region der Modetouren. Wegen ihrer Ursprünglichkeit steht sie unter Naturschutz.

Der Wegverlauf

Das **Stabacheck** am südlichen Ende von Weißbach an der Deutschen Alpenstraße ist mit dem Parkplatz am rechten, am westlichen, Weißbachufer ein guter Ausgangspunkt. Wir gehen von der Brücke weißbachabwärts, also linkshaltend in den *Oderweg* bis zum *Litzlbach*. Hier halten wir uns rechts zum Waldrand hinauf. Am Wendeplatz folgen wir dem Bachlauf, der hier an einigen Stellen sogar kleine Wasserfälle bildet. Rechts und links ragen Felsen, steigt der Bergwald steil hoch. Wir sind in einer Bachschlucht in etwa 650 Meter Höhe.

Vor einer Brücke schwenkt rechts ein Pfad ab, dem wir steil in den Hang folgen. Bei einem Wegabzweig geht es links weiter. Nach

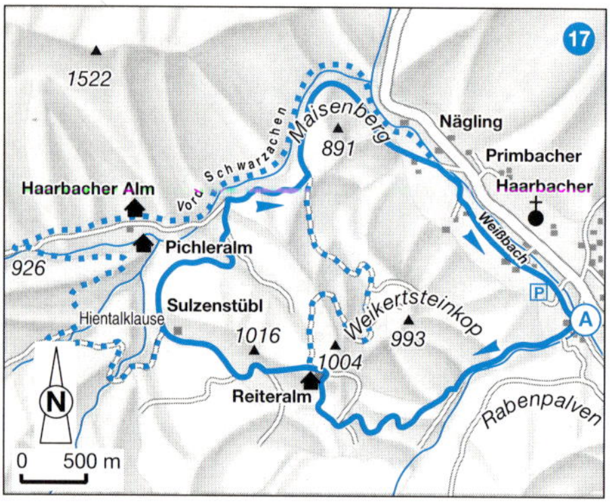

einem Wendeplatz kommen wir in den Hochwald, und die Steile läßt nach. Endlich ist das Almgelände erreicht. Wir sind an der bewirtschafteten **Reiteralm**. Danach erreichen wir in westlicher Richtung einen Abzweig bei einem *Brunnen*. Hier schwenkt eine Forststraße nach rechts, nach Norden, und führt am *Weikertsteinkopf* vorbei auf das Vordere Schwarzachental zu, im Bogen um den Maisenberg herum und südwärts zu den Häusern von Reiter, am Nordrand von Weißbach.

Wer von der Reiteralm am Brunnen vorbei *westwärts* weiterwandert, verläßt alsbald das Almgelände, wendet ein Stück nach Süden und biegt bei einer *Dreieckskreuzung* nach rechts, in westlicher Richtung. Hier stößt er auf eine Forststraße, die in die *Sulzenau* führt. Vor dem **Sulzenstübl** gibt es eine weitere *Dreieckskreuzung*. Wer nach rechts an der Diensthütte vorbei nach Norden wandert, erreicht auf einer Forststraße den Hang des Vorderen Schwarzachentales. Dem Talverlauf nach geht es um den Maisenberg und zu den Häusern von Reiter. *(Variante 1)*

Von der Diensthütte in der Sulzenau kann man auf der *Hiental-Forststraße* auch nach Westen weitergehen. Sie biegt aus der West- in die Südrichtung, überquert den Hientalbach, steigt nordwärts an, wendet sich wieder westwärts, nutzt dann in einer großen Kehre die Hanglage aus und schwenkt nach Osten. *(Variante 2)*

Ohne große Steigungen und Gefälle geht es jetzt nach Norden und im Bogen wieder nach Westen hinunter, dann ins Tal des Schwarzachen. Wir können nun, dem Tal nach Norden folgend, die Landkreisgrenze überschreiten, danach gleich rechts zur **Kaitlalm**, die ebenfalls bewirtschaftet ist, aufsteigen. Wir können aber auch im spitzen Winkel rechts abzweigen, den Bach überqueren und ins Almgelände von **Pichler** und **Haarbacher Alm** wandern. Auch diese Almen sind bewirtschaftet. *(Variante 3)*

Wenn wir den Almbereich verlassen haben und wieder im Talboden sind, können wir uns erneut entscheiden, ob wir im Tal des Schwarzachen bleiben, das sich tief in die Steilhänge eingeschnitten hat, oder ob wir den bequemeren Weg wählen und der Forststraße folgen, die zunächst hinaufsteigt in den Steilhang und am hohen Hang bleibt. Diese Forststraße nimmt noch die Forstwege von der Sulzenaustube und der Reiteralm auf und umrundet den **Maisenberg**. Die ersten Häuser von Weißbach werden sichtbar.

Wir sind jetzt über den **Weißbachfällen**, gehen am hohen Hang südostwärts und bergab. Dann kommen wir über eine Brücke durch eine Schranke zu den ersten Häusern des Ortsteils **Reiter**. Der Wald liegt hinter uns. Wir wandern in unserer bisherigen Richtung weiter über dem Auwald und unter den Wiesenhängen, die vom Bergwald des Weikertsteinkopfes begrenzt sind, vorbei an den Sportplätzen zurück zu unserem Parkplatz am *Stabacheck*, direkt am Weißbachufer.

Nützliche Informationen

Ausgangsort: Weißbach liegt an der Deutschen Alpenstraße, der Bundesstraße 305, zwischen Schneizlreuth und Inzell.
Ausgangspunkt: Parkplatz am Stabacheck.
Höhendifferenzen: Etwa 400 m. Der Parkplatz am Stabacheck liegt etwa 600 m hoch, die Reiteralm über 900 m. Diese Höhe wird auf der weiteren Wanderung nicht wesentlich überschritten. Sie beträgt, wenn wir auf den Vorderen Schwarzachen stoßen, immer noch 926 m. Die Kaitlalm liegt 970 m hoch. Dann fällt der Weg steil ab auf 760 m und verliert im Laufe des Vorderen Schwarz-

Unter dem Gletschergarten an der Zwing im Norden der Gemeinde Weißbach bildet der Fluß einen eindrucksvollen Wasserfall.

achen weiter an Höhe, während der Weg auf der Forststraße zunächst wieder ansteigt und erst über der Weißbachschlucht abfällt.
Etappenlängen: Je nach Wegvariante 8, 10 oder 11 km.
Variante 1: Weißbach – Reiteralm 3 km; Reiteralm – Häusergruppe Reiter 3,5 km; Häusergruppe Reiter – Stabacheck 1,5 km.
Variante 2: Weißbach – Sulzenstübl 4 km; Sulzenstübl – Häusergruppe Reiter 4,5 km; Häusergruppe Reiter – Stabacheck 1,5 km.
Variante 3: Weißbach – Sulzenstübl 4,5 km; Sulzenstübl – Pichleralm bzw. Haarbacher Alm 2,5 km; Pichleralm bzw. Haarbacher Alm – Häusergruppe Reiter 2,5 km; Häusergruppe Reiter – Stabacheck 1,5 km.
Gehzeiten: Insgesamt 2½ Std., 3½ Std. oder 4 Std.
Variante 1: Weißenbach – Reiteralm 1 Std.; Reiteralm – Häusergruppe Reiter 1 Std.; Häusergruppe Reiter – Stabacheck ½ Std.
Variante 2: Weißbach – Sulzenstübl 1½ Std.; Sulzenstübl – Häusergruppe Reiter 1½ Std.; Häusergruppe Reiter – Stabacheck ½ Std.
Variante 3: Weißbach – Sulzenstübl 1½ Std.; Sulzenstübl – Pichleralm bzw. Haarbacher Alm 1 Std.; Pichleralm bzw. Haarbacher Alm – Häusergruppe Reiter 1 Std.; Häusergruppe Reiter – Stabacheck ½ Std.
Einkehr: Reiteralm, Pichleralm, Haarbacher Alm und Kaitlalm.
Sehens- und Wissenswertes: • Die Weißbachschlucht zwischen Mauthäusl und Schneizlreuth. • Die Fortsetzung des Soleleitungsweges nach Bad Reichenhall. • Der Thumsee an der Straße nach Bad Reichenhall. • Reiteralm, Pichleralm und Haarbacher Alm in den Höhen westlich von Weißbach und das benachbarte Inzell im Norden. • Die Traunsteiner Hütte auf der Reiter Alm. • Das Saalachtal mit dem Saalachsee zwischen Schneizlreuth und Bad Reichenhall, der Kurbetrieb und die Salinen von Bad Reichenhall.
Auskunft: Verkehrsamt Schneizlreuth/Weißbach an der Alpenstraße, 83458 Schneizlreuth, Tel. (08665) 74879.
Karten: Topographische Karte, Bayerisches Landesvermessungsamt, 1:25000, Blatt 8242 und Fritsch Wanderkarte, Blatt 164.

18 In den Schluchten von Speick- und Rötelbach

Gipfelziel Freimahderköpfl

Tourencharakter: Bei trockener Witterung ist diese Wanderung für Trittsichere und Schwindelfreie kein Problem. Etwas Vorsicht ist beim Aufstieg aus der Speickschlucht zum Lattenberg geboten, weil der schmale Pfad am Steilhang stark verwurzelt ist. Es besteht Ausrutschgefahr.
Beste Jahreszeit: Ganzjährig begehbar, bei trockener Witterung.
Reine Gehzeit: 3¼ Std.
Markierung: Keine. Wegweiser vorhanden.
Höhendifferenz: Im Aufstieg 386 m.

Das Gebiet **»Auf der Gmain«** oberhalb von Bad Reichenhall ist altes Siedlungsland. Die Verkehrsverbindung zwischen Bad Reichenhall und Berchtesgaden war für den Salztransport von zentraler Bedeutung. Prinz Ludwig, der 1809 Statthalter in Salzburg war, hob damals alle ehemaligen salzburgischen Besitzansprüche und -rechte an dem auf bayerischem Hoheitsgebiet liegenden Teil Gmain auf. Am 2. März 1811 erfolgte die Übergabe an den königlichen Landrichter beim Landgericht Bad Reichenhall. Damals ist die ursprüngliche Gemeinde getrennt worden in Bayerisch Gmain und Großgmain, das österreichisch wurde.

Südlich der Kurstadt Bad Reichenhall mit Bayerisch Gmain und der österreichischen Gemeinde Großgmain ragt das **Lattengebirge** mit wildzerklüfteten Felstürmen auf. Vor allem die nach Norden abfließenden Bäche haben tiefe Schluchten eingegraben. Trotzdem wächst an den fast senkrechten Hängen, die Wurzeln tief in die Spalten geklammert, Mischwald, gedeihen Stauden, Moospolster und Grasinseln.

An den Hängen der Bachschluchten und an einzelnen Übergängen wurden Wanderwege angelegt, die für schwindelfreie und trittsichere Geher reizvoll sind, weil sie eine wilde Romantik erschließen, wie sie kaum eine andere Landschaft im Berchtesgadener Land zu bieten hat.

Bayerisch Gmain an der Bundesstraße 20, der Straßenverbindung zwischen Bad Reichenhall und Berchtesgaden, hat viel getan, um die Bergregion am Nordhang des Lattengebirges zu erschließen. Ein **Bergkurgarten** wurde am Fuße des Wappachkopfes angelegt und nahebei ein Wanderzentrum, ein Parkplatz mit Unterkunfts- und Informationshütte. Von hier aus beginnen verschiedene markierte Rund- und Wanderwege mit mehr oder minder starkem Schwierigkeitsgrad.

Ein bequemer Rundkurs ist der *Maisrundweg* zwischen Wappach- und Weißbachtal, der sich im *Hallthurmer Weg* fortsetzt. Ein Rundweg führt zur *Alpgartenklamm.* Ein weiterer, der bis in 911 Meter Höhe leitet, ist der *Hochplattenrundweg.*

Dazu gibt es Kombinationsrunden wie den *Alpgarten-Weißbach-Rundweg,* der 1150 Meter Höhe erreicht, oder den *Alpgarten-Eichelberg-Rundweg,* der auf die gleiche Höhe führt. Etwas schwieriger ist der *Wappachkopf-Dötzenkopf-Weg,* für den man 3 Stunden benötigt. Man kann vom Tal aus auch die Gipfel des Lattengebirges besteigen: in 4 Stunden den 1680 Meter hohen *Dreisesselberg,* in der gleichen Zeit den 1688 Meter hohen *Hochschlegel.* Auf diesen Gipfel führt der *Hochschlegelsteig,* und ein großer Rundweg ist der *Spechtenkopf-Hochschlegel-Hallthurmweg,* für den man 7 Stunden benötigt.

Die vielfältigen Erlebnisse, die sich in dem Gebiet erschließen, bietet zusammenge-

Dieses hübsche Haus im alpinen Stil, mit weit vorkragendem Dach, einem holzverkleideten Obergeschoß und Stützpfeilern, steht am Rande von Bayerisch Gmain, am Fuße des Lattengebirges.

drängt der **Speickrundweg** mit dem Übergang zum *Freimahderköpfl,* das als hervorragender Aussichtsberg Einblicke in die nahezu senkrechten Felsabstürze, welche die Bäche in Jahrmillionen ausgeschliffen haben, bietet. Das Freimahderköpfl ist den Rotofentürmen vorgelagert, deren bizarre Schönheit nicht minder überwältigend ist wie der Anblick der Steinernen Hexe bzw. der Steinernen Agnes, die während der Fahrt vom Hallthurmpaß nach Berchtesgaden die Szenerie im Westen der Straße beherrschen.

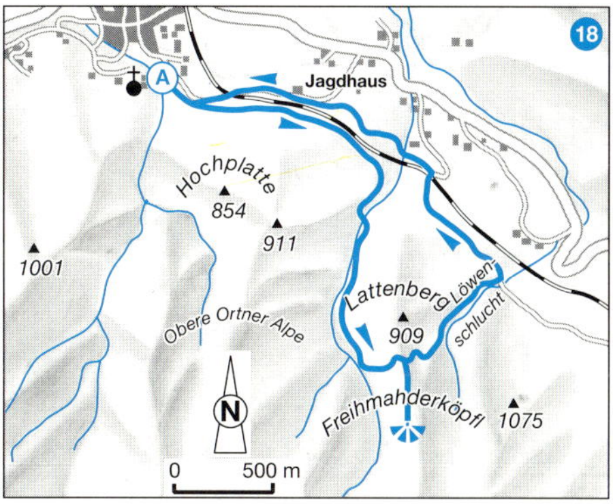

Der Wegverlauf

Wer von Bad Reichenhall anreist, muß am Ortsbeginn von Bayerisch Gmain den *Wappach* und die Bahnlinie überqueren. Zum Wanderzentrum ist beschildert. Bei der Unterstandhütte am Wanderparkplatz kann man sich über das Lattengebirge informieren, das sich vor 200 Millionen Jahren im alpinen Trias entwickelte und dessen Gestein aus Dachsteinkalk und Ramsaudolomit besteht.

Vom **Wanderzentrum** gehen wir südostwärts, parallel zu den Bahngleisen bis zur *Maishütte,* einer ehemaligen Jagdhütte in 600 Meter Höhe im dichten Wald, und an ihr vorbei zum Weißbach, der auch »Felsenbach« heißt. Eine steinerne Brücke führt uns zum rechten Ufer, von hier geht es steil aufwärts. Zunächst bieten sich immer wieder Zugänge zum Bach, aber bei einer Sitzgruppe beginnt ein Stufenweg.

Nun steigen wir sehr steil auf einem schmalen Pfad am fast senkrechten Hang über dem Bach weiter. Nach ein paar hundert Metern sind wir wieder am Bachufer, ein Steig leitet hinüber. Er schließt an den Rundweg Eichelberg-Hochplatte-Dreisessel an. Wir gehen aber links dem *Weißbach-Speick-Rundweg* nach. Nach etwa 50 Höhenmetern verzweigt der Weg erneut. Links ist das *Freimahderköpfl* angezeigt, geradeaus führt ein Weg am Felsenbach weiter. Wir halten uns in Richtung Freimahderköpfl auf einem schmalen Serpentinensteig den Steilhang hoch und kommen in einen lockeren Kiefernwald. Der Pfad ist verwurzelt – Vorsicht bei Nässe. Wer abrutscht und in den steilen Grashang kommt, kann sich sicherlich nicht halten.

Endlich ist der Grat erreicht, der den Rötelbach vom Weißbach bzw. Speickbach trennt. Wer rechts auf dem Grat weitergeht, kann zum **Freimahderköpfl** aufsteigen. Aber Vorsicht, nicht vom Pfad abweichen, denn auf beiden Seiten stürzt die Schlucht steil über hundert und mehr Meter in den Bach. Bei einem solchen Steilabsturz endet auch der Weg zum Gipfel des 936 Meter hohen Freimahderköpfls. Die Tiefblicke sind beeindruckend.

Zurück zu unserem Gratübergang. Nun ein paar Schritte südwärts zur Höhe des **Lattenberges** (909 m) und dann nach Osten in Serpentinen bergab auf einem sehr geschickt angelegten Steig, denn obwohl er erst links an einem Steilhang entlangführt und dann beiderseits Steilabstürze hat, spürt man die objektive Gefahr nicht, weil auf beiden Seiten des Steiges Bäume und Felstrümmer den Eindruck der Sicherheit vermitteln. Die Schlucht, an deren Rand wir absteigen, wird auch *»Löwenschlucht«* genannt. Tief unten im Tal rauscht der Rötelbach. Schließlich stoßen wir drunten auf einen *Querweg.* Ein Häuschen steht hier. Es ist der Unterbrecher I in 651 Meter Höhe der *Soleleitung* vom 19 Kilometer entfernten Salzbergwerk in Berchtesgaden zur Saline Reichenhall.

Wir wandern nun links auf dem Forstweg weiter. Rechts geht es nach *Hallthurm.* Wir sind bald wieder neben den Gleisen der Bahnlinie Reichenhall – Berchtesgaden.

Am Speickrundweg im Lattengebirge auf der Höhe des Freimahderköpfls ahnt man nichts von den Felsabstürzen ringsum.

Dann kommen wir über einen unbeschrankten Bahnübergang, halten uns links in einen Weg, der ins *Weißbachtal* hinunterführt. Ein Steg leitet uns über den Bach, ein breiter Weg entlang der Soleleitung am Hang des Lattengebirges bringt uns erneut zu den Bahngleisen. Diese überschreiten und zurück zum **Wanderzentrum**.

Nützliche Informationen

Ausgangsort: Bayerisch Gmain an der Straße Bad Reichenhall – Berchtesgaden, Bundesstraße 20. Bahnlinie Bad Reichenhall – Berchtesgaden.
Ausgangspunkt: Wanderzentrum am Bergkurgarten in Bayerisch Gmain.
Anfahrt: Von Bad Reichenhall auf der B 20 in Richtung Berchtesgaden. Nach dem Ortsanfangschild die zweite Wappachbrücke überqueren, rechts den Wegweisern nach.
Höhendifferenzen: Insgesamt 386 m. Ausgangspunkt 550 m, Maishütte 600 m, Grat Lattenberg 900 m, Freimahderköpfl 936 m, Ende Löwenschlucht 650 m.
Gehzeiten: 3¼ Std.; Wanderzentrum – Weißbachschlucht ½ Std.; Schluchtweg 45 Min.; Aufstieg Lattenberg 15 Min.; Abstecher Freimahderköpfl ½ Std.; Abstieg Löwenschlucht ½ Std.; Löwenschlucht – Freizeitzentrum 45 Min.
Einkehr: Unterwegs keine.
Sehens- und Wissenswertes: • Die Gemeinde Bayerisch Gmain bietet während der Saison geführte Wanderungen nicht nur ins Lattengebirge, sondern auch auf andere Berge in der Umgebung. In den Monaten Juni bis Oktober wird den Gästen kostenlose Atemgymnastik und Entspannungstherapie mit einer ausgebildeten Atempädagogin geboten. Im Winter gibt es im Ortsbereich zwei Langlaufloipen, die laufend maschinell gespurt werden. Zum Wintersportprogramm gehören auch kostenlose Langlaufkurse. Im Alpgarten ist eine Rodelbahn angelegt. Das Verkehrsamt hält stabile Zweierrodel kostenlos bereit. • Zum gepflegten Brauchtum der Gemeinde gehören das Maibaumaufstellen, das Erntedankfest Ende September, das St. Martinsfest, das Kramperllaufen am Vorabend des Nikolaustages und das Christkindlanschießen am 24. Dezember.
Weitere Tourenvorschläge: *Maisrundweg:* 1 Std.; *Alpgartenklamm-Rundweg:* 1½ Std.; *Hochplatte-Rundweg:* 2 Std.; *Alpgarten-Weißbach-Speick-Rundweg:* 4 Std.; *Alpgarten-Eichelberg-Rundweg:* 3 Std.; *Wappach-Dötzenkopf-Rundweg:* 3 Std.; *Aufstieg zum Dreisesselberg:* 4 Std.; *Alpgartensteig-Hochschlegl:* 4 Std.; *Hochschleglsteig:* 4 Std.; *Spechtenkopf-Hochschlegl-Hallthurm:* 7 Std.
Auskunft: Verkehrsamt Großgmainer Straße 14, 83457 Bayerisch Gmain, Tel. (0 86 51) 32 58.
Karte: Topographische Karte, Bayerisches Landesvermessungsamt, 1:25 000, Blatt 8243.

19 Einstieg in die Höhlenwelt

Zur Schellenberger Eishöhle

Tourencharakter: Bei dieser Wanderung braucht man allein für den Aufstieg 3 Stunden; trotzdem sind hier in der Saison zahlreiche Familien mit Kindern unterwegs. Die Wege sind außerordentlich gut hergerichtet, zum Teil Forststraßen. Allerdings sind die alpinen Verhältnisse zu berücksichtigen: festes Schuhwerk, Wetterschutz und Verpflegung mitnehmen.
Beste Jahreszeit: Ende Mai bis Mitte Oktober. Verhältnisse vorher erfragen.
Reine Gehzeit/Weglänge: 5½ Std./8 km.
Markierung: Ab Toni-Lenz-Hütte blaurot.
Höhendifferenz: Im Aufstieg rund 1000 m. Sie verteilen sich allerdings auf eine Strecke von 8 km.

Die **Schellenberger Eishöhle** ist Deutschlands größte erschlossene Höhle und zählt zu den besonders interessanten des Alpenraumes. Die unterirdische Wunderwelt wurde und wird durch Regen- und Schmelzwässer hervorgerufen, die in das Berginnere sickern und dabei kleine Kalkpartikel lösen. Die künstlichen Stege, die durch Gänge und Schächte führen, leiten zu bezaubernden Eisdomen und Grotten, vorbei an phantastischen Eisgebilden und Figuren, die im Schein der Magnesiumfackeln gespenstisch aufleuchten. An den Eiswänden kann man deutlich sehen, wie das Eis Schicht für Schicht gewachsen ist. Der tiefste Punkt des erschlossenen Teiles ist die *Fuggerhalle*. Der Eisboden ist hier immer noch 12 Meter stark. Das Eis hat ein Alter von 3000 Jahren. Die Eismassen, die sich in der Höhle befinden, werden auf rund 60 000 Kubikmeter geschätzt. Die größte Halle der gesamten Höhle, die Eingangshalle, ist 70 Meter lang, 40 Meter breit und 5 bis 8 Meter hoch.

Der **Untersberg,** in dem sich das Höhlensystem befindet, gehört zu den Berchtesgadener Kalkalpen. Kalk ist ein Sedimentgestein, d. h. es ist aus Ablagerungen im Meer entstanden. Bei Bewegungen, die von der Erdkruste ausgehen, bilden sich Brüche und Klüfte. Die Verwerfungen an den Bruchstellen führten zum Teil zu Höhlenbildungen, in welche das Wasser mit seiner zerstörenden Kraft eindrang. Die Naturerscheinung der Eishöhle selbst rührt von extremen Temperaturverhältnissen her. Eine Eishöhle ist nach unten hin praktisch luftdicht abgeschlossen. Die kalte Luft des Windes kann eindringen, aber nicht abfließen. Die relativ wärmere Luft wird an die Höhlendecken gedrückt. Im Sommer findet ein geringerer Luftaustausch statt. Im Spätherbst beginnt das Eis zu wachsen. Die Haupteisbildung aber erfolgt im Februar/März und wird mit fortschreitender Erwärmung immer stärker.

Bis man die Höhle im 19. Jahrhundert entdeckte, fand man an schwierigen Stellen in den Fels gehauene Tritte. Es ging die Sage, daß früher Goldsucher in das Gollerloch gekommen seien, bei dem man die Eishöhle gefunden hat. Das höhlenreiche Innere des Untersberges hat seit Menschengedenken die Phantasie angeregt. So erzählt man von einem Zeitverlust beim Eindringen in Höhlen. So mancher, der in den Berg geriet, Jäger, Sennerinnen und einmal sogar eine ganze Hochzeitsgesellschaft, soll fürstlich bewirtet und reichlich beschenkt worden sein. Kamen sie jedoch wieder aus dem Berg heraus, waren Jahrhunderte vergangen, obgleich es ihnen wie ein Tag erschienen war.

Der Verein für Höhlenkunde in Marktschellenberg hat sich in erster Linie um die

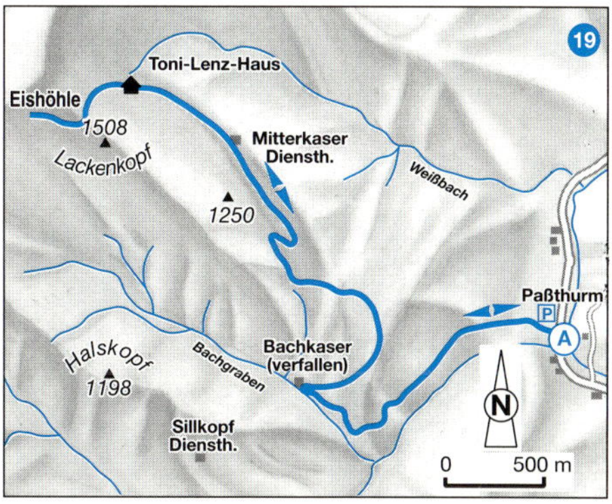

Erschließung der Eishöhle verdient gemacht und seit 1925 die Höhle für Besucher ausgebaut.

Der Wegverlauf

Die Gemeinde **Marktschellenberg** liegt am östlichen Fuß des Untersbergmassivs, dicht an der österreichischen Grenze. Nahe der Grenze steht der alte **Zollturm,** Rest einer mittelalterlichen Befestigungsanlage. Hier beginnt der Aufstieg zur Höhle auf gut ausgebauten Wegen. Bald erreicht man in westlicher Richtung den Hochwald in der Nähe des *Rothmannbaches*. Wir kommen an einem verlassenen und verfallenen *Bachkaser* vorbei, also einer ehemaligen Almhütte. Hier schwenkt der Weg nach rechts. Ein Hohlweg nimmt uns auf und biegt links ab. Danach wird es etwas ebener, bereits jetzt haben wir die ersten Ausblicke, Bänke laden zur Rast.

Wir sind nun über der Bachschlucht des *Lochgrabens*, und bald ist der *Mitterkaser* erreicht, eine Diensthütte in 1079 Meter Höhe. Hier lichtet sich der Hochwald. Wir sind umgeben von Buchen und Grünerlenbüschen. Dazwischen gibt es vereinzelt Latschen, die mit zunehmender Höhe immer häufiger werden und schließlich ganze Felder bilden. Wir kommen in die Zone des Krummholzgürtels. Steil geht es bergan. Die 1200-Meter-Grenze wird überwunden.

Wir erreichen die **Toni-Lenz-Hütte**. Hier kann man einkehren und sogar übernachten. Von der Hütte aus hat man einen Blick ins Salzburger Land, und von hier aus kann man auch die **Höhlenbesichtigung** buchen. Der Sammelplatz dafür ist direkt vor der Höhle:

An den Hängen des Untersberges unter dem Salzburger Hochthron verstecken sich die Eishöhlen.

Führungen finden zwischen 10 und 16 Uhr jede volle Stunde statt. Der Höhlenverein, der sich der Instandhaltung der Höhlenanlagen annimmt, hat auch den Weg zur Mittagsscharte ausgebaut, der teilweise durch den Berg geht und mit Holzleitern bestückt ist. Von der Toni-Lenz-Hütte zur Eishöhle braucht man 20 Minuten Gehzeit. Der Weg ist gut präpariert und mit einer blau-roten Markierung versehen. An steileren Stellen hat man Holzstufen eingebaut.

Zur Eishöhle kann man auch vom *Salzburger Hochthron* aus gelangen, der mit der Seilbahn erreichbar ist. Der Abstieg von der Eishöhle erfolgt auf gleicher Route. Es sei denn, man will zum Salzburger Hochthron aufsteigen, also von 1570 auf 1852 Meter, das sind 280 Meter Höhenunterschied bei einer Stunde Gehzeit. Dann mit der Seilbahn abfahren und mit dem Bus nach Marktschellenberg zurückkehren. Andere Wegvarianten sind nicht empfehlenswert. Allenfalls kann man den Weg über den Berchtesgadener Hochthron fortsetzen.

Nützliche Informationen

Ausgangsort: Marktschellenberg, am Fuße des Untersberges, von Berchtesgaden mit dem Bahnbus Berchtesgaden – Marktschellenberg und von Salzburg mit der Eillinie Salzburg – Berchtesgaden erreichbar. Die Bushaltestelle liegt mitten im Markt.

Ausgangspunkt: Der Zollturm, nahe der Grenze zu Österreich. Hier gibt es einen Parkplatz.

Höhendifferenzen: Insgesamt 1044 m bis zur Eishöhle. Schellenberg 505 m, Toni-Lenz-Hütte 1450 m, Eishöhle 1570 m, Mittagsscharte 1671 m, Salzburger Hochthron 1853 m.

Gehzeiten: Insgesamt 5½ Std; Marktschellenberg – Toni-Lenz-Hütte 3 Std.; Toni-Lenz-Hütte – Eishöhle 20 Min.; Eishöhle – Mittagsscharte 20 Min.; Mittagsscharte – Hochthron 1 Std.; Abstieg von Hochthron zur Eishöhle 40 Min.; zur Toni-Lenz-Hütte 15 Min.; nach Marktschellenberg 2½ Std.

Einkehr und Unterkunft: Toni-Lenz-Hütte.

Sehens- und Wissenswertes: • Von Marktschellenberg aus lassen sich günstig Hallein und Bad Dürrenberg im Österreichischen erreichen. • In Berchtesgaden sollte man das

Die Schellenberger Eishöhlen unter dem Salzburger Hochthron sind eine geheimnisvolle unterirdische Wunderwelt. Das Eis in ihnen ist 3000 Jahre alt. Im Bild der Aufstiegsweg zur Mittagsscharte.

Salzbergwerk anschauen und vor allem die Almbachklamm mit den Kugelmühlen.

- Ein interessanter Ausflug führt zu den Barmsteinen. Einer der Felsrücken kann über Leitern erstiegen werden und bietet einen weiten Blick ins Österreichische.

Auskunft: Gemeindeverwaltung Marktschellenberg, 83487 Marktschellenberg, Tel. (0 86 50) 2 13, Fax (0 86 50) 6 00.
Karte: Topographische Karte, Bayerisches Landesvermessungsamt, 1:25 000, Blatt 8244/8344.

20 Hoch über der Saalach

Rund ums Müllner Horn

Tourencharakter: Dieser Rundkurs ist, was die Schwierigkeit des Weges anbelangt, eine Tour der Gegensätze. Der Aufstieg vom Saalachsee bis zum Abzweig Müllnerhorngipfel ist zwar steil, verläuft aber auf gutem Forstweg. Der Abstieg vom Karl-Gruber-Naturfreundehaus folgt einer breiten Forststraße, und erst das Stück von der Kugelbachalm zum Schroffen ist wieder ein hochinteressanter, aussichtsreicher Steig. Das Problem ist die Südwestumrundung des Rabensteinhorns. Hier sollten Kinder und Unsichere an das Seil. Bei Nässe Rutschgefahr.
Beste Jahreszeit: Frühsommer bis Spätherbst.
Reine Gehzeit/Weglänge: 5½ Std.bzw. 6¾ Std. mit Müllnerhörndl./20 km.
Markierung: Keine. Nur an der Rabensteinwand roter Balken auf weißem Feld. Sonst Wegweiser.
Höhendifferenz: Im Aufstieg 500 m, mit Müllnerhörndl 700 m.

An dieser Stelle soll auf die unterschiedliche Auffassung bei der Beurteilung der Schwierigkeit von Bergfahrten eingegangen werden. Wer im Bergland geboren wurde und sein Leben lang in den Bergen gewandert ist, geht die Steige, die Trittsicherheit und Schwindelfreiheit erfordern, anders an als ein Tourist aus dem Flachland, der drei oder vier Wochen im Bergland Urlaub macht und solche Wanderungen unternimmt. Wenn von Einheimischen versichert wird, daß die Südwestumrundung der Rabensteinwand zwar etwas ausgesetzt, aber relativ unschwierig sei, so muß man Ungeübtere warnen. Der Pfad ist tatsächlich ausgesetzt, schmal, teilweise abschüssig und von Wurzeln durchsetzt, die im beiderseits wachsenden hohen Gras oft nicht entdeckt werden. Bei Nässe besteht höchste Rutschgefahr, und nur an besonders schwierigen Stellen sind Drahtseile gespannt. Kinder und Unsichere sollten auf jeden Fall an die Reepschnur.

Oberhalb des Wintersportortes **Saalbach** treffen Quellbäche aus den Kitzbüheler Alpen zusammen und bilden die Saalach. Diese fließt zwischen den Leoganger Steinbergen und dem Steinernen Meer erst nordwärts, parallel zur deutsch-österreichischen Grenze, unterläuft die Loferer Steinberge und kommt am Steinpaß ins Berchtesgadener Land. Aus dem wilden Gebirgsfluß ist am Saalachstausee, am Fuße des Lattengebirges, ein träges Wasser geworden, das man unterhalb von Bad Reichenhall in Dämme gezwängt hat. Der Fluß bildet dann die Grenze zwischen Deutschland und Österreich, bis er bei Freilassing in die Salzach einmündet.

Der **Müllnerberg**, der mit den Gipfeln Rabensteinhorn, Pflasterbachhörndl und Müllnerhörndl westlich über dem Saalachstausee aufragt, sieht mit seiner dichten Bewaldung, aus der nur vereinzelt Felsschrofen aufsteigen, ziemlich harmlos aus. Dabei ist er im Kern an seinen Gipfeln, die auf 1363 Meter ansteigen – der Saalachsee liegt 486 Meter hoch – eine Felstrümmerwildnis, die in der Mitte durch einen Einschnitt aufgespalten ist, der von Südwest nach Nordost verläuft. Die Talschaft mit dem Thumsee begrenzt den Bergstock nach Norden und Nordwesten. Den übrigen Rahmen bildet die Saalach mit ihrem Zufluß, dem Weißbach. Über die Reibwände am Gebersberg gibt es sogar einen Klettersteig. Ein dichtes Wandernetz ist im Norden oberhalb von Karlstein erschlossen mit der Bürgermeisterhöhe, der Reischelklamm, der Amalienruh. Und es gibt hier sogar eine Ruine, nämlich die Turmreste von Amerang.

Der Wegverlauf

Von **Kirchberg** am Südrand von Bad Reichenhall aus führt ein Sträßchen zum **Kibling**, der auch »Molkenbauer« heißt. Es ist zugleich ein Gasthaus. Davor ist ein *Parkplatz* angelegt, unser Ausgangspunkt. Ab hier führt der *Müllnerbergweg* gleich steil in den Hang. An Felsformationen vorbei wandern wir zwischen Bäumen bis zum Abzweig, der zur Bürgermeisterhöhe leitet. Wir gehen links weiter. Von unten herauf glänzen die im Sonnenlicht bräunlichen Wasser des Saalachsees.

Der Weg ist nicht beschildert, und es gibt zunächst auch keine Wegmarkierungen. Gelegentlich kommen wir vom Steilhang weg. Ein Forstweg zweigt ab. Wir wandern weiter hoch im dichten Niederwald bis zu einer *Diensthütte,* »Almhütte« genannt. Nun ist es nicht mehr so steil. Linker Hand wird der Blick frei auf das Lattengebirge. Dann zweigt ein weiterer Weg ab, wir kommen in eine Rechtskehre, die in einer Mulde wieder zurückschwenkt. Wir sind unter dem Müllnerhörndl, an das südwestlich das Pflasterbachhörndl anschließt. Jetzt wird es im Hochwald mit Buchen und Fichten wieder steiler, und wir überschreiten die Tausend-Meter-Grenze. Bei einem Marterl endet der Forstweg.

Ein *Geröllpfad* zieht steil in südwestlicher Richtung aufwärts zwischen die Felsen hinein. In einer felsumrahmten Senke verzweigt der Weg. Rechts, nordwärts, steigt der Pfad zum **Müllnerhörndl** auf. Den 1270 Meter hohen Gipfel können wir in einer Dreiviertelstunde erreichen. Ziemlich steil geht es über Serpentinen an Felstrümmern vorbei zum Gipfelgrat und zum Gipfelkreuz. Die Ausblicke sind etwas einseitig, aber trotzdem beeindruckend. Zurück geht es zum Ausgangspunkt, bzw. es gibt einen Abzweig, der den Weg etwas verkürzt, wenn wir auf der Umrundung weitergehen. Die Pfadspuren, denen wir folgen, zwingen uns, sehr sorgfältig auf die *Markierung roter Balken auf weißem Feld* zu achten. Wenn wir die Abkürzung ab dem Müllnerhörndl genommen haben, stoßen wir auf eine künstliche *Steinbarriere.* Wir sind noch im Hochwald, aber der Pfad ist durch das Geröll und die Wurzeln schwer zu gehen.

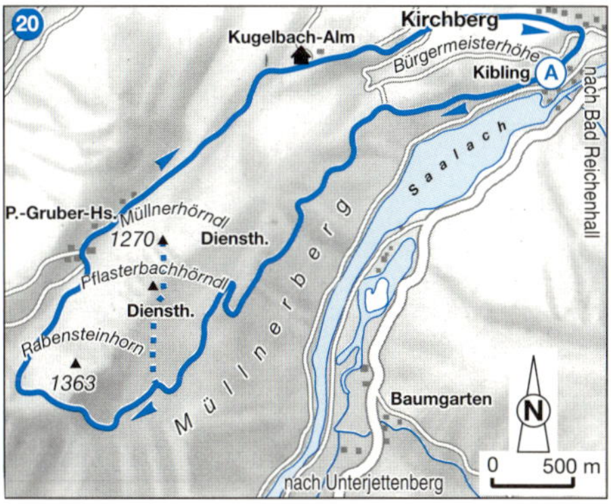

Jetzt beginnt der Abhang, mit Bäumen und Grasflächen durchsetzt. Bald tun sich großartige Ausblicke auf, vor allen Dingen nach Westen und Südwesten, also in das Gebiet, in dem die Saalach auf der einen Seite die mächtigen Gipfel der Reiter Alm begrenzt, auf der anderen Seite die Loferer Steinberge und die Ausläufer der Chiemgauer Berge. Ganz im Hintergrund das Kaisergebirge mit dem Wilden Kaiser.

Bei dem folgenden Wegstück ist äußerste Vorsicht geboten. Zwar ist der Pfad in dem Steilhang teilweise seilgesichert, aber Trittsicherheit und Schwindelfreiheit sind Voraussetzung für ein sicheres Gehen. Wenn sich dann nach einer guten halben Stunde der Pfad vom Hang wegwendet, sind die Schwierigkeiten noch nicht beendet. Was jetzt beim Abstieg bis zum Paul-Gruber-Haus kommt, ist fast immer naß, rutschig, geröllig, verwachsen und unübersichtlich. Endlich wird das Ende eines Waldweges mit einem Wendeplatz erreicht. Jetzt geht es bequemer am Hang weiter bis zum **Paul-Gruber-Haus** in einem Almgelände. Das Naturfreundehaus ist wochentags nicht bewirtschaftet. Hier zweigt ein Weg nach Schneizlreuth ab, also hinunter ins Saalachtal, und ein paar Schritte danach ein Weg über Gebersberg – Wegscheid (1 Std.) und Thumsee – Bad Reichenhall über den Klettersteig (2½ Std.).

Wir aber spazieren am Paul-Gruber-Haus vorbei in den Hochwald hinein, der von Felstrümmern übersät ist. Es geht steil hinunter zwischen dem Müllnergrat und dem Gebersberg zur bewirtschafteten **Kugelbachalm.** Sie liegt etwas abseits des Weges am Rande von Almwiesen. Ein paar Schritte weiter, etwas

Der Kibling über dem Saalachsee dient als Ausgangspunkt für die Müllnerhorn-Umrundung und beliebte Einkehr bei der Rückkehr nach dem langen Marsch.

unterhalb einer Bank, zweigt ein Weg rechts ab. Beschildert ist »Kreissenhöhe, Kirchberg, Schroffen«. Dieser schmale Steig, der gut instandgehalten ist, führt durch eine wunderschöne Felstrümmerlandschaft. Bei einem weiteren Abzweig links geht es nach Karlstein und Seemösl, also zum Thumsee. Wir wandern in einer Schlucht weiter. Ein weiterer Abzweig leitet links nach Kirchberg, rechts gehen wir in Richtung Schroffen zunächst über Stufen bergauf. Es ist ein hübscher, aussichtsreicher Hangpfad, mit Bänken versehen, treppauf, treppab, teilweise mit Geländer, bis wir endlich über Stufen das *Wirtshaus am Schroffen* erreichen. Dahinter gibt es eine Branntweinbrennerei. Zurück zum **Kibling** kommen wir über einen Teerweg, von dem eine Fahrstraße rechts abzweigt.

Nützliche Informationen

Ausgangsort: Bad Reichenhall, an den Bundesstraßen 20 und 21. Bahnlinie Salzburg – Berchtesgaden. Am Südende von Bad Reichenhall von der Lofererstraße rechts über die Luitpoldbrücke in die Thumseestraße, links in die Kiblinger Straße, von der im Waldhang die Schroffenstraße zum Kibling abzweigt.
Ausgangspunkt: Parkplatz am Kibling.
Höhendifferenzen: Insgesamt 770 m, ohne Müllnerhörndl 500 m. Kibling 500 m, Müllnerhörndl 1270 m.
Etappenlängen: Insgesamt 20 km; Kibling – Müllnerhörndl – Abzweig 8 km; Müllnerhörndl 1 km; um die Rabensteinwand 2 km; bis Kibling 10 km.
Gehzeiten: Insgesamt 5½ Std. ohne Müllnerhörndl, 6¾ Std. mit Müllnerhörndl; Kibling – Abzweig Müllnerhörndl 2½ Std.; Aufstieg Müllnerhörndl ¾ Std.; Abstieg ½ Std.; Abzweig Müllnerhörndl – Paul-Gruber-Haus 1 Std.; Paul-Gruber-Haus – Schroffen 1½ Std.; Schroffen – Kibling ½ Std.
Einkehr: Kibling, Kugelbachalm, Schroffen.
Sehens- und Wissenswertes: • Der Thumsee mit den Seerosenteichen, St. Pankraz und die Ruine Karlstein, die Weißbachklamm bei Schneizlreuth, der Gletschergarten bei Weiß-

bach, der Soleleitungsweg zwischen Bad Reichenhall und dem Weißbachtal.
Auskunft: Staatliche Kurverwaltung Bad Reichenhall, Kurgastzentrum, 83435 Bad Reichenhall, Tel. (0 86 51) 60 60, Fax (0 86 51) 6 06 73.
Kur- und Verkehrsverein Bad Reichenhall/ Bayerisch Gmain, Kurgastzentrum, 83435 Bad Reichenhall, Tel. (0 86 51) 30 03, Fax (0 86 51) 24 27.
Karten: Topographische Karte, Bayerisches Landesvermessungsamt, 1:25 000, Blätter 8242, 8243, 8342, 8343. Fritsch Wanderkarte, Blatt 164.

21 Auf dem Reichenhaller Hausberg

Vom Predigtstuhl zum Baumgarten

Tourencharakter: Weil der Höhenunterschied zwischen Bad Reichenhall und dem Predigtstuhl 1100 Meter beträgt, empfiehlt es sich, mit der Seilbahn hinaufzufahren und auf teilweise gut ausgebauten Wegen gemütlich bergab zu wandern. Bis zum Baumgarten benötigt man 3 Stunden Zeit. Aber man sollte die Gelegenheit nutzen, das Gipfelkreuz zu besuchen, die Aussichtsbalkone in diesem Bereich, auf dem Gipfelrundweg zu spazieren, den Alpinpfad zu begehen und den Hohenkurweg aufzusuchen. Das kostet insgesamt ½ Stunde mehr Zeit, ist aber lohnend.
Beste Jahreszeit: Frühsommer bis Spätherbst, auf den Gipfelwegen auch im Winter.
Reine Gehzeit/Weglänge: 3½ Std./8 km.
Markierung: Keine. Wegweiser vorhanden.
Höhendifferenz: Im Abstieg 1103 m.

Der **Predigtstuhl** ist nicht der höchste, aber der eindrucksvollste Gipfel im Lattengebirge und der Hausberg von Bad Reichenhall. Die Seilbahn auf den Gipfel ist eine echte Nostalgiebahn. Sie hat, seitdem sie 1928 gebaut wurde, mit ihren 25-Personen-Kabinen weit über 6 Millionen Besucher auf den Berg und zu Tal gebracht. Mit einer Geschwindigkeit von 18 km/Std. wird eine Strecke von 2,4 Kilometern und ein Höhenanstieg von 1100 Metern in achteinhalb Minuten bewältigt. Die Bahn kann alle 10 Minuten fahren, um die Besucher von 470 Meter Höhe in Bad Reichenhall/Kirchberg zur 1583 Meter hohen Bergstation zu transportieren. Die Auffahrt ist dramatisch, denn der Predigtstuhl zeigt sich an seiner Nordseite als wilde Felsgestalt.

Oben lädt das *Höhenrestaurant* mit einer überglasten Sonnenterrasse zur Einkehr. Eine Viertelstunde von der Bergstation entfernt, in der Schlegelmulde, steht die *Obere Schlegelalm,* der »Schlegelkaser«, in dem man rustikal Brotzeit machen kann. Vom Predigtstuhlgipfel und seinen Aussichtsbalkonen aber hat man großartige Ausblicke auf den Bad Reichenhaller Kessel, auf die Festspielstadt Salzburg, auf das Dachsteingebirge, Watzmann und Wilden Kaiser, auf die Zillertaler und Kitzbüheler Alpen.

Natürlich ist der Predigtstuhl auch ein Skiberg, vor allem der benachbarte *Schlegel* (1688 m), der mit einem Sessellift bestückt ist. Auch von der *Schlegelalm* (1300 m) gibt es einen Sessellift zur Bergstation und einen Ziehlift zum Gipfel. Der Höhenkurweg ist im Winter geräumt, so daß man selbst bei Schnee hier wandern kann.

Der Predigtstuhl ist nicht zuletzt ein guter Ausgangspunkt für eine Reihe interessanter Wanderungen aller Schwierigkeitsgrade. In einer knappen Stunde ist der *Hochschlegel* erreicht. Von hier kann man zum *Karkopf* oder zum *Dreisesselberg* weitergehen, wenn man eine weitere Stunde dazu rechnet.

Eine ausgesprochen klassische Tour ist die *Lattengebirgsüberschreitung,* die von der Predigtstuhl-Bergstation über die Schlegeljagdhütte zur Moosenalm und hinunter zur Schwarzbachwacht oder von der Moosenalm über die Lattenbergalm zur Schwarzbachwacht geht.

Ebenso eindrucksvoll und, was die Kondition betrifft, auch etwas anspruchsvoll, ist die Route Predigtstuhl – Hochschlegel – Karkopf – Dreisesselberg – Steinerne Agnes – Rotofen – Hallthurm bzw. über die Rotofenalm an

Bequeme Wege überziehen den Predigtstuhlgipfel. Sie leiten zur Oberen Schlegelalm, wo es zünftige Brotzeit gibt.

der Steinernen Agnes vorbei hinunter zum Bichllehen in Winkl. Für Trittsichere bietet sich der *Waxriessteig* an, der über die untere Schlegelalm und das Gatterl nach Kirchberg führt.

Ein ebenso anspruchsvoller Steig leitet über das Spechtenköpfl und die Gedächtniskapelle zur Talstation des ehemaligen Stadtberglifts oder über den Alpgarten nach Bayerisch Gmain. In südlicher Richtung kann man auch zur *Dalsenalm* spazieren oder von der Rötelbachalm zur *Anthauptenalm* mit einem Abstecher zur 1287 Meter hohen *Vogelspitze,* einem Aussichtsberg über dem Saalachtal.

Ein hübscher und bequemer Weg aber führt über die Untere Schlegelalm, die Rötelbachalm zum *Baumgarten,* mit Einblicken in das geologische Gefüge des Lattengebirges.

Der Wegverlauf

Von der **Bergstation** der Predigtstuhl-Bergbahn wendet man sich zunächst nach links hoch zur *Aussichtskanzel* und durch Latschen zum 1613 Meter hohen **Gipfel.** Das sind breite, gut ausgekieste und gepflegte Spazierwege mit mäßigen Steigungen und Gefällen, die hier an der Aussichtskanzel und am Gipfelkreuz vorbeilaufen und sämtlich zur *Almhütte in der Schlegelmulde* führen, mit Ausblicken ins Tal der Bischofswieser Ache. Hier beginnt auch der Sessellift auf den *Hochschlegel.* Wenn man die Rundwege oben abgewandert hat, geht es vom Schlegelkaser noch vor dem Sessellift rechts über Almland auf einen Geröllsteig und zwischen Latschen bergab. Serpentinen leiten zur *Schlegel-Diensthütte* in 1420 Meter Höhe. Hier zweigt ein Pfad nach rechts zum Waxriessteig ab.

Wir aber wandern westwärts hinunter zur **Unteren Schlegelalm**. An der Hütte vorbei geht es über die Almwiesen zum Waldrand, südwestwärts also, und in den Wald hinauf auf einem Geröllweg zu einer querverlaufenden Forststraße. Hier unter der Gelben Wand schwenken wir nach links, folgen der Forststraße, bis rechts der alte *Rötelbachweg* abzweigt. Es ist ein schöner Steig im Hochwald. Er wird als »Alpenvereinsweg Nr. 475« bezeichnet.

Bei einer Kreuzung geht es links in den Steilhang unter Felsformationen und hoch über der Schlucht – Vorsicht, der Weg ist etwas geröllig. Er stößt oberhalb der Rötelbachalm wieder auf die Forststraße. Hier wenden wir uns nach rechts, kommen zur **Forsthütte Rötelbach** in 980 Meter Höhe. Bänke laden zur Rast, und auch Wasser gibt es und danach einen Wanderunterstand. Eine *Dreieckkreuzung* wird erreicht: nach links kann man zur Dasen-, Moosen- und Anthauptenalm wandern.

Wir gehen rechts in Richtung Baumgarten, vorbei an einer Sitzgruppe am Eck und an einem Häuschen mit einem Wasserrad, vorbei auch an der ehemaligen *Triftklause*, die von 1796 bis 1803 in Betrieb war. Danach hat man einen Weg gebaut und das Holz im Winter mit Schlitten hinuntertransportiert. 1940 ist eine 2500 Meter lange Materialseilbahn entstanden. Ab 1966 konnte das Holz mit Lastkraftwagen über die in den Fels gehauene Straße, die ab der Rötelbachalm zum Baumgarten verläuft, transportiert werden. Die Forststraße säumen Bänke, Marterln, Tafeln mit Erläuterungen zu Geologie und Tierwelt. In 800 Meter Höhe fließt der Todbach unter der Straße hindurch und in den Rötenbach. Endlich erreichen wir die **Baumgartenhütte** (630 m), kommen durch eine Schranke und sind nach wenigen Schritten beim renommierten Gasthof *»Baumgarten«* an der Bundesstraße 21, im Tal der Saalach.

Nützliche Informationen

Ausgangspunkt: Bergstation Predigtstuhl. Zufahrt mit der Seilbahn von Bad Reichenhall/Bad Kirchberg (beschildert); Rückfahrt mit dem Bus ab Baumgarten nach Kirchberg.
Höhendifferenzen: Im Abstieg insgesamt 1103 m. Kirchberg 470 m, Bergstation 1380 m, Predigtstuhlgipfel 1613 m, Schlegel-Diensthütte 1420 m, Rötelbachalm 980 m, Baumgarten 510 m.
Etappenlängen: Insgesamt 8 km; Predigtstuhl – Schlegelalm 1,5 km; Schlegelalm – Rötelbachalm 3,5 km; Rötelbachalm – Baumgarten 3 km.
Gehzeiten: Insgesamt 3½ Std.; Rundwege am Predigtstuhlgipfel ½ Std.; Abstieg Obere Schlegelalm ½ Std.; Abstieg Untere Schlegelalm ½ Std.; Rötelbachalm 1 Std.; Baumgarten 1 Std.

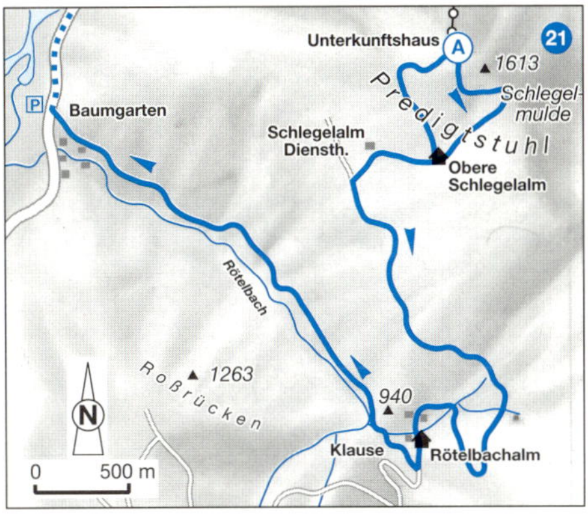

Einkehr: Restaurant an der Bergstation und Obere Schlegelalm. Im Lattengebirge gibt es neben diesen beiden Einkehrmöglichkeiten von Mitte Juni bis Mitte September noch die Anthauptenalm, die Dasenalm, die Moosenalm und die Lattenbergalm. Die bewirtschafteten Almen bieten vor allen Dingen Erfrischungsgetränke, Milch und Brotzeit. Im Tal wartet das renommierte Gasthaus »Baumgarten«.
Sehens- und Wissenswertes: • Der Hausberg Bad Reichenhalls, der Predigtstuhl, ist vor allem auch Ausflugsziel für Spaziergänger, die die Aussicht genießen wollen und keine größeren Strapazen auf sich nehmen möchten. Beides wird im Sommer wie im Winter geboten.
Weitere Tourenvorschläge: Vom Predigtstuhl aus: *Auf den Hochschlegel:* 1 Std.; *Auf den Dreisesselberg:* 2 Std.; *Lattengebirgsüberschreitung:* 6½ Std.; *Über die Steinerne Agnes nach Hallthurm:* 5 Std.; *Über den Waxriessteig nach Kirchberg:* 4½ Std.
Auskunft: Staatliche Kurverwaltung Bad Reichenhall, Kurgastzentrum, 83435 Bad Reichenhall, Tel. (0 86 51) 60 60, Fax (0 86 51) 6 06 73.
Kur- und Verkehrsverein Bad Reichenhall/Bayerisch Gmain, Kurgastzentrum, 83435 Bad Reichenhall, Tel. (0 86 51) 30 03, Fax (0 86 51) 24 27.
Predigtstuhlbahn GmbH, Südtiroler Platz 1, 83435 Bad Reichenhall, Tel. (0 86 51) 21 27, Fax (0 86 51) 43 84.
Karten: Topographische Karte, Bayerisches Landesvermessungsamt, 1:25 000, Blätter 8243 und 8343.

22 Zwischen Hallthurm und Winkl

Auf dem Maximilians-Reitweg und dem Panoramaweg

Tourencharakter: Diese 12 Kilometer lange Route sollte man nicht unterschätzen. Wer den Weg auf der Karte verfolgt, meint, es sei nur ein Spaziergang dicht über dem Tal ohne besondere Probleme. Die Route verläuft auch auf guten Wegen. Aber es gibt pausenlos Anstiege, und die Sonne heizt das enge, in Nord-Süd-Richtung verlaufende Tal auf. Die Hitze vermischt sich mit der Feuchte des Talgrundes und der Verdunstungsnässe der Bäume zu einem schwülheißen Kleinklima. Und wer die Runde in der angesetzten Zeit von 3 Stunden gehen will, muß schon tüchtig ausschreiten.
Beste Jahreszeit: Je nach Witterungsverhältnissen das ganze Jahr über.
Reine Gehzeit/Weglänge: 3 Std./12 km.
Markierung: »MR« und »P«, entsprechend »Maximilians-Reitweg« bei Berchtesgaden und »Panoramaweg« von Winkl nach Hallthurm.
Höhendifferenz: Im Auf- und Abstieg ca. 100 m.

Wer hier bei Hallthurm wandert, sieht im Lattengebirge den **Dreisesselberg** aufragen, wo vor langer Zeit eine wundersame Geschichte passiert ist.

Auf der Alm lebte eine junge Sennerin, die sauber, fromm und brav war. Jeden Morgen lief sie durch das taufrische Gras zu einer Ekke, wo ein Kreuz stand, und betete hier. Danach machte sie sich singend und fröhlich an die Arbeit, bis es Nacht wurde. Dieser rechtschaffene Wandel mochte dem Teufel gar nicht gefallen, und er probierte allerhand, um an die Sennerin heranzukommen. Einmal verkleidete er sich als Hütebub, der sich bei der Schafsuche verlaufen hätte, ein andermal als Wurzelgräber, der geigen konnte und in der Winterszeit bei Hochzeiten aufspielte, aber das Dirndl merkte bald, daß nichts Gutes dahintersteckte. Und so rief sie jedesmal, wenn er kam, eine andere Sennerin herbei, damit sie nicht allein war.

Da ist der Teufel noch wilder geworden und hat sich etwas ausgedacht, damit er sie auf einen einsamen Platz locken könne. Er hat eine weiße Kuh weggetrieben bis auf eine Alm, die man Almgarten nannte und die dem heiligen Zeno gehörte. Die Magd hat nach der Kuh gesucht und sie endlich dort gefunden. Und sie hat sich gewundert, wie die Kuh dorthin gekommen ist. In dem Moment steht der Teufel in einem grünen Jagdgewand vor ihr und droht, wenn sie nicht mit ihm gehe, zerreiße er sie auf der Stelle. Da hat die Magd aufgeschrien und ist davongelaufen. Der

Um die »Steinerne Agnes« rankt sich die Sage von der standhaften Magd, die auf der Flucht vor dem Teufel in Stein verwandelt wurde. Fernblick zum Massiv des Hohen Göll.

Der Hallthurm ist eine der ältesten Paßbefestigungen der Fürstpropstei Berchtesgaden gegen Bayern und Salzburg. Als die Reichenhaller 1193 in Berchtesgaden einfielen und die Sudpfannen zerstörten, errichtete man diesen Buckelquaderturm als Teil der Grenzfeste.

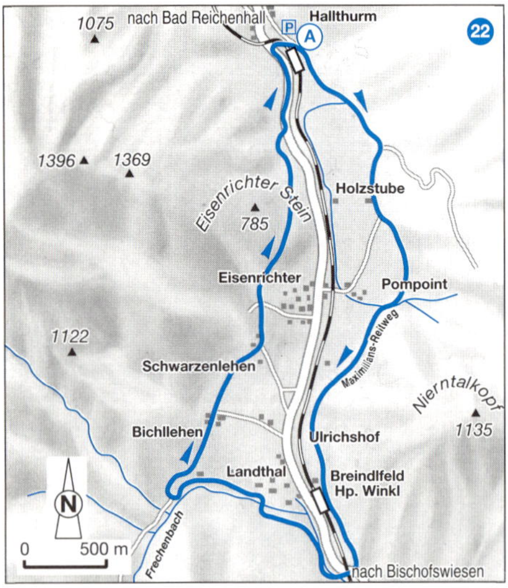

Teufel ihr nach. Er hat sie auf die Wände der Rotofenfelsen zugetrieben, wo sie nicht mehr weiterkonnte. Hier hat sie laut geschrien: »Oh heilige Mutter Gottes, hilf«. Da spaltete sich die Wand auseinander, und die Sennerin konnte auf die andere Seite fliehen. Der Teufel lief ihr trotzdem nach. Nun betete die Magd zum Herrgott, und so sind zwei weiße Engel gekommen und haben sie in den Himmel getragen. Als der Teufel auf den Platz kam, stand statt der Magd eine steinerne Sennerin dort. Sie steht heute noch da und heißt die »Steinerne Agnes«, weil die Magd so geheißen hat.

Der **Hallthurm** ist eine der ältesten Paßbefestigungen der Fürstpropstei Berchtesgaden gegen Bayern und Salzburg. Am Dreisesselberg darüber trafen die Grenzen der drei Staaten aufeinander. Als die Reichenhaller 1193 nach Berchtesgaden einfielen und die Sudpfannen zerstörten, baute man die Grenzbefestigung. Über diesen Engpaß rollten die Salzwagen nach Bayern und kehrten mit anderen Gütern beladen wieder heim. Im napoleonischen Krieg des Jahres 1805 verteidigten die Berchtesgadener mit den gegen die Franzosen rebellierenden Tirolern den Hallthurm gegen die Bayern. Heute noch sind Reste der einstigen Paßbefestigung zu sehen: der Buckelquaderturm aus dem 12. Jahrhundert und auch Teile der einstigen Mauer aus der gleichen Zeit, die man später erneuert hat.

Der Wegverlauf

Wo sich, von Bad Reichenhall kommend, nach dem Bergwald die Talsenke bei Hallthurm öffnet, bevor die Bundesstraße 20 die Bahngleise überquert, ist am östlichen Berghang in einem ehemaligen Steinbruch ein **Parkplatz** angelegt. Von hier wandern wir auf dem Hangweg nach Süden, vorbei an der Brotzeitstube *»Reiterhof«* dicht oberhalb der Bahngleise. Dann umgibt uns Wald. Er wächst inmitten einer Trümmerlandschaft, die aus riesigen, vom Untersberg abgestürzten Felsbrocken besteht. Nach einer Häusergruppe im Tal endet der Waldweg. Wir steigen auf dem Pfad weiter den Hang hoch. Wir sind auf dem **Maximilians-Reitweg**, einer Route, die nach dem bayerischen König Maximilian II. benannt ist, der vor mehr als 150 Jahren mit Gefolge vom Bodensee nach Berchtesgaden reiste. Drunten sehen wir die Häuser der *Holzstube* und jenseits auf der Höhe bereits die Steinerne Agnes. In Höhe von **Pompoint** geht es bei einer Feldscheune durch ein Gatter und zwischen Büschen und Bäumen am Almenrand am Bach weiter. Ein Steg führt uns auf die andere Bachseite. Danach zweigt rechts ein Übergang zum *Selboden* ab.

Geradeaus weiter kommen wir erneut über einen Steg. Wieder geht es aufwärts und schließlich hinunter zu einer *Dreieckskreuzung*. Links führt der Maximilians-Reitweg weiter nach Berchtesgaden. Wir gehen rechts ab ins Tal, über Schienen und die Brücke über den Frechenbach. Danach rechts am Bach entlang. Nach dem **Gästehaus Huber** schwenken wir links in den für den öffentlichen Verkehr gesperrten Weg. Er ist mit **P** markiert und bedeutet **»Panoramaweg«**.

Bei der Zufahrt zu einem Gehöft geht es rechts über eine Bachbrücke und links auf einem Teerweg weiter, vorbei an einem großen Schuttplatz. Der *Klausenhäuslweg* führt uns im Linksbogen durch eine Lichtung zur **Biehlmühle**. Hier gehen wir rechts in den Wald hoch, kommen steil in den Hang. Schön ist die Aussicht ins Tal, an dessen Rand wir steil wieder hinunterkommen. Eine Bachbrücke wird überquert, der Hangpfad führt weiter durch Farnfelder mit Blütenstauden und Buschwerk. Vorab sieht man auf die

Der Reiterhof bei Hallthurm liegt direkt am Maximiliansweg. Das ist eine historische Route, die an König Max II. von Bayern erinnert.

Felstürme des Lattengebirges. Darunter bei den Rotofentürmen die Steinerne Agnes.

Beim Gehöft **Eisenrichter** gehen wir um ein Privatgrundstück herum durch den Koppeldurchlaß in den Wald hoch. Rechts erhebt sich eine Anhöhe, die *»Eisenrichterstein«* heißt. Wir steigen nun stetig abwärts auf Hallthurm zu. Links zweigt ein Pfad zum Rotofensattel, zum Dreisesselberg, zum Karkopf, zum Hochschlegel und zum Predigtstuhl ab. Wir bleiben aber auf dem *Panoramaweg* und kommen entweder zur Fahrstraße hinunter, der wir zurück nach **Hallthurm** folgen, oder müssen noch einmal nach links abzweigen, um in der Nähe der Bahngleise erst auf die Fahrstraße zu stoßen.

Nützliche Informationen

Ausgangsort: Hallthurm wird von Bad Reichenhall über Bayerisch Gmain auf der Bundesstraße 20 erreicht. Es gibt auch eine Bahnverbindung mit Haltepunkt Hallthurm.
Ausgangspunkt: Bundesstraße 20, nördlicher Rand von Hallthurm am Wanderparkplatz, in einem ehemaligen Steinbruch am östlichen Hang.
Höhendifferenzen: Der niedrigste und der höchste Punkt sind etwa 100 Meter auseinander. Da der Weg ständig auf- und absteigt, kommen weitere An- und Abstiege mit jeweils 20, 30 und 50 Metern dazu.
Etappenlängen: Insgesamt 12 km; Hallthurm – Berchtesgadener Straße bei Winkl 6 km; Weg am Frechenbach 1 km; Frechenbach – Hallthurm 5 km.
Gehzeiten: Insgesamt 3 Std.; Hallthurm – Berchtesgadener Straße bei Winkl 1½ Std.; Weg am Frechenbach ½ Std.; Frechenbach – Hallthurm 1 Std.
Einkehr: Brotzeitstübl »Reiterhof«.
Sehens- und Wissenswertes: • Die Wallfahrtskirche Maria Gern über Berchtesgaden, auf dem Maximilians-Reitweg über Vordergern zu erreichen. • Das Wander- und Skigebiet Schwarzeck über Ramsau. • Das Wanderzentrum in Bayerisch Gmain.
Auskunft: Gemeindeverwaltung Bischofswiesen, 83483 Bischofswiesen, Tel. (0 86 52) 8 80 90, Fax (0 86 52) 86 33.
Karten: Topographische Karte, Bayerisches Landesvermessungsamt, 1:25000, Blätter 8243 und 8343. Fritsch Wanderkarte, Blatt 161.

Rund um Berchtesgaden

23 Der höchste Punkt des Untersberges

Auf den Berchtesgadener Hochthron über den Stöhrweg

Tourencharakter: Die Besteigung des Berchtesgadener Hochthrons ist eine ausgesprochene Bergtour, die zwar auf gut ausgebauten Steigen, aber unter alpinen Verhältnissen verläuft. Das betrifft die Ausrüstung, aber auch Kondition und Trittsicherheit.
Beste Jahreszeit: Frühsommer bis Spätherbst.
Reine Gehzeit: 6½ Std.
Markierung: Gut. Wegweiser vorhanden. Alpenvereinsweg Nr. 466.
Höhendifferenz: Im Aufstieg ca. 1200 m.

Der **Untersberg** gehört zu den nördlichen Kalkalpen. In diesem Fall setzt sich das Kalkgebirge aus mehreren Schichten zusammen. Obenauf liegt der Dachsteinkalk, darunter der Dachsteindolomit. Dann folgt die sogenannte Raiblerschicht. Das ist eine tonigmerglige und ziemlich wasserundurchlässige Gesteinsschicht, die oft als Quellhorizont wirkt. Das heißt, sie fängt das Sickerwasser auf und läßt es an bestimmten Stellen als Quellen ausströmen. Unter der Raiblerschicht liegt der Ramsaudolomit, und an der Nordseite des Untersberges wird Marmor abgebaut. Kalk ist als Ablagerungsgestein im Meer entstanden. Ursprünglich waren wohl die Schichten mehr oder weniger waagerecht. Im Laufe der Erdgeschichte wurden sie gehoben, gesenkt und verschoben. Der Untersberg ist durch diese erdgeschichtlichen Bewegungen einseitig verfrachtet worden.

Über Hintergern ragt die Südwand des Untersberges mit dem Berchtesgadener Hochthron und dem Rauhen Kopf gewaltig auf.

Vom Stöhrhaus der Alpenvereinssektion Berchtesgaden sind es nur noch wenige Meter bis zum Gipfel des Berchtesgadener Hochthrons.

Die Schichtung fällt also um 60 Grad ab. Wenn man an der Schellenberger Eishöhle steht und zum Hochthron schaut, kann man diese Schichten erkennen. Bei den Erdbewegungen entstanden auch Brüche und Klüfte, sogenannte Verwerfungen, die bei der Entstehung von Höhlen eine große Rolle spielen. Darum ist der Untersberg durchsetzt von Höhlen.

Um diese Höhlen woben sich manche Geheimnisse. Sagen und Legenden entstanden, nicht zuletzt die von Kaiser Friedrich Barbarossa (Kaiser Rotbart), der im Untersberg schlafen soll und von den Untersberger Mandln bewacht wird.

»Die Marmorgewölbe des Untersberges umschließen Kaiser Friedrich, sein Hoflager und seine Heerscharen. In langen Zügen wallen die vertriebenen Mönche durch Erdklüfte unter Seen und Flüssen zu den benachbarten Kirchen und feiern in St. Bartholomä, in Grödig, im Münster Berchtesgaden und im hohen Dom der Stadt zur Mitternachtsstunde unter Glockenklang und Orgelton den Gottesdienst. Kriegerische Musik und Waffengeklirr schallen besonders bei nahendem Krieg aus des Berges Höhlen. Wilde Ritter und Knappen durchstürmen, dem Landvolk zum Schrecken und sich zur Pein auf feurigen Rossen, in glänzenden Panzern mit sprühenden Waffen die benachbarten Gefilde. Sie eilen mit scheidender Nacht wieder in den Berg zurück, dessen eherne Pforte zwischen den eingestürzten Felsklüften beim Hallthurm hinter den Trümmern der Burg dem Wanderer nur selten und augenblicklich sichtbar wird. Hier harren sie unter Gebet und guten Werken ihrer Erlösung und jenes furchtbaren Tages, da Unglauben und Gewalt den höchsten Grad erreichen und die Völker sich im Wirbelwind aneinander drängen werden, um auf der weiten Ebene von Wals die Völkerschlacht zu schlagen, in der Kaiser Friedrich mit seinen Heeren der guten Sache den Sieg erringt.«

Der Wegverlauf

Vom Parkplatz geht es vorbei an der Wallfahrtskirche **Maria Gern**, die an einem Sträßchen, das von Berchtesgaden bzw. von Bischofswiesen aus erreichbar ist, liegt. Am Ortsende von **Hintergern** gabelt sich der Weg. Der *Untersbergweg* führt links in Richtung Almbachklamm, Ettenberg, Untersberg, Almwirtschaft Dürrlehen. Am Dürrlehen gibt es einen weiteren großen **Parkplatz**, und hier sind Wegweiser in Richtung *Gerner Höhenweg – Untersberg* angebracht. Wir wandern etwa 200 Meter auf einer breiten Kiesstraße nach Westen. Sie setzt sich in südwestlicher Richtung in einer Teerstraße fort. Wir sind jetzt auf dem *Stöhrweg* (Wegweiser) und haben schon den Blick frei auf die gesamte Route. Man erkennt den Anstieg in den Sattel zwischen Rauher Kopf und Untersberg, den Hangweg zum Scheibenkaser, der auf einem großen Grasfleck liegt, und die gesamten Südwände des Untersberges.

Bei den letzten Häusern verlassen wir den befestigten Weg nach links. Ein Wegweiser leitet uns, und nach 50 Metern geht es rechts ab. Der schön ausgebaute Weg führt zuerst durch eine Allee, dann am Waldrand entlang und im Wald, also im Schatten, den man genießen muß, denn sobald wir die halbe Höhe erreicht haben, sind wir voll der Sonnenbestrahlung ausgesetzt. Wir steigen ja die Südwände des Untersberges hoch. Ein Holztrog und eine Leitung bieten Wasser. Von hier aus hat man bereits einen Blick nach Österreich, zum Hohen Göll und zum Obersalzberg. Kurz danach kommt von links, also von Bischofswiesen her, ein *Weg* dazu. Wir wandern auf diesem vereinigten Weg nach rechts weiter, immer noch im Wald.

Auf einem kleinen Plateau angelangt, können wir bereits jetzt das Stöhrhaus auf einem Sattel sehen. Der Weg verläuft am Hang des **Rauhen Kopfes** entlang. Man hat einen wunderbaren Blick in die Südwand, ins Salzburger Land und natürlich auf den Scheibenkaser, aber auch hinunter zur Almbachklamm, die wir auf dem Rückweg ein Stück durchschreiten werden. Der Hangweg führt nun etwas bergab bis unterhalb des Satteleinschnitts *Rauher Kopf – Untersberg* und bietet hervorragende Rastmöglichkeiten auf Holzbänken, allerdings ohne Wasser, dafür mit um so schönerer Aussicht ins Salzburgische. Beim Lastenlift vom Stöhrhaus wird der Weg zum Steig, der sich in Serpentinen auf den Sattel hinaufwindet, also gut 100 Höhenmeter ansteigt. Dann geht es durch Geröll zum Stöhrhaus.

Das **Stöhrhaus** ist eine bewirtschaftete Alpenvereinshütte mit Übernachtungsmöglichkeiten in der Saison. Hier läuft auch der Fernwanderweg Nr. 10 vorbei. Auf dem Untersbergplateau gibt es sogar im Hochsommer noch Schneereste. Vom Stöhrhaus sind es nur noch 74 Höhenmeter bis auf den **Hochthrongipfel** mit den zwei Kreuzen. Am oberen ist ein Gipfelbuch untergebracht, in das man sich eintragen kann.

Beim Abstieg vom Berchtesgadener Hochthron – man kann übrigens die Tour über das Rauheck zum Salzburger Hochthron verlängern – folgt man zunächst dem gleichen Weg über das Stöhrhaus und bis zum Abzweig **Scheibenkaser**. Dieser Weg zum Scheibenkaser ist ein schmaler Pfad, der sich zum Teil durch Schotterrinnen zieht und auf- und abschwingt, aber in der Latschenregion bleibt. Er quert unter den Südwänden des Untersberges und bietet am Ende einen wunderbaren Ausblick in den Berchtesgadener Talkessel mit den drei großen umrahmenden Gebirgsstöcken. In der Untersberg-Südwand gibt es einige Kletterrouten. Bei schönem Wetter kann man Kletterer beobachten. Man kommt am *Mittagsloch* vorbei, wo genau am Mittag die Sonne hineinscheint. Das ist der tiefste Einschnitt in der Felswand direkt unterhalb des Stöhrhauses. Danach führt der Pfad auf einen Wiesenhang hinaus. Das ist der **Scheibenkaser**, eine Alm, die allerdings nicht bewirtschaftet ist. Es gibt aber Wasser und Sitzgelegenheit in 1500 Meter Höhe.

Der Weiterweg vom Scheibenkaser zieht

über die Almwiese hinunter und taucht in den Wald ein. Es ist der *Alpenvereinsweg Nr. 466*. Der Weg fällt steil ab unter tausend Meter Höhe und erreicht die Bachschlucht des *Ludlgrabens*. Wir folgen dem Wasserlauf zum *Neuhäusl* und zu einem Hochsträßchen bei der **Sägmühl**. Hier gehen wir rechts südwärts der Straße nach und sind bereits in **Ettenberg**. Man sieht noch einmal auf die Südwand des Untersberges. Auf der anderen Seite hat man einen Ausblick auf den Watzmann und davor auf die wie eine Insel dastehende Kneifelspitze.

Wir sind also kurz vor dem Wanderparkplatz Ettenberg rechts Richtung Wallfahrtskirche weggeschwenkt, an den Häusern von Winkl vorbeigekommen und folgen nun einem Wiesenweg in Richtung **Klamm**. Wer in Ettenberg einkehren will, muß allerdings von dem Verbindungsweg, den wir zuvor verlassen haben, einen Kilometer nach Osten wandern. Bei der Wallfahrtskirche gibt es ein Wirtshaus. Der Abzweig lohnt sich jedoch nicht.

Nach 500 Meter Weiterweg sehen wir bereits in die Schlucht hinein, hören das Wasser rauschen und kommen zu einer Abzweigung. Nach links geht es zur Almbachklamm, nach rechts nach Maria Gern. Der Weg ist gut instand gehalten. An schmaleren Stellen hat man sogar Drahtseile angebracht.

200 Meter nach dem Abzweig erreichen wir eine Bachschlucht unter einer überhängenden Felswand. Bei einem Holzsteg geht es dann bergauf. Auch hier gibt es Drahtseilsicherungen. Dann kommen wir zur **Almbachklamm.** Nachdem wir eine Staumauer überquert haben, folgen wir einem Geländerweg. Großartig sind die Einblicke in die Wassergumpen des Baches, der etwa 30 Meter unter uns vorbeirauscht. Nach 50 Metern erreichen wir einen Abzweig. Hier geht es zur Kugelmühle hinunter. Wir halten uns aber rechts und treffen auf ein Schild »*Gasthof Dürrlehen – rechts 400 m*«. Damit hat man vermutlich die Luftlinie gemeint, denn der Weg zieht sich doch erheblich, und wir brauchen dazu fast eine Viertelstunde. In **Dürrlehen** schließt sich die Runde.

Nützliche Informationen

Ausgangsort: Hintergern, von Berchtesgaden oder Bischofswiesen über ein Fahrsträßchen vorbei an der Wallfahrtskirche Maria Gern zu erreichen.

Ausgangspunkt: Wirtshaus »Dürrlehen« südlich von Ettenberg.

Höhendifferenzen: Insgesamt 1200 m. Dürrlehen liegt 800 m hoch, das Stöhrhaus 1850 m, der Berchtesgadener Hochthron 1972 m, der Sattel unterhalb 1600 m, der Scheibenkaser 1500 m, Ettenberg 800 m, die Almbachklamm 750 m.

Gehzeiten: Insgesamt 6½ Std.; Dürrlehen bis zum Sattel unter dem Stöhrhaus 2 Std.; zum Stöhrhaus 1 Std.; zum Gipfel 20 Min.; Abstieg zum Sattel ½ Std.; zum Scheibenkaser 1 Std.; nach Ettenberg 1 Std.; nach Dürrlehen zurück eine weitere Std.

Einkehr: Stöhrhaus und Gasthof »Dürrlehen«.

Sehens- und Wissenswertes: • Wallfahrtskirche Maria Gern, 1709 erbaut. • Almbachklamm mit der Kugelmühle am Klammeingang. • Das Salzbergwerk von Berchtesgaden. • Die Kneiflspitze über Maria Gern als umfassender Aussichtspunkt. • Die Schellenberger Eishöhle, auch über Rauheck und den Salzburger Hochthron zu erreichen.

Auskunft: Kurdirektion des Berchtesgadener Landes, Königsseer Straße 2, Postfach 22 40, 83463 Berchtesgaden, Tel. (0 86 52) 96 70, Fax (0 86 52) 6 33 00.

Karten: Topographische Karte, Bayerisches Landesvermessungsamt, 1:25000, Blätter 8343, 8244/8344 und Fritsch Wanderkarte, Blätter 161 und 162.

24 Kugelmühlen, rauschende Wasser und eine Wallfahrt

Durch die Almbachklamm auf den Ettenberg

Tourencharakter: Der Steig durch die Klamm ist bis zur Theresienklause gut ausgebaut und in der Saison auch dicht bevölkert. Die knapp 200 Höhenmeter Aufstieg nach Ettenberg gehen zunächst durch dichten Wald auf feuchten Steigen. Hinunter zur Kugelmühle sind es gar 300 Höhenmeter, die beim Passieren der Felsbarriere etwas Trittsicherheit und Vorsicht verlangen. Die Strecke durch die Almbachklamm stellt nicht zuletzt wegen der verschiedenen Einkehrmöglichkeiten unterwegs keine allzu großen Anforderungen.
Beste Jahreszeit: Die Almbachklamm ist von Anfang Mai bis Ende Oktober geöffnet.
Reine Gehzeit/Weglänge: 3 Std./8 km.
Markierung: Keine. Wegweiser vorhanden.
Höhendifferenz: Im Aufstieg 337 m, im Abstieg 300 m.

Das Wirtshaus »Kugelmühle« an der Berchtesgadener Straße, zwischen Berchtesgaden und Schellenberg, bietet eine besondere Attraktion, die **Kugelmühlen**. Hier hat man einst aus dem Untersberger Marmor Schusser gefertigt. Dazu legte man viereckige Marmorbrocken in die künstlichen Wasserstrudel der Kugelmühlen, wo sie rundgeschliffen wurden. Rund 10000 solcher Schusser gingen auf einen Zentner. Die Kugeln waren als Kinderspielzeug beliebt, in den alten Segelschiffen bildeten sie einen platzsparenden Ballast zum Trimmen. Höhepunkt des Gewerbes war das 18. Jahrhundert. Es gab damals eine rege Ausfuhr von jährlich 600 bis 1000 Zentner Schusser über Rotterdam und London bis nach Ost- und Westindien. Allein am Almbach gab es 40 Kugelmühlen, in der weiteren Umgebung fast 100. Die letzte noch arbeitende Kugelmühle an der Almbachklamm, Deutschlands letzte überhaupt, stammt aus dem Jahre 1683. Es gibt drei Arten von Kugelmühlen: grobe und feine Reißmühlen sowie die Ausmahl- und Feinmühle. In der groben Reißmühle werden die Marmorwürfel in Kugelform gebracht, was zwei bis drei Stunden dauert, weitere sechs Stunden müssen sie in die feine Reißmühle. Nach zwölf- bis vierzehnstündiger Arbeit liefert die Ausmahl- oder Feinmühle die glatten Marmorkugeln, die erbsen- bis faustgroß sein können. Die Größe wird vom Durchmesser der Rillenkreise des Mühlsteins bestimmt. Eine Reißmühle mit fünf bis sechs Kreisen faßt 60 bis 70 Würfel. Eine Feinmühle mit zwölf Rinnen kann rund 120 bis 140 Kugeln zum Abschliff aufnehmen.

Der **Almbach**, der das Wasser dazu liefert und durch eine wildromantische Schlucht fließt, ist heute Touristenattraktion. Ursprünglich hatte er bei der Holztrift eine wichtige Funktion zu erfüllen. Davon zeugt

noch die **Theresienklause** am Ende der allgemein öffentlich zugänglichen Klamm. Es ist ein mächtiger Steinquaderbau, der in den Jahren 1834 bis 1836 von der königlichen Salinenverwaltung für die Trift gebaut wurde. Die Staumauer ist 14 Meter hoch, 6 Meter breit und 17 Meter lang. Die Klause hat den Namen von der Königin Therese, der Gemahlin König Ludwigs I. von Bayern.

Als *Trift* wird der Holztransport im Wasser bezeichnet. In einer Aufzeichnung aus dem Jahre 1529 ist davon die Rede, daß Klausen seit altersher bestehen. Das bedeutet, daß im Berchtesgadener Land seit den Anfängen der Salinenwirtschaft, also mindestens seit 1197, mit Klausen (Stauanlagen) gearbeitet wurde. Die Triftarbeiten begannen jedes Jahr mit der Schneeschmelze Anfang April und dauerten bei großen Holzmengen und genügend Wasser auch den ganzen Sommer über. Von der Theresienklause bis zur Kugelmühle fällt der Almbach 200 Meter ab. In den Jahren 1861 bis 1863 errichtete man in der Klamm einen Steig, 1881 brachte der Verschönerungsverein Berchtesgaden ein Geländer an. Zu dieser Zeit baute man auch die Eisenbrücke vom Wirtshaus »Almbachklamm« über die Ache. Danach befaßte sich die Alpenvereinssektion Berchtesgaden mit dem Ausbau des Klammweges. 1894 errichteten Pioniere die Klammwegstrecke vom Wirtshaus »Almbachklamm« bis zur Theresienklause neu, mit 29 Brücken und Steigen und 320 steinernen Stufen sowie einem kleinen Tunnel. Den Solda-

Die zwischen 1723 und 1725 erbaute Wallfahrtskirche Mariä Heimsuchung in Ettenberg verleiht der weitgehend vom Fremdenverkehr unberührten Dorfgemeinschaft an den Südabstürzen des Untersberges ihren besonderen Reiz.

Aus Untersberger Marmor wurden in den Kugelmühlen Schusser gefertigt. Deutschlands letzte noch arbeitende Mühle an der Almbachklamm stammt aus dem Jahre 1683.

ten zu Ehren erhielt der Klammweg den Namen *»Pionierweg«*. In der Mitte der Klamm ist an einem Dolomitfelsen am Ende eines blind angelegten Weges eine Steintafel zu Ehren des Pionierhauptmannes Adalbert Neischel angebracht.

Am Ende des erschlossenen Teiles der Klamm führt der Weg hinauf nach **Ettenberg**, und hier lädt die Wallfahrtskirche **Mariä Heimsuchung** zum Besuch. Das Barockkirchlein liegt unter dem mächtigen Massiv des Untersberges mit der gewaltigen Südwand unter dem bayerischen Hochthron, gegenüber von Göll, Watzmann und Hochkalter, inmitten grüner Bergwiesen und zwischen einzelnen Bergbauerngehöften. Bis 1911 bildete die heutige **Gnotschaft** Ettenberg eine eigene Gemeinde. (Eine »Gnotschaft« ist ein Zusammenschluß von Bauern, eine Art Genossenschaft als Interessenvertretung.) Das Hochtal hieß früher einfach »der Almberg«.

Die Wallfahrtskirchen im Berchtesgadener Land, wie Maria Gern, Maria Kunterweg und auch Ettenberg, entstanden in der Zeit der Gegenreformation. Die Wallfahrt zu Ettenberg reicht aber weiter zurück. So erzählt man, daß ein altes Muttergottesbild beim Stirlinglehen in Unterjettenberg eines Tages auf unerklärliche Weise an einem Lindenbaum am jetzigen Kirchplatz hing. Man brachte es an seinen ursprünglichen Platz zurück, aber es kehrte immer wieder zum Lindenbaum zurück. Schon um 1670 kamen Wallfahrer. Um das Bild vor Wind und Wetter zu schützen, baute man eine kleine hölzerne Kapelle, die dann zur hölzernen Kirche ausgebaut wurde.

Das älteste, heute noch vorhandene Votivbild stammt aus dem Jahre 1696 und zeigt eine kleine Kapelle mit dem Bild am Baumstamm. 1699 wird in einer Kirchenrechnung schon von einer richtigen Kapelle mit drei Altären gesprochen, und seitdem wurde hier fast jeden Sonntag eine heilige Messe gefeiert, zu der als Aushilfe oft ein Priester aus Salzburg kam. 1723 begann der Bau des heutigen Barockgotteshauses. Es ist einschiffig und hat fünf Altäre. Früher führte ein beschwerlicher Wallfahrerweg an 14 Kreuzwegstationen vorbei auf die Höhe. Seit 1962 gibt es eine neue Straße von Marktschellenberg her.

Der Wegverlauf

Am Klammausgang gibt es zwei Wirtshäuser, das Wirtshaus »Almbachklamm« und das Wirtshaus »Kugelmühle«. Sie sind durch eine Brücke über die Ache getrennt. Beim **Gasthof Kugelmühle** wenden wir uns westwärts und kommen zur fast 3 Kilometer langen **Klamm**, die durch ein Kassenhäuschen versperrt ist. Die Klamm selber ist vom 1. Mai bis Ende Oktober geöffnet. Die dramatische Schlucht wird von einem Steig erschlossen. Zwischen den dunklen, engen Wänden tost das Wasser im Bachgrund. Es bildet Kaskaden und Fälle, schäumt über Gesteinsbrokken, fließt durch ruhigere Abschnitte. Von den Felswänden auf beiden Seiten, die teilweise überhängen, rieselt zusätzliches Naß. Je nach Sonnenstand gibt es Lichtreflexe. Felsstufen, Holzstege und ausgekieste Wege wechseln sich ab.

Es geht hin und her über die Klamm, gelegentlich lädt eine Bank zur Rast. Die Farbe des Wassers wechselt von Grün bis Dunkelblau. Die Vegetation ist spärlich, die Steilhänge hoch. Je weiter wir hinaufkommen, um so friedlicher wird das Bild. Seilsicherungen und Geländer werden seltener. An einer Einbuchtung mündet ein Graben ein. Ein Steig führt hier den Waldhang hoch und leitet über schier endlose Serpentinen aus der Tiefe der Almbachschlucht durch dichtes Unterholz. Wir gehen aber bis zum Ende der Ausbaustrecke, bis zur **Theresienklause**. Hier führt ein Steig auf das andere Bachufer und leitet oberhalb des Bachgrundes auf die Schlucht des Steingrabens zurück. Wir müssen hier etwas nach Süden absteigen, überqueren in 680 Meter Höhe den Steingraben und halten uns ostwärts. Am Hangrand stoßen wir dann auf Almgelände und wenden uns nordwärts zum Weiler **Winkl**. Von hier aus folgen wir aber nicht dem Fahrweg, sondern gehen auf dem Steig weiter, nochmals einen Waldstreifen durchquerend, in der Hauptsache in östlicher Richtung bis auf das letzte Stück Wegs, das danach doch zu einer Fahrstraße leitet. Dieser Fahrstraße folgen wir nach rechts.

Vor uns liegt die Wallfahrtskirche von **Ettenberg**, das Wirtshaus dabei, das Messnergütl und das Bad. Von Kirche und Häusern haben wir nun zwei Möglichkeiten abzusteigen. Ostwärts verläuft der Gatterlsteig (Wegweiser) und nach Südosten ein *Pfad*, den wir einschlagen, zunächst über Almgelände, dann südwärts, teilweise in Serpentinen, sehr steil im Hangwald hinunter. Hier schwenkt der Steig nach Osten und nach Nordosten, durchbricht, teilweise über Stufen, eine Felsbarriere, wendet sich, nicht mehr ganz so steil, ostwärts bis zum Waldrand. Hier beim **Hammerstielgehöft** gehen wir dann südwärts zurück zur Zufahrtsstraße von der Bundesstraße 305 und zu den Gasthäusern *»Almbachklamm«* und *»Kugelmühle«*.

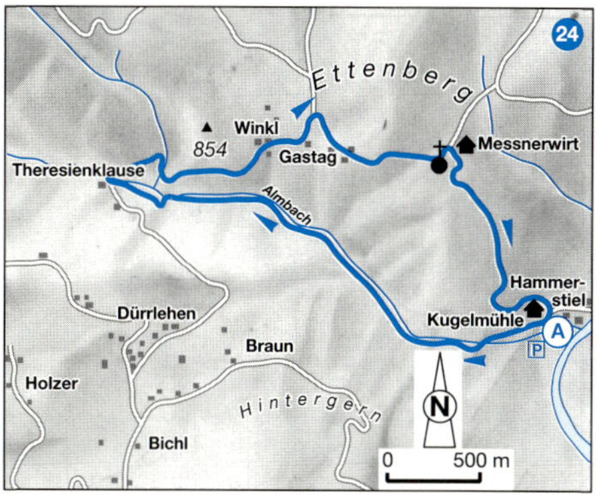

Nützliche Informationen

Ausgangspunkt: Start bei den Gasthäusern »Almbachklamm« und »Kugelmühle«.
Anfahrt: Über die Bundesstraße 305 Berchtesgaden – Marktschellenberg, beschildert.
Höhendifferenzen: Insgesamt 337 m. Eingang Almbachklamm 495 m, Theresienklause 680 m, Ettenberg 832 m.
Etappenlängen: Insgesamt 8 km; Kugelmühle – Theresienklause 3 km; Ettenberg 2 km; Kugelmühle 3 km.
Gehzeiten: Insgesamt 3 Std; Almbachklamm bis zur Kugelmühle ca. 1 Std.; Aufstieg nach Ettenberg 50 Min.; Übergang zur Wallfahrtskirche 20 Min; Abstieg nach Hammerstiel bzw. zu den Gasthäusern am Eingang der Almbachklamm 50 Min.
Einkehr: Wirtshaus »Almbachklamm«, Gasthaus »Kugelmühle«, Gasthaus bei der Wallfahrtskirche in Ettenberg.
Sehens- und Wissenswertes: • Die Eishöhlen über Marktschellenberg. • Die Roßfeld-Höhenringstraße mit der Auffahrt zum Kehlsteinhaus bzw. zum Obersalzberg. • In Berchtesgaden das Salzbergwerk, die Stiftskirche St. Peter und Johann, das königliche Schloß, das Rehbachschlößchen, die Pfarrkirche St. Andreas, der Kurgarten mit dem Kongreßhaus, die Franziskanerkirche, das Heimatmuseum in der Schrofenbergallee 6, die königliche Villa am Luitpoldpark.
Auskunft: Kurdirektion des Berchtesgadener Landes, Königsseer Straße 2, Postfach 22 40, 83463 Berchtesgaden, Tel. (0 86 52) 96 70, Fax (0 86 52) 6 33 00.
Karte: Topographische Karte, Bayerisches Landesvermessungsamt, 1:25 000, Blatt 8244/8344.

25 Abenteuer am Fuße der Reiter Alm

Von Oberjettenberg durch die Aschauer Klamm

Tourencharakter: Gut begehbare Rundtour auf ordentlich angelegten Steigen und Wegen. Man kann die Dreistundentour um zwei Stunden ausdehnen, wenn man sie von Schneizlreuth aus angeht. Oder man läuft grenzüberschreitend von der Haidermühle aus über den Wilden Weg um den Achberg im Österreichischen. Das dauert eine Stunde länger als die beschriebene Variante, bietet aber die Möglichkeit, im österreichischen Unken das sehenswerte Heimatmuseum anzuschauen. Auf jeden Fall ist die Route jedermann zugänglich, nur an einigen Stellen über der Klamm ist etwas Vorsicht geboten. Festes Schuhwerk ist bei jeder Variante Voraussetzung.
Beste Jahreszeit: Vom Frühsommer bis Spätherbst.
Reine Gehzeit: 3 Std.
Markierung: Keine.
Höhendifferenz: Im Aufstieg 220 m.

Die **Aschauer Klamm** ist nicht die populärste der Klammen im Berchtesgadener Land. Die Almbachklamm, die Wimbachklamm und die Weißbachschlucht werden sicher häufiger begangen und sind zum Teil auch dramatischer. Sie alle zeigen die schneidende Kraft des Wassers. Es ist ja nicht das Wasser allein, das den Stein im Laufe der Jahrhunderte und Jahrtausende zerstört, sondern die oft leicht saure Zusammensetzung des Wassers, die vor allem am Kalkstein nagt, der den Untergrund im Berchtesgadener Land bildet. Auch werden Lehm-, Sand- und Gesteinsteilchen vom Wasser mitgerissen, die im Fluß wie Schmirgelpapier wirken. Je höher die Strömungsgeschwindigkeit ist, um so größer die Kraft des Wassers, dessen Fließgeschwindigkeit wiederum vom Gefälle abhängt. Weil der Untergrund im Flußbett unterschiedlich hart ist und sehr verschieden auf das Wasser reagiert, gibt es selten einen gleichmäßigen Abschliff.

Um das wildromantische Naturbild der Öffentlichkeit zugänglich zu machen, hat man, wie in der Aschauer Klamm, Steige angelegt, auf denen man die dramatische Szenerie gefahrlos erleben kann. Bevor der Fremdenverkehr seinen Einfluß geltend gemacht hat, wurde die Aschauer Klamm, wie auch beispielsweise die Weißbachschlucht, für die Holztrift aufgestaut. Grund dafür war der Holzbedarf der Saline in Bad Reichenhall. Das im Bereich des Aschauer Baches geschlagene Holz hat man auf diese Weise zur Saalach hinunterbefördert.

Der Wegverlauf

Die Bundesstraße 21 von Bad Reichenhall trifft bei Unterjettenberg auf die Bundesstraße 305, die Queralpenstraße. Südlich davon zweigt ein Sträßchen in westlicher Richtung nach Oberjettenbach ab. Hier gibt es gleich am Ortsanfang einen Parkplatz und nach den militärischen Anlagen am Ende der Teerstraße ebenfalls einen. Von diesem zweiten **Wanderparkplatz** spazieren wir südwärts an einer Holzhütte vorbei, die in einer Lichtung steht. Wir gehen auf gutem Waldweg durch lockeren Baumbewuchs auf und ab, bis der Weg verzweigt. Hier gibt es eine Verbindung zur Forststraße, über die von Oberjettenberg aus der Aufstieg zur Neuen Traunsteiner Hütte beginnt. Das ist der *Alpenvereinsweg 474*.

Wir halten uns aber *rechts* und wandern nun auf steilen Serpentinen in den Bachgrund hinunter. Stufen unterstützen den Weg. Drunten stößt ein Zugang von der *Haidermühle* auf unsere Route. Die Haidermühle liegt südwestlich von Schneizlreuth über der Saalach. Zwischen bizarren Felsabstürzen wandern wir nahe dem Bachufer bis zur ersten *Brücke*. Danach steigen wir auf einem Pfad steil in den Abhang. Stufen erleichtern den Anstieg, teilweise ist der Weg mit Seilen gesichert. Hier ist der Pfad etwas abschüssig und verlangt Trittsicherheit. Allerdings ver-

Über der Saalach am Osthang der Reiter Alm hat sich der Aschaubach tief ins Gestein gegraben. Früher wurden seine Wildwasser zur Holztrift genutzt.

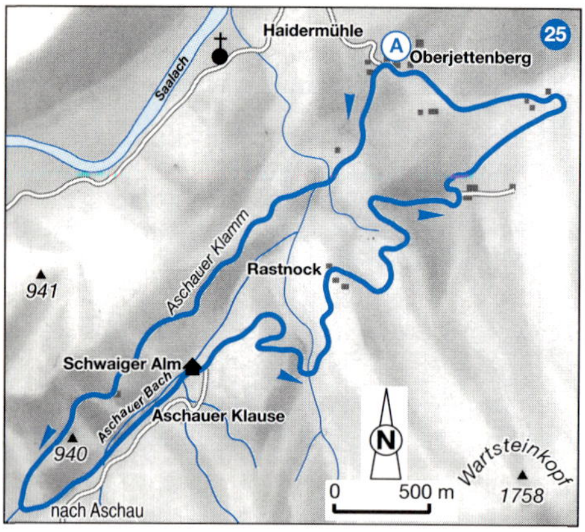

läuft er nicht allzu hoch über dem Bachgrund, selten mehr als 10 bis 20 Meter. Über eine *zweite Brücke* wechseln wir die Bachseite. Der eigentliche Klammweg endet an der *dritten Brücke*. Von hier aus wandern wir am rechten Hang aufwärts.

Ein Bachzulauf wird weiträumig umgangen. Wir sind ein Stück weg vom Bachgrund und kommen schließlich in Bachnähe und bei einer Holzhütte zur *vierten Brücke*.

Wir überqueren die vierte Brücke und stoßen auf eine *Forststraße*, die uns parallel zurückführt, und zwar in nordöstlicher Richtung. Der breite Weg schraubt sich nach einer Kehre in den Mischwaldhang am Fuße der Reiter Alm. Wo Zubäche Nebenschluchten gebildet haben, muß der Forstweg ausweichen. Nach einem solchen Wegschwenk führt die Forststraße durch zwei Tunnels. Dann wird es eben, und wir kommen zu den **Diensthütten am Rastnock**.

Hier zweigt der Weg zur *Neuen Traunsteiner Hütte* ab. Er mündet nach einem Forststraßenstück in den *Schrecksteig*, der bei 1620 Meter über den Schrecksattel leitet. Das ist zugleich eine Aufstiegsroute für Wintersportler zum Skigebiet der Reiter Alm. Allerdings ist der Normalweg am Schrecksattel lawinengefährdet, man muß daher den parallel verlaufenden Klettersteig benutzen.

Wir bleiben auf unserer Route und spazieren nun im großen Bogen stetig bergab. Eine Bank erlaubt uns noch einmal einen Einblick in die wilde Schlucht der Aschauer Klamm. Nach einer Schranke sind wir bei einer Teerstraße angelangt und bei den ersten Anlagen des militärischen Geländes, das zur Bundeswehrerprobungsstelle gehört. Im Bogen kommen wir hinunter zum *Parkplatz* am östlichen Ende von **Jettenberg** und biegen dann bei den Sportplätzen links ab. Vorbei an den militärischen Anlagen erreichen wir wieder unseren Ausgangspunkt am westlichen Ende des Ortes.

Nützliche Informationen

Ausgangsort: Oberjettenberg ist von Bad Reichenhall aus über die Bundesstraße 21 zu erreichen, die der Saalach folgt und auf Unterjettenberg stößt. Hier zweigen wir südwärts in die Bundesstraße 305 ab und schwenken dann in die kleine Fahrstraße nach Westen weg, die nach 3 km Oberjettenberg erreicht.
Ausgangspunkt: Westrand von Oberjettenberg.
Höhendifferenzen: Insgesamt im Aufstieg 220 m. Oberjettenberg 636 m, Aschauer Klamm 720 m, Rastnock 850 m.
Gehzeiten: Insgesamt 3 Std.; Oberjettenberg – Klammgrund 20 Min.; Klammdurchgang – vierte Brücke 70 Min.; vierte Brücke – Rastnock 50 Min.; Rastnock – Parkplatz am Westende Oberjettenbergs 40 Min.
Einkehr: Keine unterwegs.
Sehens- und Wissenswertes: • Ausflug nach Unken ins Heimatmuseum. • In Schneizlreuth die Weißbachklamm und in Weißbach der Gletschergarten. • Der Saalachsee zwischen Müllnerhorn und Predigtstuhl und der Thumsee am Nordhang des Müllnerberges. • Ramsau mit der Wallfahrtskirche Maria Kunterweg, die Pfarrkirche St. Fabian und Sebastian, ein bei Malern und Fotografen beliebtes Motiv, der Bergfriedhof daneben, die Flachsbrecherstube an der Alpenstraße, der Heiratsstein an der Hirschbichlstraße. • Das Klaustal am Eingangstor zum Nationalpark mit dem Bindalm-Ensemble vor dem Hirschbichlpaß, einem alten Übergang in den Pinzgau.
Auskunft: Verkehrsamt Schneizlreuth im Haus des Gastes in Weißbach an der Alpenstraße, 83458 Schneizlreuth, Tel./Fax (0 86 65)74 89.
Karten: Topographische Karte, Bayerisches Landesvermessungsamt, 1:25000, Blatt 8342 und Fritsch Wanderkarte, Blatt 164.

26 Auf Wallfahrt für seelisches und leibliches Wohl

Von Maria Gern auf die Kneifelspitze

Tourencharakter: Der Aufstieg zur Kneifelspitze von Maria Gern aus gilt als Herz-Kreislauf-Teststrecke. Der Höhenunterschied beträgt 413 Meter, die Steigung durchschnittlich 17,6 Prozent und die Länge vom Testpunkt aus (Wendeplatz über Maria Gern) 2340 Meter. Überflüssig zu sagen, daß die Route auf gut instand gehaltenen, überwiegend breiten Forstwegen verläuft. Sie läßt sich zu einem Rundweg ausbauen, der etwas anspruchsvoller ist und trotzdem alle Sehenswürdigkeiten einschließt. Wer sich Zeit läßt, kann an den Aussichtspunkten beim Auf- und Abstieg den ganzen Tag verbringen, und oben am Gipfel findet sich auch noch eine zünftige Einkehrmöglichkeit.
Beste Jahreszeit: Vom späten Frühjahr bis in den späten Herbst.
Reine Gehzeit/Weglänge: 2½ Std./6 km.
Markierung: Keine.
Höhendifferenz: Im Aufstieg 460 m.

Die Wallfahrtskirche **Maria Gern** liegt im Gerner Tal. Die Talbewohner werden heute noch als »Gerer« bezeichnet. Der Name leitet sich vom mittelhochdeutschen »Ger« ab und bedeutet etwas Dreieckiges oder Keilförmiges. Das Gerner Tal ist ein so gestaltetes Hochtal. Die Wallfahrtskirche Maria Gern steht südlich unter der Kneifelspitze. Daß die Wallfahrten entstanden sind, ist das Verdienst der Protestanten. Denn bis Ende des 16. Jahrhunderts ist keine Wallfahrt nachweisbar, aber als die Gegenreformation im Berchtesgadener Tal zu greifen begann, vertiefte sich auch die Frömmigkeit der Bevölkerung und damit die Marienverehrung. Ursprünglich sind die Berchtesgadener nach Großgmain gewallfahrtet. Dort verehrten sie seit 1539 in der Pfarrkirche ein Gnadenbild. Später entstanden dann am Dürrnberg und in der Gern zwei Wallfahrtsstätten, eine größere um 1600 in der Pfarrkirche am Dürrnberg und eine kleinere in einer Kapelle auf dem Weg von Berchtesgaden in den Vordergern. Hier hat man bald nach 1600 ein Marienbild verehrt.

Mitte des 17. Jahrhunderts bekam die Wallfahrt unvermuteten Auftrieb. Ein gebürtiger Gerner, Wolfgang Huber, brachte ein neues Gnadenbild mit in seine Heimat und baute dafür 1669 eine eigene Kapelle. Zu dem Heiligtum pilgerten immer mehr Gläubige. Als die Kapelle zu klein wurde, entschloß man sich 1680 zum Bau einer größeren Kirche. Und in der Tat, es ist ein hübscher Bau entstanden, eine heitere Barockanlage, wohl die schönste Kirche im Berchtesgadener Land. 1708 hat man mit einem Neubau begonnen: der Maurermeister Jakob Hilliprandt und der Hofzimmermannmeister Gabriel Wenig aus Berchtesgaden waren für die Handwerksarbeiten verantwortlich. Die Deckenverzierungen stammen von dem Salzburger Joseph Schmidt. Die Fresken, die in die reichlich vorhandenen Stukkaturen eingebettet sind, erzählen aus dem Leben Marias. Der Laienbruder Christoph Lehrl hat sie geschaffen. Sie wurden später von anderen Motiven versteckt, aber 1969 hat man sie wieder hervorgeholt. Das Gnadenbild am Hochaltar wurde vermutlich 1666 geschnitzt. Die Seitenaltäre sind erst Mitte des 18. Jahrhunderts entstanden.

Es ist ein helles, freundliches Bild, das den Besucher in der Kirche empfängt. Unter der Freitreppe zur Wallfahrtskirche steht eine Ölbergkapelle, die 1710 gebaut worden ist.

Die Lage auf dem kleinen Hügel am Beginn des Gerner Tales mit Blick auf den Felsenhügel im Norden und das wuchtige Watzmannmassiv im Süden ist beeindruckend. Hübsche Bauernhöfe sind über die Talhänge verstreut, so das **Schusterlehen**, einer der letzten vollständig erhaltenen Zwiehöfe, eine bauliche Besonderheit im Berchtesgadener Land. Bei dieser Gelegenheit sei auf den Namensanhang »Lehen« bei vielen bäuerlichen Anwesen im Berchtesgadener Land verwiesen. Im 14. Jahrhundert übereignete nämlich das Stift Berchtesgaden leibeigenen Bauern die Höfe als Lehen. Ebenfalls im 14. Jahrhundert entstanden hier *Gnotschaften*. Das sind Genossenschaften, zu denen sich bäuerliche Anwesen zur gemeinsamen Vertretung ge-

Der Weg zur Kneifelspitze führt durch die Almgelände am Marxen, beim Kneifel und beim Kasperl.

genüber den Verwaltungsbehörden zusammenschlossen, in diesem Falle gegenüber der Fürstpropstei Berchtesgaden.

Die **Kneifelspitze** im Norden oberhalb von Maria Gern ist ein Inselberg und dadurch ein Aussichtspunkt, der praktisch ein Rundumpanorama anzubieten hat. Allerdings ist der Gipfel durch eine Hütte versperrt, die *Paulshütte*, ein modernes Gasthaus mit Aussichtsterrasse. Unterhalb gibt es einen eigenen Salzburgblick. Vor allem sieht man hier auf die Anhöhe von Ettenberg hinunter, die über dem Almbachtal aufsteigt und ebenfalls eine Wallfahrtskirche trägt. Von der Marxenhöhe am Südrand hat man einen Blick über Berchtesgaden und auf die Watzmanngipfel.

Der Wegverlauf

Von **Maria Gern** führt ein Teerweg mit 30 Prozent Steigung südostwärts zum Waldrand. Hier hat man eine Bank aufgestellt, weil die Aussicht ins Tal bemerkenswert ist. Zu Füßen steht die Wallfahrtskirche. Vom Teerweg rechts weg und einem gut ausgebauten *Hangweg* bis zu einer Kreuzung folgen. Wir sind in 829 Meter Höhe auf der **Marxenhöhe**. Der Aussichtspunkt erfordert aber einen Abstecher. Wir müssen uns also rechts halten, bis zu einem Wiesenvorsprung zwischen dem Hochwald (mit Bänken). Von hier läßt sich das Berchtesgadener Tal überblicken und natürlich die Gipfelwelt von Watzmann und Steinernem Meer. Von diesem Aussichtspunkt könnte man nach Berchtesgaden absteigen.

Wir gehen zur Kreuzung zurück, halten uns am Waldrand rechts hinunter, spazieren wieder in den Wald hinein und an einem versteckt liegenden *Häuschen* vorbei im Bogen zur Fahrstraße und links hoch. Bei einem Gehöft, es ist der **Kasperl**, umrunden wir innerhalb des Waldes das Almgelände. Dann führt ein breiter Weg nordwärts auf den Gipfel zu, der vom **Paulshaus**, einem Berggasthof in 1188 Meter Höhe überbaut ist. Unterhalb

Die Kneifelspitze zwischen Gern und Berchtesgaden ist ein Inselberg und damit ein hervorragender Aussichtspunkt. Hier der Blick auf Berchtesgaden mit dem Watzmann im Hintergrund.

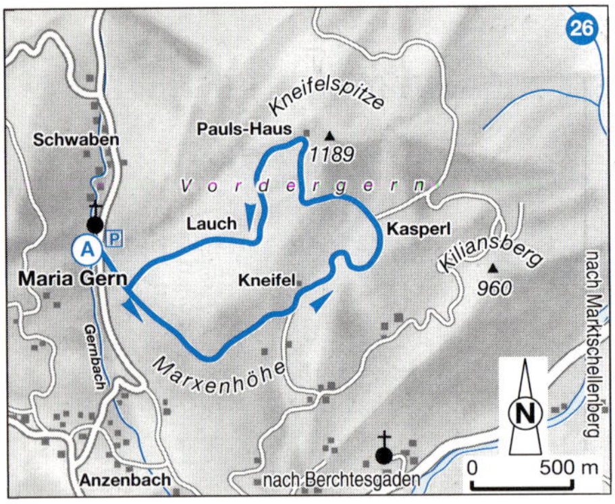

steht eine Kapelle mit einer Bank, und zwischen Kapelle und Berggasthaus begrenzt ein Geländer den Wiesenabsturz, erlaubt aber einen Blick hinunter ins Berchtesgadener Tal. Hier zweigt ein Pfad zum sogenannten Salzburgblick ab, also auch ein Abstecher, von dem wir zurück auf den Hauptweg gehen müssen.

Dann halten wir uns rechts in engen Serpentinen steil bergab. Wo es flacher wird, erreichen wir einen Waldweg, der zum *Almgelände* leitet, in dem das Haus **Lauch** und auch das **Schusterlehen** stehen. Die Zufahrt zum Gehöft ist ein Teerweg, auf dem wir hinuntersteigen. Wir kommen an einem Parkplatz vorbei und zum *Wendeplatz* an der Kreuzung, die unseren Rundweg beschließt.

Über das Fahrsträßchen mit 30 Prozent Steigung gehen wir dann wieder hinunter zur **Wallfahrtskirche**.

Nützliche Informationen

Ausgangsort: Von Berchtesgaden führt ein Sträßchen nordwärts nach Anzenbach. Hier zweigt beim Etzerschlößl die schmale Straße ins Gerner Tal ab, vorbei an Maria Gern und weiter nach Hintergern. Aber auch von Bischofswiesen gibt es eine Zufahrt, und zwar über Stanggaß, vorbei am Aschauer Weiher mit dem großen Freibad.
Ausgangspunkt: Wallfahrtskirche Maria Gern.
Höhendifferenzen: Vom tiefsten zum höchsten Punkt 460 m. 100 m zur Marxenhöhe, 120 m zum Kasperl, 240 m zum Gipfel.
Etappenlängen: Insgesamt 6 km; zur Marxenhöhe 1 km; zum Kasperl 1,5 km; zum Gipfel 1 km; Abstieg zum Lauch 1,5 km; nach Gern 1 km.
Gehzeiten: Insgesamt 3 Std.; zur Marxenhöhe 1/2 Std.; zum Kasperl 3/4 Std.; zum Gipfel 3/4 Std.; Abstieg zum Lauch 3/4 Std.; nach Gern 1/4 Std.
Einkehr: Paulshaus auf dem Kneifelgipfel und Gasthäuser in Gern.
Sehens- und Wissenswertes: • Der Aschauer Weiher westlich von Maria Gern mit Badebetrieb. • Von der Kneifelspitze gibt es einen Abstieg nach Berchtesgaden zum Salzbergwerk in Berchtesgaden. • Außerdem die Almbachklamm, das Berchtesgadener Heimatmuseum im Schloß Adelsheim, der Kehlstein und das Adlergehege am Obersalzberg, das königliche Schloß Berchtesgaden mit dem Schloßmuseum, die Marktschellenberger Eishöhle im Untersberg und natürlich der Königssee.
Auskunft: Kurdirektion des Berchtesgadener Landes, Königsseer Straße 2, Postfach 22 40, 83463 Berchtesgaden, Tel. (0 86 52) 96 70, Fax (0 86 52) 6 33 00.
Karte: Topographische Karte, Bayerisches Landesvermessungsamt, 1:25 000, Blatt 8244/8344.

In die unberührten Felshänge der Berchtesgadener Alpen hat sich eine reiche Alpenflora zurückgezogen, wie hier der Schwalbenwurzenzian.

27 Die Wildnis am Hochschwarzeck

Um den Schmuckenstein zur Mordau

Tourencharakter: Wer schmale, geröllige Steige nicht scheut und in eine wahre Bergwaldwildnis eindringen will, dem sei diese Dreistundenwanderung empfohlen, bei der kaum 200 Höhenmeter zu überwinden sind. Sie führt zu einem großartigen Aussichtspunkt auf die Gipfelwelt der Reiter Alm und des Watzmanns. Ein wenig Trittsicherheit ist vonnöten, aber sonst gibt es keine objektiven Gefahren auf diesem Rundweg.
Beste Jahreszeit: Vom Frühsommer bis in den Spätherbst.
Reine Gehzeit: 3 Std.
Markierung: Roter Punkt (gelegentlich).
Höhendifferenz: Im Aufstieg 250 m.

Eine Sage berichtet von der **Mordau**, dem Ziel unserer Wanderung, und diese Sage geht auf ein Ereignis im Mittelalter zurück. Es soll das Jahr 1378 gewesen sein, als Truppen des bayerischen Herzogs Ernst über die Schwarzbachwacht in das Land eingefallen seien. Von einer Sennerin, der Kathi, dem schönsten Dirndl weit und breit, ist die Rede, zu der manch stattlicher Bub auf die Mordau gestiegen kam, um ihr den Hof zu machen. Ihr Herz gehörte dem Lenze, der ihr treu ergeben war. Kathi aber war lustig und schaute sich auch anderweitig um. Und so kam es, daß ihr eines Tages ein Jäger gut gefiel; sie sann darüber nach, wie sie sich den Lenze vom Halse schaffen könne. Der Jäger wußte Rat. Sie solle den Lenze in die Felswände des Hohen Göll schicken, um das schönste Edelweiß zu suchen.

Als der Lenze auf die Alm kam, berichtete er, daß der bayerische Herzog, vom Propst Ulrich angestiftet, ins Land gekommen sei, um es zu verwüsten. Er wolle Kathi auf der Alm beschützen, damit ihr kein Leid geschehe. Aber die Kathi lachte und meinte, sie brauche keinen Beschützer. Er solle ihr ein Edelweiß holen, das schönste, was er finden könne. Der Lenze ließ sich überreden und stieg auf den Hohen Göll. Als er ein Edelweiß fand und die Blüte abbrach, stürzte ein Felsen von der Wand und zerschmetterte den Lenze. Weil er nicht zur Sennhütte zurückkam, ahnte Kathi, was geschehen war, und warf sich furchtsam in die Arme des Jägers. Nachts wurde es geräuschvoll um die Sennhütte, und der bayerische Herzog drang mit seinen Soldaten, die den Weg über die Schwarzbachwacht genommen hatten, herein. Sie stießen den Jäger und die Sennerin nieder und taten sich wohl im Milchkeller des Kasers. Sterbend erinnerte sich Kathi noch, wie Lenze gekommen war, um sie zu retten, und voll Reue erkannte sie die Rache des Himmels. Seitdem heißt die Alm »Mordau« und behält ihren Namen wohl für immer.

Das **Hochschwarzeck**, das durch eine Straße von Ramsau herauf, aber auch von Bischofswiesen her erschlossen ist, hat vor allem im Winter viel Zulauf, denn es ist ein beliebtes Skigebiet. Zwischen Gsengschneid, Schmuckenstein und Pfaffenbühl auf der einen (westlichen) Seite und den Höhen um den Toten Mann im Osten sind eine ganze Anzahl Skilifte angelegt. Vom Tal führt eine Sesselbahn auf den Hirschkaser.

Nicht sehr dicht aber ist das Wanderwegenetz in die waldreichen Höhen, die um den Schmuckenstein herum wie Felsriffe aufragen. Der westliche Teil über der Hochschwarzeckstraße ist eine wahre Waldwildnis. Zwischen Geröll und Felstrümmern wachsen junge Bäume und vermodern sterbende Lärchen und Tannen, Fichten und Kiefern, aber auch Laubbäume. Sogar Ebereschen und eine Fülle von Bergblumen gedeihen nahezu unberührt. Es gibt nur am Rande Forststraßen und wenige Waldwege. Die Gsengschneid ist überhaupt nicht erschlossen. Aber auch den Pfaffenbühl kann man auf Wegen nicht ersteigen. Es ist also ein Eindringen in eine naturbelassene Landschaft, in ein verzaubertes Land, wenn man hier wandert.

Der Wegverlauf

Westlich, gegenüber der *Seilbahn zum Hirschkaser*, befindet sich ein großer **Parkplatz** an der Talstation. Ab hier führt das

Die Mordaualm an den südlichen Ausläufern des Lattengebirges hat ihren Namen von einem angeblichen Mord anläßlich des Einfalls bayerischer Truppen unter Herzog Ernst im Jahre 1378.

Sträßchen *»Am Gseng«* hinauf auf fast 1100 Meter Höhe. Beim **Frohnwieserhof** zieht im Winter der Frohnwieslift die Skifahrer auf fast 1250 Meter Höhe. Wir wandern nordwärts am Lift vorbei, vorbei auch am *Wasserhaus* und am *oberen Lift* zum Waldrand. Hier teilt sich der Weg. Geradeaus folgen wir dem **Schmuckensteig** zwischen die Bäume. Es ist ein gerölliger Hohlweg, der uns aufwärts leitet, in nördlicher Richtung zunächst. Eine *Rote-Punkt-Markierung* hilft uns weiter, wenn wir auf Abzweigungen stoßen. Am **Schmukkenstein** kommen wir zum felsigen Steilhang. Weil der Steig nicht gut gepflegt ist, empfiehlt sich Vorsicht. Auf dem höchsten Punkt, der hier mit 1331,7 Meter angegeben ist, gibt es eine kleine Aussichtskanzel. Danach schwenkt der Steig nach Westen.

Wilde Romantik bietet der Schmuckensteinweg zur Mordaualm am Hochschwarzeck.

Es gibt zunächst keine großen Höhenunterschiede, außer ein paar Stufen, in dieser Bergwaldtrümmerwelt. Erneut biegt der Pfad nach Norden, um dann nordwestlich abzu-

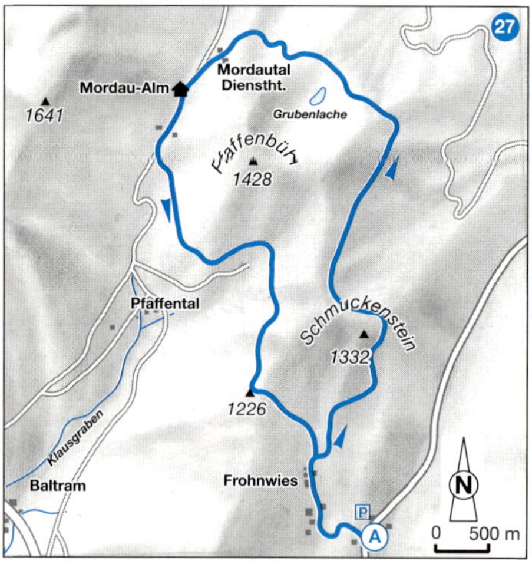

schwenken. Wir sind jetzt unter dem **Pfaffenbühl** (1428 m), der am Nordfuß in 1207 Meter Höhe die *Grubenlache* birgt, einen Tümpel, in dem sich je nach Witterung mehr oder weniger Wasser sammelt. Sie liegt in einer Mulde etwas abseits des Weges. Erneut biegt der Steig ab, südwestwärts, und wir kommen zur *Mordau-Diensthütte* mit einer Sitzgruppe und mit Aussicht auf einen Bergzug, der bei der Feuerspitze im Süden beginnt und am Karkopf im Norden endet.

Jetzt wird aus dem Steig ein Waldweg. Es geht etwas bergab, wir erreichen das Almgebiet der **Mordau**. Hier beginnt auch eine Forststraße. Sie verläuft in einer Senke, beiderseits ziehen die Almhänge hoch. Ein paar Holzhütten stehen hier. Über den Almen auf einer Anhöhe steht ein Kreuz mit einer Bank. Von hier bietet sich die schönste Aussicht in das Gebiet um Taubensee und Schwarzbachwacht, auf die massigen Felsriesen der Reiter Alm, Hochkalter und natürlich auch auf den Watzmann. Am Wochenende in der Saison ist die Mordaualm bewirtschaftet. Der Rückweg führt am Kreuz vorbei zum östlichen linken Rand des Almgebietes und steigt dann zwischen Fichtengruppen hinauf. Bergflokkenblumen, Arnika, Margeriten und viele unscheinbare Bergblumen säumen den Weg.

Wir sind wieder im Wald. Wo ein *Grassteig* heraufkommt, dürfen wir nicht abzweigen, sondern müssen links, südostwärts, steigen. Hier in der felsigen Region geht es noch einmal deutlich bergauf, dicht unter einem Grat. An einem Baum finden wir ein *Marterl*. Dann kommen wir über einen Sattel durch eine Lichtung und finden das Wegzeichen **T 8**. Es führt uns nach links weiter und bergab, wieder in einen Hohlweg voller Geröll und Wurzeln. Nach zwei weiteren Lichtungen und stetig abwärts erreichen wir das Almgelände über dem **Gseng**. Wir treffen auf den Aufstiegsweg und gehen die wenigen dutzend Meter hinunter zu den Liften und zurück zum **Frohnwieser**.

Nützliche Informationen

Ausgangsort: Hochschwarzeck, von der Deutschen Alpenstraße, der Bundesstraße 305, ab Ramsau über eine Serpentinenstraße zu erreichen. Oder von Bischofswiesen über Winkl oder Loipl. Bischofswiesen liegt an der Straßenverbindung Bad Reichenhall – Berchtesgaden. Hochschwarzeck wird von Berchtesgaden aus mit der Buslinie 9545 angefahren (Berchtesgaden – Schönau – Hochschwarzeck – Götschen – Berchtesgaden).
Ausgangspunkt: Beim Frohnwieser an der Straße, die gegenüber der Sesselbahn am Gseng westwärts hochzieht.
Höhendifferenzen: Insgesamt 250 m. Der Parkplatz der Sesselbahntalstation liegt bei 1000 m, der Ausgangspunkt beim Frohnwieser bei 1050 m, der höchste Punkt bei knapp 1300 m.
Gehzeiten: Insgesamt 3 Std.; Frohnwieser – Schmuckenstein ½ Std.; Schmuckenstein – Mordau-Diensthütte 1 Std.; Mordau-Diensthütte – Mordaualm ½ Std.; Mordaualm – Frohnwieser 1 Std.
Einkehr: In der Mordaualm nur am Wochenende in der Saison und bei schönem Wetter.
Sehens- und Wissenswertes: • Der Soleleitungsweg vom Hochschwarzeck zum Brunnhaus. • In Ramsau der Zauberwald und der Hintersee, der Kunterweg mit der Wallfahrtskirche Maria Kunterweg und die berühmte Ramsauer Pfarrkirche.
Auskunft: Kurverwaltung der Gemeinde Ramsau, 33486 Ramsau bei Berchtesgaden, Haus des Gastes, Tel. (0 86 57) 12 13.
Karten: Topographische Karte, Bayerisches Landesvermessungsamt, 1:25 000, Blatt 8343 und Fritsch Wanderkarte, Blatt 161.

28 Auf das Hochplateau der Reiter Alm

Über den Wachterlsteig zur Neuen Traunsteiner Hütte

Tourencharakter: Die Wege im Bereich der Reiter Alm sind wegen des unübersichtlichen Geländes und auch wegen mangelnder Instandhaltung bis auf wenige Ausnahmen schwer zu finden und schwer zu begehen. Den Aufstieg über den Wachterlsteig und durch die Saugasse zur Neuen Traunsteiner Hütte sollte man nur bei guten Sichtverhältnissen und bei trockener Witterung wagen. Eine einfachere Aufstiegsvariante bietet der Schrecksteig, der vorwiegend über Forststraßen hinaufführt bis auf den Übergang beim Schrecksattel, der die einzige kritische Stelle bildet. Andere Auf- und Abstiege sind nicht zu empfehlen, beispielsweise der über den Laufsattel. Der Grund für die etwas komplizierten Wegverhältnisse liegt auch darin, daß die Reiter Alm Standortübungsplatz der Bundeswehr ist, die von Oberjettenberg aus eine eigene Seilbahn auf die Reiter Alm betreibt. Bei der immer wenigstens 6 Std. dauernden Tour (hin und zurück) sind fast 700 Höhenmeter zu überwinden.
Beste Jahreszeit: Ende Mai bis Mitte Oktober.
Reine Gehzeit: 6½ Std.
Markierung: Roter Punkt auf weißem Grund. Später nur roter Punkt.
Höhendifferenz: Im Aufstieg 680 m.

Die **Reiter Alm** im Westen des Berchtesgadener Landes ist ein Tafelgebirge, ein Hochplateau, das im nördlichen Teil mit Wiesen und Zirbenwäldern bedeckt ist, im Süden von weitläufigen Karrenfeldern – eine unübersichtliche Region, die von markanten Randgipfeln umrahmt ist. Ihre Wände fallen steil ab. Und hier gibt es einige der schwierigsten Kletterrouten in den Berchtesgadener Alpen: durch die Südabstürze der gewaltig aufragenden Mühlsturzhörner und der Grundübelhörner, die sich vom Ramsautal aus sehr eindrucksvoll zeigen.

Die **Neue Traunsteiner Hütte**, eine Alpenvereinshütte, liegt am Fuß des Großen Weitschartenkopfes und ist ein guter Ausgangspunkt für Wanderungen in das stille Gebiet mit seiner prachtvollen Alpenblumenwelt. »Ramsauer Dolomiten« hat man die Felsgipfel genannt, die sich vor allen Dingen vom Klaustal aus, also im Süden, geradezu dramatisch präsentieren. Die Reiter Alm ist Grenzgebiet nach Österreich. Die Saalach begrenzt sie nach Norden, der Schwarzbach nach Osten, nach Süden, wie erwähnt, das Klaustal, und im Westen reichen die Ausläufer ebenfalls bis zur Saalach hinunter. Es sind keine gewaltigen Höhen, die hier aufragen. Trotzdem ist der Bergstock eindrucksvoll, weil im Osten und Süden der Bergwald nur einen schmalen Gürtel bildet und die Felsmassen immerhin 500 Meter darüber aufragen.

Die Reiter Alm gehört zum Nationalpark, ist also Naturschutzgebiet. Sie ist auch ein, allerdings wenig bekanntes, Skitourengebiet. Der Normalaufstieg erfolgt über den *Schrecksteig* , mit dem Schrecksattel als schwierigste Passage. Hier brechen die Felswände senkrecht ab. Der Steilhang muß auch im Winter überwunden werden, ehe man auf die weite, hügelige Hochfläche kommt. Der Sommerweg ist im Winter lawinengefährdet, deshalb hat man für den Winter einen Klettersteig eingerichtet, der durch Drahtseile und Eisenklammern ein schwieriges, aber sicheres Durchkommen ermöglicht. Von den drei Hauptgipfeln der Reiter Alm ist das große Häuslhorn und das Wagendrischlhorn als Skigebiet geeignet.

Der Wegverlauf

Oberhalb des *Wirtshauses »Schwarzbachwacht«* bei den letzten Häusern in Richtung Berchtesgaden wurde ein **Wanderparkplatz** angelegt. Etwa 100 Meter nach dem Parkplatz führt unser Weg bei einer Weggabelung nach links. Beschildert ist *»Neue Traunsteiner Hütte/Karl-Merkenschlager-Haus/Alpenvereinsweg 470«*.

Zunächst wandern wir auf einem gut ausgebauten Forstweg bis zum Bergfuß. Im Wald geht es leicht aufwärts. Die Markierung ist ein *roter Punkt auf weißem Grund.* Nach

Das Hochplateau der Reiter Alm gehört zum Nationalpark, ist also Naturschutzgebiet. Es ist wildzerklüftet, ziemlich unwegsam und erschließt sich dem Wanderer erst nach einigen Mühen.

etwa 1 Kilometer steht ein Nationalparkschild und ein weiteres Hinweisschild auf die Neue Traunsteiner Hütte. Dann erreichen wir den sogenannten **Wachterlsteig.** Hier sind teilweise Holzstufen eingebaut, die aber bei Nässe ziemlich schmierig und rutschig werden. Wir steigen am Osthang der Reiter Alm aufwärts. Es ist ein steiler Berghang, den der Wachterlsteig überwindet.

Im zweiten Drittel des Sattelaufstieges gibt es eine Aussichtsbank mit Blick ins Taubenseegebiet. Als weitere Markierung finden sich nur noch *rote Punkte* an den Bäumen, ohne weißen Untergrund also. An steileren Stellen gibt es sogar Holzleitern zu überwinden.

Wir sind in einer Felsregion, auch wenn wir den Sattel erreicht haben. Der Weiterweg, ebenfalls durch eine Felswildnis, erlaubt keine freien Ausblicke. Gamssteige und Wildwechsel zweigen vom Weg ab und machen die Route unübersichtlich. Man muß also sehr genau auf die Markierungen achten. In dem schwer durchschaubaren Wegenetz

Die Neue Traunsteiner Hütte am Westrand der Reiter Alm bietet sich als Ausgangspunkt für Wanderungen in die »Ramsauer Dolomiten« an.

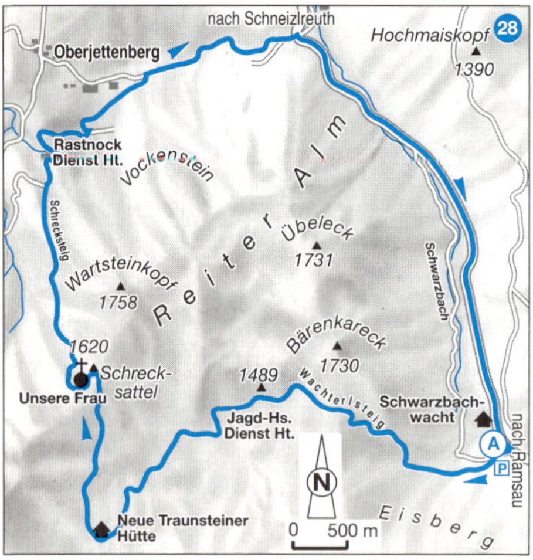

der Reiter Alm haben sich schon manche Wanderer verlaufen. Bei schlechten Sichtverhältnissen ist die Route über den Wachterlsteig jedenfalls nicht empfehlenswert.

Weiter ansteigend, erreichen wir eine verfallene *Diensthütte*, ein Talkessel wird umrundet, wir durchqueren kraterähnliche Geländestücke. Der Blick auf den Weitschartenkopf wird frei, zu dem man von der Traunsteiner Hütte aus in einer Stunde gelangt. Der Gipfel liegt 300 Höhenmeter über der Hütte. Wir bewegen uns nun in der sogenannten *»Saugasse«*, weiter in unübersichtlichem Gelände. Schließlich finden wir einen Trampelpfad, der zum **Schrecksattel** führt. Wir blicken auf die *Alte Traunsteiner Hütte*, die auf österreichischem Gebiet liegt, und sind etwa 100 Meter von der **Neuen Traunsteiner Hütte** entfernt, bei der wir nach insgesamt 3½ Stunden Gehzeit ankommen.

Für einen Rundkurs würde sich die Route über den **Laufsattel** anbieten. Da geht es zunächst in Richtung *Schrecksattel,* also nordwärts. Wir sind auf einem Versorgungsweg, der die Bergstation der Bundeswehrseilbahn mit der Neuen Traunsteiner Hütte verbindet. Die Reiter Alm ist Standortübungsplatz. Die Seilbahn steht also nicht für den öffentlichen Verkehr zur Verfügung. Der Steig über den Laufsattel ist schlecht, fast nicht ausgebaut, sehr steil, gefährlich, kaum markiert und führt über schwieriges Gelände, so daß ihn nur geübte Bergsteiger gehen sollten. Allen anderen sei als Rückweg der Aufstiegsweg empfohlen.

Wer nicht daran gebunden ist, zum Parkplatz zurückzukommen, kann über den Schrecksattel auf dem *Schrecksteig* nach Oberjettenberg und weiter nach *Unterjettenberg* gehen. Ab hier gibt es Busverbindungen auf der Bundesstraße 305 zur Schwarzbachwacht.

Es gibt zusätzlich eine, wenn auch etwas schwierigere Variante über den *Böslsteig*, der in der Nähe des Hintersees ins Klaustal mündet. Von hier kann man zum Hintersee hinüberwandern. Vom Hintersee gibt es ebenfalls Busverbindungen.

Nützliche Informationen

Ausgangsort: Bundesstraße 305, die Queralpenstraße zwischen Schneizlreuth und Ramsau, am Sattel der Schwarzbachwacht. Buslinie 9530: Bad Reichenhall – Schwarzbachwacht – Ramsau – Berchtesgaden.
Ausgangspunkt: Schwarzbachwacht.
Höhendifferenzen: Insgesamt 680 m. Schwarzbachwacht 890 m, Sattel am Wachterlsteig 1440 m, Traunsteiner Hütte 1570 m.
Gehzeiten: Insgesamt 6½ Std.; Schwarzbachwacht – Sattel am Wachterlsteig 1½ Std.; bis Traunsteiner Hütte 2 Std.; Rückweg ca. 3 Std.
Einkehr: Gasthaus Schwarzbachwacht und Neue Traunsteiner Hütte.
Sehens- und Wissenswertes: • Die Aschauer Klamm am Nordwestrand der Reiter Alm. • Die Weißbachklamm bei Schneizlreuth. • Der Soleleitungsweg und der Gletschergarten in Weißbach. • Der Saalachsee am Nordfuß der Reiter Alm. • Ramsau mit der Wallfahrtskirche Maria Kunterweg, Zauberwald und Hintersee bei Ramsau. • Das Klaustal im Nationalpark mit dem Ensemble Bindalm.
Auskunft: Landratsamt Berchtesgadener Land, Salzburger Straße 64, 83435 Bad Reichenhall und Nationalparkverwaltung, Doktorweg 6, 83471 Berchtesgaden, Tel. (0 86 52) 9 68 60.
Karten: Topographische Karte, Bayerisches Landesvermessungsamt, 1:25 000, Blätter 8342, 8343.

Der Gipfel des Toten Manns wird von der hölzernen Bezoldhütte gekrönt, die 1883 gebaut worden ist.

29 Über den Toten Mann

Am Hirschkaser vorbei auf der Salzroute

Tourencharakter: Zum Toten Mann führen breite Forstwege hinauf. Der Abstieg zum Brunnenhaus ist ein Steig, aber gut zu gehen. Der Soleleitungsweg zurück ist ebenso gut gepflegt und breit genug, so daß es selbst am Steilhang keine Probleme gibt. Trotzdem empfiehlt sich gutes Schuhwerk; nach langen Regenfällen kann es an manchen Stellen rutschig sein. Die Route läßt sich abkürzen, wenn man die Sesselbahn auf den Hirschkaser benutzt, aber es wäre schade um den schönen Aufstiegsweg.
Beste Jahreszeit: Wenn es die Witterungsverhältnisse zulassen, vom Frühjahr bis zum Frühwinter.
Reine Gehzeit: 3½ Std.
Markierung: Keine.
Höhendifferenz: Im Aufstieg 430 m. Im Abstieg 500 m.

Wem die 400 Höhenmeter, die es bei dieser Vierstundenwanderung zu überwinden gilt, zu anstrengend sind, der hat gleich drei Einkehrmöglichkeiten, schön verteilt über die ganze Route: Hirschkaser unter dem Toten Mann, das Brunnenhaus unter dem Söldenköpfl und das Wirtshaus »Gerstreit« über dem Ramsauer Tal. Er kann dieser kulinarischen Runde die Krone aufsetzen, indem er im renommierten »Zipfhäusl« einkehrt, das unmittelbar unterm Schwarzeck an der Auffahrtsstraße von Ramsau liegt.

Wenn vom **Soleleitungsweg** die Rede ist, muß man auf die Geschichte des Salzes eingehen. Das Wort *»Hall«* bedeutet »Salz«. Daher sind Reichenhall und Hallein Ortsnamen, die sich auf das Salz beziehen. Die Kelten trieben bereits Stollen in den Berg, um Salz zu gewinnen, beispielsweise am Dürrenberg bei Hallein. Diese Salzstollen wurden im 12. Jahrhundert vom Fürsterzbistum Salzburg wiedereröffnet. Um diese Zeit, nämlich um 1140, ist von einem Salzabbau am Tuval auf einem Höhenzug zwischen Berchtesgadener Ache und Salzach an der nördlichen Fortsetzung des Hohen Göll die Rede. Auch am Gollenbach hat man Salz ge-

Am Gipfel des Toten Manns hat man zu Ehren der Himmelskönigin Maria ein bezauberndes Marterl aufgestellt. Es lädt zur Andacht angesichts einer überwältigenden Berglandschaft.

schürft, und am Schellenberg entstand das erste Sudhaus.

Im heutigen Berchtesgadener Salzbergwerk hat man 1517 mit dem Abbau begonnen. In Frauenreuth wurde eine Sudstätte errichtet. Bis ins Salzburgische hinein hat man lebhaften Handel mit dem Salz getrieben. Als Handelsweg bot sich die Salzach an. Weil das Holz, mit dem man die Sudhäuser betrieb, knapp wurde, mußte man die Sole transportieren, um sie in holzreicheren Gegenden zu Salz zu konzentrieren. Man baute also Soleleitungen. Georg von Reichenbach ließ in den Jahren 1816/17 eine derartige Leitung von Berchtesgaden nach Bad Reichenhall errichten. In der Folge entstanden weitere Leitungen, indem man Bäume aushöhlte und miteinander verband. Höhen wurden durch Pumpwerke überwunden.

Als die Soleleitungen überflüssig wurden, blieben die **Soleleitungswege.** Man hat sie später zu Wanderwegen umfunktioniert, die ähnlich wie die Südtiroler Waalwege fast eben und gut begehbar sind und an den Berghängen entlang verlaufen. Es gibt ein ganzes Wegenetz: so den *Salzberger Stollenrundweg,* der 8 Kilometer lang ist und in Berchtesgaden entlang dem Gallenbach verläuft, den *Berchtesgadener Salinenrundweg,* den *Bad Reichenhaller Salinenrundweg,* den *Antonius-Salinenrundweg* – er führt am Thumsee vorbei. Der *Weißbacher Salinen-*

rundweg ist 5 Kilometer lang und setzt sich fort im *Inzell-Weißbacher Salinenrundweg*. Auch bei Siegsdorf, bereits im Chiemgau, gibt es einen Salinenrundweg, ebenso existiert der *Traunsteiner Salinenrundweg*.

Weitere Salinenrundwege sind der *Bergener* und der *Grassauer Salinenrundweg*, ein Rundweg am Jochberg, und der *Samerweg* über die Höllenbachalm. Man hat sogar eine Salinenradtour eingerichtet.

Die Solefernleitung von Reichenhall nach Traunstein war von 1619 bis 1912 in Betrieb. Die ersten Soleleitungen sind also viel früher entstanden als die berühmte Pipeline des Herrn Reichenbach, die von den Solequellen in Reichenhall aus 482 Meter Höhe auf 720 Meter bei Inzell hinaufstieg und in Traunstein wieder 580 Meter erreichte. 1810 war eine Abzweigung nach Rosenheim gebaut worden. Solepumpen in sieben Brunnenhäusern überwanden die Höhen. 9000 Holzrohre von jeweils 4 Meter Länge waren zum Bau verwendet worden.

Der Wegverlauf

In Hochschwarzeck beim **Gasthaus »Schwarzeck«** gibt es einen großen *Parkplatz*. Hier beginnt ein Fahrweg in östlicher Richtung. Es ist eine für den öffentlichen Verkehr gesperrte Straße, die gleich verzweigt. Wir halten uns links einen *Wiesenhang* hoch zum Waldrand und haben bei der Rückschau eine großartige Aussicht auf Watzmann, Hochkalter und Reiter Alm. Jetzt verläuft der Weg im lockeren Wald am Steilhang. Nochmals biegen wir links weg. Beschildert ist »Toter Mann«, »Hirscheck« und »Hirschka-

Am Hochschwarzeck, hier vom Sillberg aus, erschließt sich die eindrucksvolle Felsgipfelwelt des Hochkalters, aber auch von Reiter Alm und Watzmann.

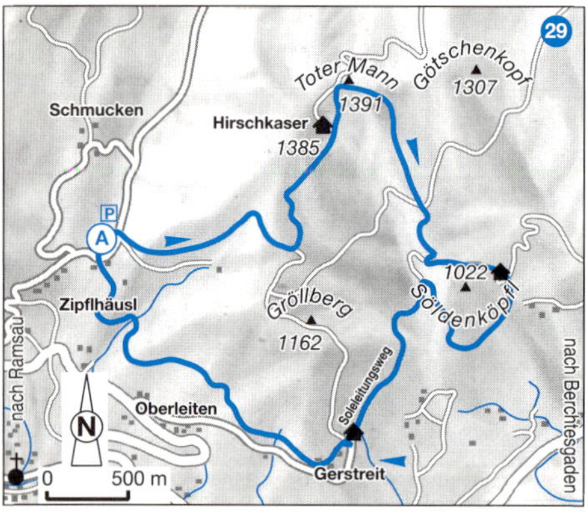

ser«. Geradeaus führt der Weg zum Söldenköpfl und nach Loipl.

Wir halten uns links hoch zu einer weiteren *Abzweigung*. Links bergauf geht es zum Kaser, der Bergstation der Seilbahn am Hirscheck, rechts zum Toten Mann und in der Fortsetzung zum Söldenköpfl, wo es einen weiteren Berggasthof gibt (Freitag Ruhetag). Nach einem kurzen Stück auf einem Steig sind wir auf dem Grasbuckel des 1391 Meter hohen **Toten Mann**, wo die hölzerne *Bezoldhütte* steht, die 1883 gebaut worden ist. Am Gipfelplateau Bänke und ein Marterl mit einer Madonnenfigur. Wir setzen unseren Weg auf dem Grat in südöstlicher Richtung fort, kommen in den Wald hinein und zu steilen Serpentinen. Vor uns im Blickfeld liegt das breite **Wimbachgries** zwischen Watzmann und Reiter Alm.

Bei einer Kreuzung schwenkt der Weg links nach Loipl ab, rechts nach Hochschwarzeck. Wir gehen aber *geradeaus*. Am Weg sind Bänke angebracht. Der Steilabstieg führt uns zum Gasthaus »Söldenköpfl«, dem ehemaligen Brunnenhaus (943 m). Hier war eine Pumpe der Soleleitung untergebracht. Weiter wandern wir nach rechts auf einem Hangpfad in den Wald. Wir sind unter dem Söldenköpfl. Fast eben erreichen wir das **Gasthaus »Gerstreit«** (Samstag Ruhetag). Der Soleleitungsweg nimmt uns am Steilhang wieder auf, im Wald geht es weiter, eben und gut instand gesetzt ist die Route im Hochwald. Dann öffnet sich der Blick.

Wir kommen an den Rand des Weidelandes und spazieren hoch über Ramsau. Eindrucksvoll ragen die Kalkriesen vor uns auf, ein Koppelgatter ist zu überwinden, und eine Tafel erinnert uns an den Bau der Soleleitung, bei dem über 1000 Menschen beschäftigt waren. Bei den Häusern verzweigt der Weg. Ein Fahrsträßchen führt hinauf zum *Gasthof »Schwarzeck«*. Eben geht es in Richtung *Gasthof »Zipfhäusl«*, dem Ausflugslokal 200 Meter oberhalb der Deutschen Alpenstraße.

Nützliche Informationen

Ausgangspunkt: Parkplatz am Gasthof »Schwarzeck« in Hochschwarzeck.
Anfahrt: Von der Deutschen Alpenstraße, der Bundesstraße 305, bei Ramsau über eine Serpentinenstraße zu erreichen oder von Bischofswiesen über Winkl oder Loipl. Bischofswiesen liegt an der Straßenverbindung Bad Reichenhall – Berchtesgaden. Hochschwarzeck wird von Berchtesgaden aus mit der Buslinie 9545 angefahren (Berchtesgaden – Schönau – Hochschwarzeck – Götschen – Berchtesgaden).
Höhendifferenzen: Im Aufstieg insgesamt 430 m. Hochschwarzeck 953 m, Hirschkaser 1385 m, Toter Mann 1390 m, Brunnenhaus 951 m, Gasthof Gerstreit 900 m, Hochschwarzeck 953 m. Abstieg insgesamt 500 m, auf gleicher Route. Für den Abstieg zum Gasthof »Schwarzeck« muß man 100 m dazurechnen.
Gehzeiten: Insgesamt knapp $3\frac{1}{2}$ Std.; Hochschwarzeck – Toter Mann 1 Std.; Toter Mann – Brunnenhaus 1 Std.; Brunnenhaus – Gerstreit $\frac{3}{4}$ Std.; Gerstreit – Hochschwarzeck $\frac{3}{4}$ Std.
Einkehr: Hirschkaser, die Gasthöfe Söldenköpfl (Brunnenhaus), Gerstreit, Zipfhäusl, Schwarzeck.
Sehens- und Wissenswertes: • Der Soleleitungsweg von Hochschwarzeck zum Brunnhaus. • In Ramsau der Zauberwald und der Hintersee, der Kunterweg mit der Wallfahrtskirche Maria Kunterweg und die berühmte Ramsauer Pfarrkirche.
Auskunft: Kurverwaltung der Gemeinde Ramsau, 33486 Ramsau bei Berchtesgaden, Haus des Gastes, Tel. (0 86 57) 12 13.
Karten: Topographische Karte, Bayerisches Landesvermessungsamt, 1:25000, Blatt 8343 und Fritsch Wanderkarte, Blatt 161.

30 Die Halsalm unter dem Edelweißlahner

Vom Hintersee über den Böslsteig

Tourencharakter: Der Anstieg über den Alpenvereinsweg Nr. 472 ist bis zur Halsgrube gut zu gehen, weil er über Forstwege verläuft. Dabei sind fast 500 Höhenmeter zu überwinden. Dramatisch wird es, wenn man von der Halsalm zum Hintersee absteigt, denn dieser Pfad ist schmal, steil, geröllig und teilweise ausgewaschen. Nach starken Regenfällen ist Vorsicht geboten. Schuhe mit Profilsohlen sind erforderlich.
Beste Jahreszeit: Je nach Wetter vom Frühsommer bis zum Spätherbst.
Reine Gehzeit: 2¾ Std.
Markierung: Alpenvereinsweg Nr. 472 (Böslsteig) ist markiert. Sonst keine Markierung.
Höhendifferenz: Im Aufstieg 478 m.

Das **Ramsauer Tal**, das sich im Klaustal fortsetzt, liegt geschützt zwischen gewaltigen Gebirgsstöcken. Im Südosten ragt das Watzmannmassiv hoch, mit 2713 Metern der zweithöchste deutsche Berggipfel. Im Südwesten türmt sich der Hochkalter mit 2607 Metern auf. In seinen Flanken fließt der Blaueisgletscher, der nördlichste Gletscher der Alpen, und im Westen steigt die Reiter Alm auf 2286 Meter an. Im Norden schließen die Ausläufer des Lattengebirges das Tal ab. Hochkalter und Reiter Alm begleiten das Klaustal zum Hirschbichlpaß hinauf.

Aus Urkunden wissen wir, daß bereits im 13. Jahrhundert die Salzsäumer auf dem Weg von Schellenberg durch das Ramsauer Tal über den Hirschbichl in den Pinzgau hinaufzogen.

Andererseits ist die Geschichte **Ramsaus** eng mit Berchtesgaden verbunden, das 1108 von Graf Beringar von Sulzbach gegründet und als Stift den Augustiner-Mönchen übertragen wurde. Berchtesgaden wurde dann zum Fürstbistum erhoben und von Fürstpröpsten bis zur Säkularisation im Jahre 1803 regiert. Von Ramsau kündet erstmals 1344 eine Urkunde. Die Roßhofschmiede, das älteste Gebäude im Tal, geht sogar auf die Zeit der Klostergründung zurück. Im 14. Jahrhundert hat das Stift Berchtesgaden den bis dahin leibeigenen Bauern die Höfe als Lehen übereignet. Heute noch tragen viele Hofnamen den Zusatz »Lehen«. Diese selbständig gewordenen Bauern schlossen sich zu Genossenschaften zusammen, die »Gnotschaften« genannt wurden. Ein Begriff, der heute noch die Ortsteile von Ramsau bezeichnet, wie Altenbichl, Au, Schwarzeck, Taubensee.

Zu den Anziehungspunkten im Ramsauer Tal gehört der **Hintersee**. Er war einst Treffpunkt zahlreicher Maler, insbesondere der Münchner und der Wiener Schule. Der Gasthof »Auzinger« in Hintersee war Malerherberge. In der Gemeindeverwaltung Ramsau bewahrt man noch eine Künstlerchronik aus jener Zeit auf. Der Hintersee, der heute weitgehend vermarktet ist – zahlreiche Gasthöfe und Touristenherbergen säumen das Westufer – wird vom Klausbach bewässert und von der Ramsauer Ache entwässert.

Wer die Ruhe liebt, entflieht an schönen Tagen in der Saison dem Seeufer und steigt hinauf auf die Höhen, die allerdings wenig erschlossen sind. Im Westen gibt es nur den Böslsteig zur Neuen Traunsteiner Hütte auf der Reiter Alm und von diesem einen Abzweig in nordöstlicher Richtung, der beim Brandhäusl an der Straße Schwarzbachwacht – Hintersee endet. In der Nähe des Wörndlgrabens gibt es einen direkten Abstieg nach Hintersee. Auch die Wege im Süden des Talbodens sind spärlich. Man kann von der Lahnwalder Diensthütte aus über den Salzkopf den Hochkalter besteigen und von der Seeklause die Blaueishütte und den Blaueisgletscher, ebenfalls mit einer Verbindung zum Hochkalter.

Der Wegverlauf

Vom **Freizeitzentrum am Hintersee** folgen wir der Kreisstraße 14 nach Südwesten bis zum *Wirtshaus »Auzinger«*, gehen weiter auf der Staatsstraße 2090, die hier einmündet, in gleicher Richtung bis zum *Wildzaun*. Von hier aus ist die Fahrstraße für den öffentlichen Verkehr gesperrt. Nur Busse dürfen noch bis ins Engerttal weiterfahren. Im Nationalparkgelände wandern wir auf dem Fahr-

Wasser ist knapp auf der Halsalm. Aber Milch oder eine »Radlermaß« löschen den Durst ohnehin wesentlich angenehmer.

weg bis zum Ende eines Drahtzaunes und schwenken dann rechts steil in den Wald hoch. Wir sind auf dem **Böslsteig**, dem Alpenvereinsweg Nr. 472. Es ist zwar ein sehr steiler, aber gut ausgebauter Forstweg, der sich im Bogen um den Halskopf herumschraubt, einen Vorposten von Edelweißlahner und Schottmalhorn.

Die Hauptrichtung ist bis zum Abzweig *»In der Halsgrube«* (1053 m) Nordwesten. Der Weg teilt sich hier also. Links führt der

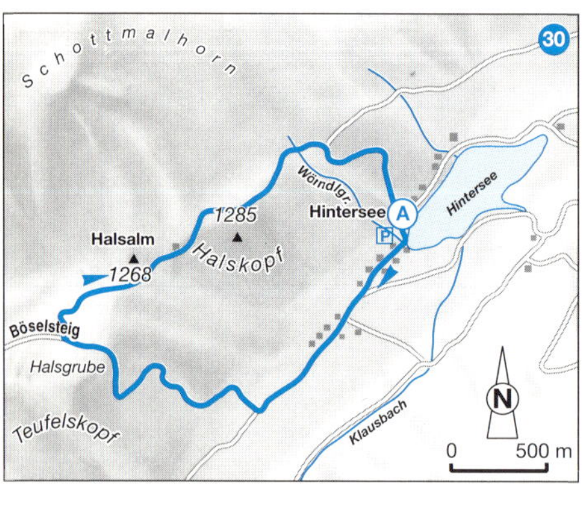

Böslsteig weiter am Sulzkopf vorbei und gewinnt schnell an Höhe, während unser Steig durch eine offene Trümmerlandschaft leitet, zwischen Felsbrocken, einzelnen Baumgruppen und Buschwerk hindurch und immer noch steil, denn wir haben auf der kurzen Strecke über 200 Höhenmeter zu überwinden. Der Wald endet. Wir steigen über ein Almgatter und sind im Almgelände der **Halsalm**. Hier kann man während der Saison etwas zu trinken bekommen, aber in die Holztröge, die auf der Weide aufgestellt sind, läuft kein Wasser. Das ganze Gebiet ist sehr trokken; auch auf der Halsalm ist das Wasser knapp.

Abseits der Alm, auf einem kleinen Hügel, ist ein Kreuz mit einer Bank aufgestellt. Von hier kann man hinunter auf den Hintersee schauen und zum Lattengebirge hinüber, vor allen Dingen aber ins Ramsauer Tal. Es ist ein

Beim Abstieg von der Halsalm faszinieren immer wieder die Tiefblicke auf den Hintersee, der vom Klausbach zufließendes Wasser erhält und von der Ramsauer Ache entwässert wird.

herrlicher Aussichtspunkt, der zum Verweilen lädt.

Im freien Almengelände geht es dann auf einem Hangsteig weiter durch ein Gatter, über Stufen auf einen Geröllpfad zwischen die Bäume. Wir sind an einem Steilhang, unser Steig zieht durch Niederwald hinunter. Der Weg ist schlecht zu gehen, voller loser Steine, verwurzelt, teilweise ausgewaschen, die Stufen vermodert. Wo der Steig den Hang hinuntergerutscht ist, gibt es mühsame Umgehungen. Der Hochwald nimmt uns auf, eine Bachschlucht wird umrundet, und wir kommen zu einer Bank, wo der Weg verzweigt. Geradeaus geht er am Hang weiter zum *Brandhäusl* an der Straße, die von der Schwarzbachwacht herkommt. Wir wandern rechts hinunter in steilen Serpentinen zum Rand des Almgeländes bei den **Kainzierlhöfen**. Hier schwenken wir links weg, bleiben am Rand des Almgebietes, umrunden es und stoßen dann zum Freizeitzentrum und zur Seestraße hinunter.

Nützliche Informationen

Ausgangsort: Hintersee bei Ramsau. Zu erreichen über zwei Zufahrtsstraßen von der Deutschen Alpenstraße aus, und zwar von der Schwarzbachwacht und von Ramsau-Mitte, nahe dem Informationszentrum.
Ausgangspunkt: Freizeitzentrum an der Seestraße am Hintersee.
Höhendifferenzen: Insgesamt 478 m. Hintersee 772 m, Beginn Böslsteig 805 m, Abzweig von der Halsgrube 1053 m, Halsalm 1250 m, Abzweig zum Hintersee 1055 m, Hintersee 772 m.
Gehzeiten: Insgesamt 2¾ Std.; Hintersee – Wildgatter 15 Min.; Wildgatter – Halsgrube 1 Std.; Halsgrube – Halsalm ½ Std.; Halsalm – Hintersee 1 Std.
Einkehr: In Hintersee und auf der Halsalm.
Sehens- und Wissenswertes: • In Ramsau die katholische Pfarrkirche St. Fabian und Sebastian. Sie ist Wahrzeichen des Ramsauer Tales und wurde 1512 erbaut; vor der Kirche einer der schönsten Friedhöfe Bayerns, 1658 angelegt; vor dem östlichen Friedhofsportal das historische Mesnerhaus; die Wallfahrtskirche Unserer lieben Frau am Kunterweg im Spätrokokostil: eindrucksvoll der aus Holz geschnitzte zwölf Meter hohe Altar mit dem Gnadenbild; beim Oberwirt die Kalvarienbergkapelle aus dem Jahre 1774; in Hochschwarzeck die Hallenkapelle und am Hintersee die Antoniuskapelle. • An der Alpenstraße gibt es eine Flachsbrecherstube und an der Lattenbachbrücke ein Pestkreuz aus dem 17. Jahrhundert. • In der Hirschbichlstraße steht der Heiratsstein. Wenn der auf einem Steinsockel liegende Stein an den seitlichen Kerben gefaßt und dreimal um den großen Stein getragen wird, soll man noch im selben Jahr heiraten. • Sehenswert ist auch der Zauberwald.
Auskunft: Kurverwaltung der Gemeinde Ramsau, 33486 Ramsau bei Berchtesgaden, Haus des Gastes, Tel. (0 86 57) 12 13.
Karten: Topographische Karte, Bayerisches Landesvermessungsamt, 1:25 000, Blätter 8342, 8343, 8442, 8443.

31 Über dem Hintersee

Vom Zauberwald auf den Wartstein

Tourencharakter: Diese verhältnismäßig kurze Wanderung auf guten Wegen kann man beliebig variieren und ausbauen. Sie bietet so viele wechselnde Eindrücke, daß dem Wanderer die Zeit im Flug vergeht. Es gibt keine Orientierungsprobleme. Trotzdem sollte man den Rundkurs nicht mit Sandalen angehen.
Beste Jahreszeit: Das ganze Jahr über, je nach Witterung.
Reine Gehzeit/Weglänge: 2¾ Std./ 8 km.
Markierung: Keine.
Höhendifferenz: Im Aufstieg 165 m.

Die Reiter Alm hatte in uralter Zeit mit dem Hochkalter heftigen Streit um den Besitz des Ramsautales. Es blieb nicht bei Worten. Der Hochkalter warf wohl den ersten Stein. Man hat sich beworfen und schließlich bemerkt, daß das Tal wohl doch beiden gehört. Allerdings kam die Erkenntnis recht spät. Das Tal war inzwischen mit Steinen übersät. Heute sind sie bemoost und mit Fichten bewachsen, ein Bild, das jeden Wanderer entzückt. So steht es auf Postkarten und in Fremdenverkehrsbroschüren geschrieben, und gemeint ist eine Waldregion zwischen Ramsau und dem Hintersee, die »Zauberwald« genannt wird.

Der **Zauberwald** ist eine bewegte Landschaft: Vielfältig gegliederte Abhänge mit Absätzen und Köpfen, enge Schluchten mit unregelmäßigem Blockwerk, einsame Talgründe, Felspartien, die kulissenartig das Gelände beleben und das Ursprüngliche und Unfertige betonen. Dunkle Nadelbäume mit langen Kronen und weitgereckten Ästen, oft von hängenden Bartflechten überzogen, herrschen hier vor. Bizarre, mächtige, tiefbeastete Altbäume mit knorrigen Schäften stehen neben nachschiebendem Jungwuchs und kleineren Baumgruppen, oft mit abgestorbenen Einzelbäumen, und schaffen Räume für ein abgeschiedenes Naturleben. Alraunenartige Wurzeln umfassen Felsblöcke und verschwinden in schwellenden Moospolstern oder dichten Vegetationsteppichen. Die Phantasie zaubert Jagdmotive mit vielerlei Geschöpfen des Waldes herbei. Entstanden ist dieses wildromantische Paradies durch einen Bergsturz. Durch die urwaldähnliche Region fließt die Ramsauer Ache, die sogar am Eingang des Zauberwaldes eine Klamm bildet, die **Marxenklamm**.

Der Wegverlauf

In Ramsau, wo der Lattenbach der Ramsauer Ache zufließt, bei der *Marxenbrücke* am südlichen Flußufer, zweigt ein Sträßchen von der Staatsstraße 2090 ab. Bei der **Marxenklamm** in der Nähe des Gehöftes »Marxen« geht es hinunter zum **Gasthaus »Zauberwald«**, wo es Parkplätze gibt. Am Gasthaus vorbei halten wir uns bei der nächsten Brükke links am Bach entlang im Gewirr von Felsen, Mischwald und Unterholz. Nach links überschreiten wir die Brücke über den Lattenbach, einen Zulauf zur Ramsauer Ache. Hier steht noch ein *Gehöft.* Bei einem Holzhäuschen wurde ein Wasserrad mit Figuren, die sich bewegen, aufgebaut. Der Steig führt in der Steintrümmerwelt weiter und am rechten Flußufer aufwärts. Viele Stufen sind in

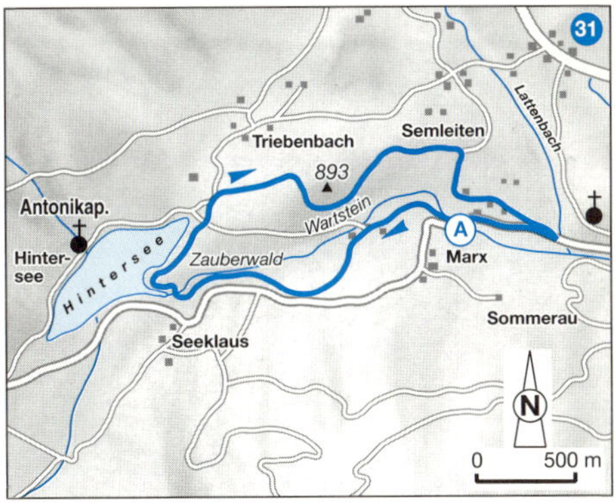

den auf- und abziehenden Steig eingebaut, bis wir schließlich den **Zauberwald** durchquert haben und nahe dem Hinterseeufer auf Kioske stoßen, die Erfrischung und Souvenirs anbieten.

Rechts halten wir uns am östlichen Seeufer entlang bis zur *Anlegestelle einer Fähre,* die den See zum gegenüberliegenden Hotel überquert. Schließlich stoßen wir auf einen querverlaufenden Forstweg, in den wir nach links einbiegen, von dem wir aber gleich wieder rechts aufwärts abzweigen. Er ist mit *»Wartstein«* beschildert und geht steil in den Wald hoch. Droben kommen wir der Fahrstraße nahe, die den Ortsteil Taubensee mit dem Hintersee verbindet. Wir halten uns aber rechts von der Straße weg, bleiben am Waldrand, und zwar innerhalb des Waldes, bis zu einer *Feldscheune* und einer *Feldsteinmauer.*

Danach wenden wir uns nach rechts und werden zu einem Abstecher auf den **Wartstein** eingeladen. Es geht steil und teilweise über Stufen hinauf und oben auf dem Grat nach rechts zum Gipfel (mit Kriegerdenkmal). Wer den Grat geradeaus ein paar Meter überquert, kommt zur **Magdalenenkapelle.** Sie ist hoch über dem Abgrund in einer Felshöhle eingerichtet. Das Plateau darunter bietet Aussicht auf den Hintersee und hinüber zu den Gipfeln von Reiter Alm und Hochkalter. Wir gehen zurück zur *Kreuzung* und folgen nun dem Grat. Ein schmaler Steig führt hinunter zu einem Querweg, dem wir nach rechts folgen.

Neben einem Graben kommen wir aus dem Wald, bleiben ein wenig am Waldrand, folgen also dem Wegweiser *»Marxen-*

Beim Abstieg vom knapp 900 Meter hohen Wartstein kommt man durch eine bezaubernde Landschaft mit verstreut liegenden Gehöften.

klamm«. Ostwärts erreichen wir den Rand einer Alm, schwenken nun vom Wald weg, kommen durch das **Gehöft Semleiten** und stoßen auf ein Fahrsträßchen. Es ist die alte Reichenhaller Straße. Wir gehen rechts hinunter, bis uns ein etwas undeutlicher Wiesensteig nach rechts aufnimmt und zur *Marxenbrücke* führt. Von hier zurück zum **Gasthof »Zauberwald«.**

Nützliche Informationen

Ausgangsort: Ramsau liegt an der Deutschen Alpenstraße (B 305) zwischen Berchtesgaden und Schneizlreuth und ist das Tor zum Nationalpark Berchtesgaden. Busverbindungen: mit Linie 9530: Bad Reichenhall – Ramsau – Berchtesgaden. Mit Linie 9544: Schönau – Hintersee. Mit Linie 9546: Berchtesgaden – Ramsau – Hintersee.

Ausgangspunkt: Gasthaus »Zauberwald« westlich der Marxenbrücke in Ramsau.

Höhendifferenzen: Zwischen dem tiefsten und dem höchsten Punkt beträgt die Höhendifferenz 165 m. Gasthaus »Zauberwald« – Hintersee 65 m, Hintersee – Wartstein 100 m.

Gehzeiten: Insgesamt 2¾ Std.; Gasthof »Zauberwald« – Hintersee ½ Std.; Hintersee – Fahrstraße unterm Wartstein 15 Min.; weiter zum Wartstein ½ Std.; Wartstein zurück zum Ausgangspunkt ½ Std.; zusätzliche Seeumrundung ½ Std.; zusätzlich Kunterweg ½ Std.

Einkehr: Gasthof »Zauberwald«, Gasthäuser und Kioske am Hintersee.

Sehens- und Wissenswertes: • In Ramsau die katholische Kirche St. Fabian und Sebastian mit dem alten Friedhof, die Wallfahrtskirche Maria Kunterweg. • Der Taubensee bei der Schwarzbachwacht an der Deutschen Alpenstraße. • Das denkmalgeschützte Ensemble Bindalm im Nationalpark,

Der Zauberwald zwischen Ramsau und Hintersee ist eine urige Wildnis voller Steintrümmer und uralter Bäume. Ein Steig mit Treppen und Brücken führt hindurch.

der Hirschbichl, der Bauernhof Fernsebenlehen.

Weitere Tourenvorschläge: Man kann die Route auch ausweiten, indem man den **Hintersee** umrundet oder sich mit der Fähre auf die andere Hinterseeseite fahren läßt. Eine weitere Variante wäre, der Fahrstraße, die wir nach Semleiten erreichen, nicht nach rechts, sondern nach links zu folgen, bis ein Weg rechts abzweigt. Es ist der **Kunterweg.** Er führt an der Kunterwegkirche vorbei, einer Wallfahrtskirche, die ein beliebtes Ziel der Sennerinnen an den drei dem Almabtrieb folgenden Samstagen ist. Am Ende des Kunterweges stößt man dann wieder auf die Verbindungsstraße zum Hintersee und folgt ihr nach Westen zurück zum Ausgangspunkt.

Auskunft: Kurverwaltung der Gemeinde Ramsau, 33486 Ramsau bei Berchtesgaden, Haus des Gastes, Tel. (0 86 57) 12 13.

Karte: Topographische Karte, Bayerisches Landesvermessungsamt, 1:25 000, Blatt 8343.

Zusätzliche Tour: Rund um den Taubensee

Tourencharakter: An die Tour vom Zauberwald zum Hintersee und auf den Wartstein läßt sich eine hübsche Rundwanderung auf guten Wegen um den Taubensee anhängen, der trotz unmittelbarer Nähe zur Deutschen Alpenstraße in idyllischer Waldeinsamkeit liegt. Hier spiegeln sich Felsgipfel, Schilfzonen zeigen die Verlandung an, Seerosen machen den Wasserspiegel bunt, der durch die dunklen Fichten, die den See umrahmen, tiefgründig und düster erscheint.

Beste Jahreszeit: Das ganze Jahr über, je nach Witterung.

Reine Gehzeit/Weglänge: 1 Std./3 km.

Markierung: Keine.

Höhendifferenz: Nicht wesentlich.

Der Wegverlauf

Wir beginnen unsere Wanderung an der Einfahrt zum **Campingplatz**, der an der Verbindungsstraße Schwarzbachwacht – Hintersee liegt, und halten uns in nördlicher Richtung

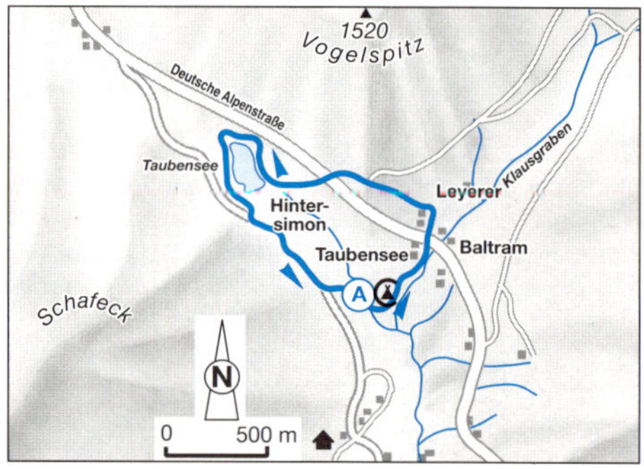

auf den Wald zu. Ein Bach fließt hier, wir gehen hinunter bis zu einem *Weidezaun.* Jetzt halten wir uns rechts am Hang neben dem Wasserlauf, der im Verlauf des Weges eine immer tiefere Schlucht bildet. Links reichen die Privatgrundstücke mit ihren Gärten bis an den Waldstreifen am Bach. Wir erreichen ein Zufahrtssträßchen zu einem Haus, gehen aufwärts bis zur Bundesstraße 305, der Deutschen Alpenstraße. Wir überqueren sie etwas links versetzt, spazieren an dem Weiler **Leyerer** vorbei nach Norden bis zu einer *Wegkreuzung.* Die Wiesen sind sumpfig. Hier ist Quellgebiet.

Dann schwenken wir nach links, nach Westen, bis wir wieder die Bundesstraße 305 erreichen. Ihr folgen wir ein paar Schritte nach rechts und kommen zu einer *Parkbucht.* Dahinter gibt es Bänke. Von hier aus kann man über das Tal schauen, das sich vom Taubensee nach Osten hinzieht. Unmittelbar bei der Parkbucht stoßen wir neben der Straße in den Wald hinunter. Es ist ein auslaufender Hang unter der Fahrstraße. Wir kommen in nordwestlicher Richtung zum Ufer des Taubensees. Ein hölzernes Podest ragt in den See hinein und verlockt zur Schau über das Wasser. Danach verzweigt sich der Weg, wir halten uns links, müssen auf die *Fahrstraße,* welche die Bundesstraße mit dem Hintersee verbindet, weil der Besitzer des Anwesens *Hintersimonslehen* sein Grundstück weiträumig abgesperrt hat. Auf dieser Fahrstraße erreichen wir auch den Ausgangspunkt beim *Campingplatz.*

Ein dichter Schilfgürtel säumt den von Bäumen umstandenen Taubensee, in dem sich der Watzmann spiegelt.

Im Alpennationalpark

32 Am nördlichsten Gletscher der Alpen

Über die Schärtenalm zur Blaueishütte und zum Blaueisgletscher

Tourencharakter: Der Aufstieg zur 1362 Meter hoch gelegenen Schärtenalm ist ein bequemer Forstweg, allerdings mit 350 Meter Höhenunterschied etwas anstrengend. Dann beginnt ein steiler, alpiner und anspruchsvoller Steig ohne größere Schwierigkeiten, auf dem weitere 300 Höhenmeter überwunden werden. Eine dritte Steigerung ist der Besuch des Gletscherrandes von der Blaueishütte aus über Geröllfelder und ein Blockmeer. Ab Schärtenalm ist lediglich etwas Trittsicherheit erforderlich.
Beste Jahreszeit: Mitte Mai bis Mitte Oktober, je nach Witterungsverhältnissen.
Reine Gehzeit: Bis Blaueishütte 4½ Std., mit Anstieg zum Gletscher 6 Std.
Markierung: Ab der Blaueishütte markiert, als Alpenvereinsweg Nr. 482.
Höhendifferenz: Im Aufstieg 1000 m bis zum Gletscherfuß.

Das **Ramsauer Tal** liegt zwischen eindrucksvoll ansteigenden Gebirgsstöcken. Im Südosten ragt der Watzmann, mit 2713 Meter Deutschlands zweithöchster Berg, auf. Im Süden steigt das Massiv des Hochkalters bis 2607 Meter hoch. Im Westen erreicht die Reiter Alm 2286 Meter, und im Norden schließen die Ausläufer des Lattengebirges das Tal ab, das von der Ramsauer Ache gebildet wird. Grüne Almhänge steigen zu beiden Seiten bis zum Waldgürtel mit Nadel- und Laubbäumen und weiter bis an die Vegetationsgrenze, an die sich bizarre Felsformationen anschließen.

Die berühmte **Watzmann-Ostwand** wurde 1881 von einem Ramsauer Bergführer erstmals durchstiegen. Er hieß Johann Grill und wurde »der Kederbacher« genannt. Daran erinnert der Kederbacher Brunnen beim »Haus des Gastes« in Ramsau. Entlang der von 1817 bis 1927 genutzten, aus Holzrohren bestehenden Soleleitung über Ramsau nach Bad Reichenhall führt der **Soleleitungsweg**.

Märchenhaft ist im Talgrund zwischen Hochkalter und Reiter Alm der *Zauberwald*, romantisch der *Taubensee* mit seinen Seerosen, dramatisch die *Wimbachklamm* und eindrucksvoll das anschließende *Wimbachgries*, das sich bis zum Fuß des großen Hundstod im Steinernen Meer hochzieht. An die Zinnen der Dolomiten erinnert das *Klausbach- oder Hirschbichltal* mit seinen steilen Felsabstürzen, und ein Schmuckstück ist der ebenfalls zwischen Hochkalter und Reiter Alm eingebettete *Hintersee*. Im Abendrot spiegelt sich der *Hohe Göll* im See.

Ramsau wird 1344 erstmals in einer Urkunde erwähnt. Doch ist es bekannt, daß bereits im 13. Jahrhundert das Berchtesgadener Salz durch das Ramsauer Tal über den 1176 Meter hohen Hirschbichl-Paß nach dem Pinzgau transportiert wurde. 1512 erbaute Fürstpropst Gregor Rainer von Berchtesgaden eine Kirche, die das Kernstück der Pfarrkirche *St. Fabian und St. Sebastian* ist. An ihr wurde 200 Jahre lang gebaut, doch wirkt ihr Erscheinungsbild einheitlich. Bei den Fürstpröpsten war die Ramsau auch als Jagdgebiet beliebt. 1784 bauten sie aus diesem Grund hier das *Wimbachjagdschloß*. Auch die bayerischen Könige, die Wittelsbacher, suchten hier ihr Jagdrevier. Vor allem König Maximilian II. (1848–1864) und Prinzregent Luitpold (Regent von 1886–1912) gingen oft in der Ramsau dem Waidwerk nach.

Das Blaueishochtal führt an den nördlichsten Gletscher der Alpen, den **Blaueisgletscher,** heran, der allerdings in den letzten Jahrzehnten stark zurückgegangen ist. Geologisch ist es ein Hängegletscher, das heißt er endet jenseits eines Knicks im Abhang. Die Gletscherzunge hängt dann in den obersten Teil des steileren Hanges hinein. In den schroffen Wänden des Kars wachsen Bergblumen der Felsspaltengesellschaft, also Alpenaurikel zum Beispiel. Der Gletscher selbst wird von rostroten Grünalgen besiedelt.

Wer aus dem Tal der Ramsauer Ache aufsteigt, findet zunächst Reste naturnaher Laubmischwälder, in den höheren Hanglagen fichtenreiche Waldbestände, dazwischen Tanne, Buche, aber auch Bergahorn. Von der Schärtenalm an dominiert die Lärche. Im Hochtal gibt es Zirben, fünfnadlige Kiefern, und zwischen dem Blockschutt Latschenbüsche, Alpenrosen, Blau- und Preiselbeersträucher. Die letzten Bäume wachsen bei der Blaueishütte. Im Gletschervorfeld gedeihen sogar die Silberwurz und der Schweizer Mannsschild. Ungewöhnlich eindrucksvoll ist die Landschaft, in die wir nun aufsteigen.

Der Wegverlauf

Vom Tal der Ramsauer Ache aus gibt es mehrere Anstiegswege. Von Ramsau selbst kann man beim *Pfeifenmacher*, wo ein Parkplatz angelegt ist, beginnen und an der Staatsstraße 2090 zwischen Ramsau und Hintersee bei der Seeklause oder zwischen Wirtshaus »Datzmann« und »Seeklause« an der Forststraße zur Schärtenalm. Auch hier ist ein **Wanderparkplatz** angelegt.

Von hier führt der *Alpenvereinsweg Nr. 482* zunächst durch dichten Wald, vorbei an bemoosten Felsblöcken, zu einem Viehgatter. Von rechts kommt der Steig von der *»Seeklause«* hoch, links führt ein Fußweg nach *Ramsau.* Bei einer *Forstwegkreuzung* biegen wir nach links ab. Die befahrbare Route ist in die Felswand gesprengt, wir blikken zum erstenmal auf den Hintersee. In 1250 Meter Höhe gibt es einen Abstieg zum *Pfeifenmacher* in Ramsau. Nach knapp 1½ Stunden haben wir die **Schärtenalm** in 1362 Meter Höhe erreicht. Sie bietet Einkehr und Ausblicke hinunter zum Hintersee.

Am Steilhang geht es dann weiter, abwechselnd auf und ab bis zur *Schlucht*, die einst vom Gletscherabfluß gebildet wurde. Sie wird von der Schärtenwand begrenzt. Wir sind jetzt im Hochwald. Der Weg ist durch ein Geländer gesichert, der Blick in die Schlucht beeindruckend. Der breite Weg in

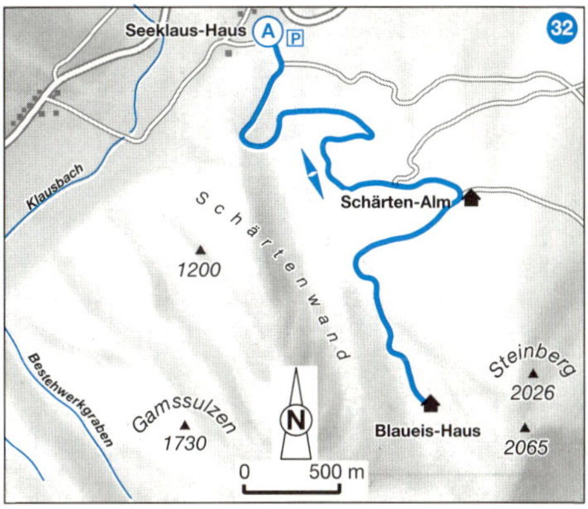

der Nähe der Materialseilbahn zur Blaueishütte endet hier. Der alte Anstieg zur Hütte ist aufgelassen und ein neuer, breiterer und besser begehbarer Weg angelegt. Es geht in Stufen in die Block- und Felstrümmerwelt, die sich nach dem Abschmelzen des Gletschers gebildet hat. Stauden und Büsche, Lärchen und andere Nadelbäume wachsen hier ebenso wie Ebereschen und Laubgehölz, dazwischen Bergblumen.

Wir steigen an den senkrechten Felsabstürzen des *Steinberges* hoch. Der Felskessel mit den glattgeschliffenen Wänden öffnet sich. Inmitten einer Landstufe zwischen Latschen steht die **Blaueishütte.** Sie ist im Sommer bewirtschaftet und gehört der Alpenvereinssektion Berchtesgaden. Wir sind auf 1680 Meter Höhe. Wer weitergehen will, sollte trittsicher sein. Der zwar markierte *(Nr. 482),* aber teilweise doch unübersichtliche Pfad durch das Blockmeer erfordert auch etwas Kondition. Bis zum Gletscherfuß muß man fast eine Stunde ansteigen. Ein kalter Luftzug weht vom Eis, das schmutziggrau aussieht. Wir sind auf gut 1800 Meter Höhe.

Zwischen dem Gletscherfuß und der Blaueishütte beginnen verschiedene Gipfelanstiege, die sämtlich Bergerfahrung und Trittsicherheit, aber auch Schwindelfreiheit erfordern. Entsprechende Kondition ist ebenfalls Voraussetzung. Es kann die Schärtenspitze bestiegen werden, der Wasserwandkopf, der Kleine und der Hochkalter. Vom Hochkalter gibt es einen Abstieg über die Ofentalschneid ins Klausbachtal. Von der Schärtenspitze kann man zum Wimbachschloß und über die Eckaualm nach Ramsau absteigen.

Wir gehen auf dem Anstiegsweg zurück.

Die Blaueishütte der Alpenvereinssektion Berchtesgaden wurde 1959/60 erbaut. Sie liegt am Fuß des nördlichsten Gletschers der Alpen.

Nützliche Informationen

Ausgangspunkt: Staatsstraße 2090 entweder ab Ramsau beim Pfeifenmacher oder ab Seeklause bzw. Forststraße zwischen Datzmann und Seeklause. Von Bad Reichenhall gibt es eine Zufahrt über die Bundesstraße 20, Abzweig über Hochschwarzeck bzw. über Berchtesgaden/Strup auf der Bundesstraße 305. Abzweig in Ramsau in die Staatsstraße 2090.

Höhendifferenzen: Insgesamt 1000 m. Parkplatz an der Staatsstraße 800 m, Schärtenalm 1362 m, Blaueishütte 1651 m, Gletscherfuß 1800 m.

Gehzeiten: Insgesamt 6½ Std.; Parkplatz an der Staatsstraße – Schärtenalm 1½ Std.; Schärtenalm – Blaueishütte 1 Std.; Blaueishütte – Gletscherfuß 1 Std.; Rückweg: Gletscherfuß – Blaueishütte 1 Std.; Blaueishütte – Schärtenalm 1 Std.; Schärtenalm – Parkplatz an der Staatsstraße 1 Std.

Einkehr: Schärtenalm und Blaueishütte.

Sehens- und Wissenswertes: • Zu den Sehenswürdigkeiten im Ramsauer Bereich gehören der Hintersee und der Zauberwald, die Wallfahrtskapelle Maria Kunterweg, die Wimbachklamm und das Wimbachschloß, das Ausflugsgebiet Hochschwarzeck, die katholische Pfarrkirche St. Fabian und Sebastian. Sie ist das Wahrzeichen des Ramsauer Tales und ein beliebtes Motiv für Maler und Fotografen. • Bei der Pfarrkirche finden wir einen der schönsten Friedhöfe Bayerns, 1658 angelegt und Inbegriff eines alten Gottesakkers. Das Kriegerdenkmal am Kirchhof hat der Ramsauer Bildhauer Anton Stöckl geschaffen.

Auskunft: Kurverwaltung der Gemeinde Ramsau, 33486 Ramsau bei Berchtesgaden, Haus des Gastes, Tel. (0 86 57) 12 13.

Karten: Topographische Karte, Bayerisches Landesvermessungsamt, 1:25 000, Blätter 8343, 8443.

Wildromantisch ist der Aufstieg zur Blaueishütte. Vom Gletscher ausgeschliffene Felswände begleiten ihn.

33 Grünstein und Archenkanzel

Aussichtskanzeln über Königssee und Berchtesgaden

Tourencharakter: Der Aufstieg zum Grünstein ist identisch mit einer Herz-Kreislauf-Teststrecke von 2,7 Kilometer Länge bei 534 Meter Höhenunterschied und einer durchschnittlichen Steigung von 19,8 Prozent (Tafel am Ausgangspunkt). Der Weg ist gut ausgebaut. Etwas schwierig zu gehen und entsprechend anstrengend ist der Übergang vom Grünstein zur Kührointalm. Alle übrigen Wege sind Forststraßen.
Beste Jahreszeit: Mitte Mai bis Ende Oktober, je nach den Verhältnissen.
Reine Gehzeit/Weglänge: 5 Std. /ca. 16 km.
Markierung: Roter Balken auf weißem Grund (Teststrecke).
Höhendifferenz: Im Aufstieg 670 m. Im Abstieg 690 m.

Die Gemeinde **Schönau am Königssee** liegt zwischen Berchtesgaden und Ramsau in einer breiten Talmulde, eingerahmt vom Hohen Göll und dem Watzmannmassiv. Die ungewöhnliche Schönheit und der überwältigende Reiz der Landschaft haben schon früh bedeutende Persönlichkeiten angezogen, vor allem Künstler. Von Ferdinand Olivier bis Ludwig Richter waren alle bedeutenden Maler hier. Ludwig Ganghofer ließ sich an Ort und Stelle inspirieren, und der Komponist Max Reger schuf zahlreiche Werke und Lieder im »Schneewinkllehen«. Kunst und Kunsthandwerk haben in Schönau eine Brücke von der Vergangenheit in die Gegenwart geschlagen. So ist Schönau heute auch für seine Filigrandosen und Spanschachteln berühmt. Bedeutende Kunstwerke und Baudenkmale stehen im Wettstreit mit Glanzlichtern der Natur.

In der **Untersteiner Pfarrkirche Mariä Sieben Schmerzen** besticht das Gnadenbild, beeindrucken die fünf Ölgemälde zum Thema schmerzhafter Rosenkranz, aber auch eine frühbarocke Madonna, die heilige Katharina und Votivbilder aus der Zeit, als man hierher wallfahrtete. Ein Gedenkstein im Garten des Landhauses Graßl mit einer Abbildung des Gnadenbildes der Untersteiner Kirche erinnert daran, daß an dieser Stelle ein Kirchenbau war, errichtet von Max Graf zu Arco-Zinneberg, dem berühmten Adlergrafen, bekannt durch Ludwig Ganghofers Roman »Schloß Hubertus«. Die **Schornkapelle** oder Hubertuskapelle steht im Gelände des heutigen Bundesbahnsozialwerkhauses, der schmerzhaften Muttergottes unterm Stein geweiht. Sie diente den Schönauern und den Königsseer Einwohnern bis 1855 als Gotteshaus. Ein 3 Meter hoher Obelisk steht inmitten eines kleinen Steingartens, etwa 300 Meter vom Königsseeufer entfernt. Ein Medaillon zeigt das Bildnis des Prinzregenten Luitpold von Bayern.

Bei dieser Gelegenheit sei erwähnt, daß der Name **»Königssee«** mit dem Begriff *»König«* nichts zu tun hat. Der Ort wurde vielmehr von den Gründern des Augustiner-Chorherrenstiftes von Berchtesgaden, dem Grafen Behrengar von Sulzbach und seinem Stiefbruder Chuno von Horburg, angelegt. Nach Chuno oder nach dem Vater der Stifterin, Chuno von Rott, sind der Königssee, der Königsbach und die Almen Königsbach, Königstal und Königsberg benannt. Königssee bedeutet also See des Chuno.

An der Schiffsanlegestelle in Schönau steht das Hotel »Schiffsmeister«. Die Dachform ist den Schifferhütten angepaßt, und zwar in Anlehnung an die alte Salzburger und Halleiner Architektur. Diese **Schiffshütten** sind östlich der Schiffsanlegestelle zu finden und dienen der Unterbringung der Motor- und Ruderboote. Beim Abfluß des Königssees, westlich der Schiffsanlegestelle, hatte man 1795/96 die Seeklause zur Holztrift errichtet. Noch Mitte des 19. Jahrhunderts betrug der jährliche Holzschlag an den Berghängen zu beiden Seiten des Königssees über tausend Klafter. Das Holz wurde in der Berchtesgadener Saline Frauenreuth, die bis 1927 in Betrieb war, gebraucht.

Auf dem Weg von der Seelände zum Malerwinkel steht die **Ländkapelle.** Sie wird auch *»Schiffsmeisterkapelle«* genannt. Die Betbänke zeigen interessante Reliefschnitzereien mit den Symbolen der vier Evangelisten: Johannes = Adler, Lucas = geflügelter Stier, Markus = geflügelter Löwe, Matthäus = Engel. Im vorderen Teil des Königssees auf der kleinen *Insel Christlieger* steht eine Statue des heiligen Johannes Nepomuk. 1711 war hier ein Boot mit vier Insassen gekentert, die sich unter Anrufung des Brücken- und Wasserheiligen Johannes Nepomuk im letzten Moment auf die Insel retten konnten. Die ursprüngliche *Schiffahrt* am Königssee wurde mit Ruderbooten betrieben. Sie befindet sich seit dem 18. Jahrhundert in den Händen der Familie Moderegger. Die Motorschiffahrt existiert seit 1909. Zur Zeit sind über 20 Elektromotorboote unterwegs, die jährlich bis zu einer Million Passagiere über den berühmten See befördern.

Die Fahrt von Schönau zur *Saletalm* am Südende des Sees ist ein solches Erlebnis, das man mit dem Boot gewinnen kann. Im Westen ragt das Watzmannmassiv auf, im Südwesten und Südosten bilden das Steinerne Meer und das Hagengebirge eine dramatische Kulisse, die nach Norden zu im **Hohen-Göll-Massiv** einen weiteren Höhepunkt hat. Zu den attraktiven Aussichtskanzeln über dem See gehört der dem Göllmassiv nach Westen vorgelagerte **Jennergipfel**, der durch eine Seilbahn erschlossen ist. Dazu gehört aber auch die **Archenkanzel** am Ostrand des Watzmanns mit Tiefblicken auf St. Bartholomä.

Ein Ausläufer des Watzmannmassivs nach Norden ist ein vorgelagerter Grasgipfel, der **Grünstein**, der nach Osten und Süden zu steil abfällt und das zu Füßen liegende Schönau und Berchtesgaden wie eine Spielzeuglandschaft erscheinen läßt. Man überblickt von hier aus fast alle Massive des Berchtesgadener Landes.

Der Wegverlauf

Der *Parkplatz Hammerstiel* in **Oberschönau** ist ein guter Ausgangspunkt. Gleich zu Beginn der Lichtung zieht links südwärts ein breiter Waldweg steil hoch. Nach wenigen 100 Metern zweigt ein Steig links weg, über den man auch zum Grünstein aufsteigen kann. Wir bleiben aber auf der Herz-Kreislauf-Teststrecke (Markierung: roter Balken auf weißem Grund) und erreichen, nachdem

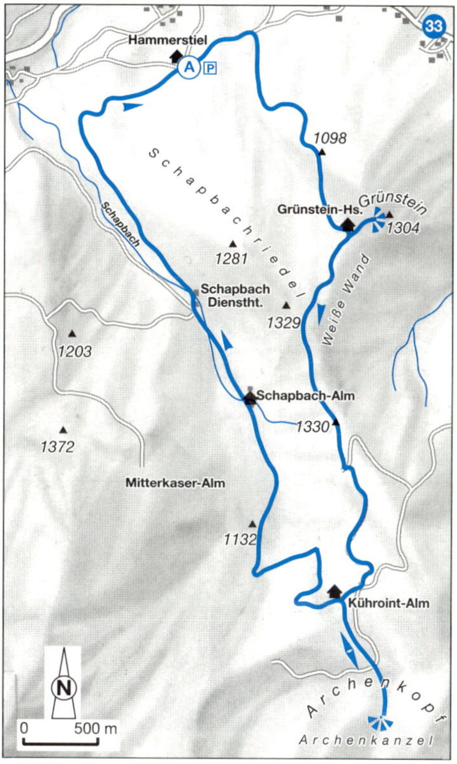

wir über 400 Höhenmeter überwunden haben, nach fast 1½ Stunden das **Grünsteinhaus**, eine bewirtschaftete Hütte, die von Mai bis Ende Oktober offen ist, aber keine Übernachtung bietet. Von hier aus kann man auf den Obersee hinunterschauen. Zum grasigen Gipfel des **Grünsteins** in 1304 Meter Höhe ist es nur noch eine Viertelstunde zu gehen. Zurück geht es auf gleichem Weg bis zur Hütte. Dann halten wir uns am Geländer vor dem Steilhang südwärts und steigen in den Wald hoch, der eine urtümliche Wildnis bietet.

Wir folgen den Abstürzen der *Weißen Wand* teilweise am Hang, dann auf einem schmalen Grat. Hier ist es etwas mühsam zu gehen, weil die Steigspuren verwurzelt und voll Geröll und Felsen sind. Vor allen Dingen sollte man auf die *Markierung roter Balken* achten und immer in Gratnähe bleiben, und zwar nahe den Abstürzen auf der rechten Seite. Natürlich gibt es vom Weg auch Ausblicke auf den Watzmann. Schließlich geht es steil auf eine Anhöhe und oben am Hang

So präsentiert sich das Hochkalter-Massiv vom Grünstein aus (die runde Kuppe im Vordergrund).

durch einen Koppeldurchlaß. Eine Lichtung wird durchquert, wir erreichen eine *Almstraße*. Ein paar Schritte gehen wir nach links weg zu einer *Dreieckskreuzung* und an dieser rechts wieder in der bisherigen, also südlichen Richtung. Die *Kührointalm* bleibt rechts liegen. Nach einem kleinen Anstieg wandern wir hinunter bis zu einer weiteren *Dreieckskreuzung*. Hier geht es links steil bergab bis zu einem *Wendeplatz,* wo ein Steig uns zum Aussichtspunkt **Archenkanzel** hoch über dem Königssee führt, der mit Bänken und Geländer versehen ist.

Zurück halten wir uns ein Stück auf dem gleichen Weg. Dann zweigen wir links in einen Steig, der uns direkt durch Blockwerk und Niederwald, Stauden und Latschen zur Unterkunftshütte **Kührointalm** führt. Hier kann von Anfang Juni bis Ende September übernachtet werden. Natürlich läßt sich auch gut einkehren. Gegenüber steht ein Haus des Bundesgrenzschutzes. Weiter geht es nach links bis zu einer Pfadverzweigung. Geradeaus kann man über den *Falzsteig* zum *Watzmannhaus* wandern. Wir gehen rechts ab in einen steilen Hangweg im Hochwald und stoßen bei einer Bank auf einen breiten Fahrweg. Hier wandern wir links weiter, bis wir von der Fahrstraße rechts abzweigen. Dieser Steig führt uns direkt zur **Schapbachalm**. Sie ist von Ende Mai bis Mitte September bewirtschaftet. Es sind »Preußen«, die den Wirtschafts- und Almbetrieb aufrechterhalten.

Nach der verdienten Einkehr wandern wir, der Fahrstraße folgend, bis zur *Schapbach-Diensthütte*. Hier verzweigt der Fahrweg: links geht es in Richtung Wimbachklamm, rechts am Steilhang des *Schapbachriedel* in Richtung Hammerstiel, also auf der rechten Seite des *Schapbachs,* während der Wimbachweg linksseitig verläuft. Am Auslauf der Bachschlucht schwenkt unser Weg nach rechts, nach Nordosten. Eine Schranke begrenzt diesen Forstweg, der uns zu den Parkplätzen am **Hammerstiel** zurückbringt.

Vom Aussichtspunkt Archenkanzel an den Ostausläufern des Watzmanns sieht der Königssee mit St. Bartholomä dunkel und geheimnisvoll aus.

Die bewirtschaftete Kührointalm liegt am Schnittpunkt von Bergpfaden zwischen Königssee, Schönau und dem Watzmann.

Nützliche Informationen

Ausgangspunkt: Hammerstiel in Oberschönau, Gemeinde Schönau. Zufahrt von Engedy an der Bundesstraße 305, von Bad Reichenhall über die Bundesstraße 20 zu erreichen, die am Ortsende von Strub im Tal der Ramsauer Ache auf die Bundesstraße 305 stößt.
Höhendifferenzen: Im Aufstieg 670 m. Im Abstieg 690 m. Hammerstiel – Grünstein Aufstieg 534 m, Grünstein – Kühroint 117 m, Auf- und Abstieg Kühroint – Archenkanzel 70 m, Kühroint – Schapbachalm Abstieg 380 m, Schapbachalm – Hammerstiel Abstieg 280 m.
Etappenlängen: Insgesamt ca. 16 km; Hammerstiel – Grünstein 3 km; Grünstein – Archenkanzel 4 km; Archenkanzel – Kühroint 2 km; Kühroint – Hammerstiel 7 km.
Gehzeiten: Insgesamt 5 Std.; Hammerstiel – Grünstein 1½ Std.; Grünstein – Archenkanzel 1½ Std.; Archenkanzel – Kühroint ½ Std.; Kühroint – Hammerstiel 1½ Std.
Einkehr: Grünsteinhaus, Kührointalm (mit Unterkunft), Schapbachalm, Wirtshaus »Hammerstiel«.
Sehens- und Wissenswertes: • Die Almen sind von Mitte Mai bis Mitte September bewirtschaftet. • Besondere Aussichtspunkte: der Grünstein und die Archenkanzel über Schönau. • Sehenswert in Oberschönau/Unterstein: der Gedenkstein an die ehemalige Arcokirche, die Schornkapelle, das Prinzregentendenkmal, die Schiffslände in Schönau mit den Schiffshütten und dem Hotel »Schiffsmeister«, die Seeklause, die Ländkapelle, die Statue auf der Insel Christlieger, der Malerwinkel, der Königsfall, St. Bartholomä mit dem ehemaligen Jagdschloß, jetzt Gasthof, und die Kirche St. Bartholomä, der Ruprechtskaser und das Denkmal zur Erinnerung an Prinzessin Marie Gabriele, die kleine Kirche St. Johann und Paul auf Bartholomä.
Auskunft: Kur- und Verkehrsverein Schönau am Königssee, 83471 Schönau am Königssee, Tel. (0 86 52) 6 11 61.
Karten: Topographische Karte, Bayerisches Landesvermessungsamt, 1:25 000, Blätter 8343, 8443.

34 Ein schwieriger Hausberg bei Berchtesgaden

Der Hohe Göll über das Hohe Brett

Tourencharakter: Sehr anspruchsvolle Hochtour, die Bergerfahrung, Trittsicherheit und Schwindelfreiheit erfordert und außerdem Kondition verlangt. Absoluter Höhepunkt der in diesem Buch vorgeschlagenen Bergwanderungen. Die Route, die überwiegend auf Felssteigen mit mäßiger Markierung verläuft, sollte bei schlechter Sicht und ungünstigen Witterungsverhältnissen nicht gegangen werden.
Beste Jahreszeit: Juni bis Oktober.
Reine Gehzeit: 7 Std.
Markierung: Roter Punkt auf weißem Grund.
Höhendifferenz: Im Aufstieg 1000 m ab Jenner-Bergstation. Im Abstieg ca. 1600 m.

Auf den **Hohen Göll**, der praktisch von jedem Haus in Berchtesgaden sichtbar ist und als Hausberg gilt, gibt es Anstiege in allen Schwierigkeitsgraden. Aber auch die einfacheren Routen erfordern Bergerfahrung. Eine klassische Tour im Göllgebiet ist die große Kammüberschreitung. Sie führt auf dem teilweise gesicherten Salzburger Steig über die Archenköpfe zum Hohen Brett und weiter zum Hohen Göll. Ausgangspunkt wäre hier das Purtscheller Haus oberhalb der Roßfeldstraße. Das ist kein Weg für Anfänger. Nicht nur wegen der Länge der Tour.

Wir beziehen deshalb bei unserem Rundkurs die Jennerbahn mit ein, folgen also nur zum Teil dem *Salzburger Steig* und nutzen zudem den *Alpeltalsteig*, der an der Bundesstraße 319 ausläuft, also bei Hinterbrand.

Der Gipfelstock über dem 2000 Meter tiefer liegenden Salzachtal zeigt sich als umgekehrtes »L«. Ein gewaltiger Kamm erstreckt sich nach Norden und ein etwas sanfterer westwärts über das Hohe Brett. Im Winkel liegen die Karrenfelder der Göllsande und der Umgänge. Dicht darunter die dramatischen Felswände, in die das Endstal und das Alpeltal eingegraben sind. Unser Weg verläuft durchwegs an der Landesgrenze. Das Carl-von-Stahl-Haus steht beispielsweise im Österreichischen.

Der Wegverlauf

Wir starten an der Bergstation der **Jennerbahn** und wandern Richtung Carl-von-Stahl-Haus, folgen also der Markierung *roter Punkt auf weißem Grund.* Das **Carl-von-Stahl-Haus** in 1728 Meter Höhe bietet vor dem Anstieg zum Hohen Brett eine Verschnaufpause. Wir wenden uns von hier ostwärts an der Hütte vorbei. Der Weg ist teilweise ausgesetzt. Er erfordert neben Trittsicherheit auch Schwindelfreiheit, obwohl Drahtseile angebracht sind.

Wenn wir zum **Hohen Brett** aufsteigen, kommen wir über mehrere Gipfel, die durch Steinmännchen oder ein Kreuz markiert sind. Wir sehen auch auf die beiden Gipfelkreuze des Gölls. Vom Hohen Brett steigen wir in östlicher Richtung hinunter in den Sattel am *Großen Archenkopf* und dann steil hinauf zu den beiden Gipfeln des **Gölls**. Man befindet sich in einer Umwelt voller bizarrer Gesteinsmassen mit vielen scharfen Kanten. Es ist Kalkgestein, das von der Witterung ausgewaschen ist.

Wir müssen vom Gipfel dann wieder hinunter in den Sattel. Hier zweigt der Weg ins **Alpeltal** ab. Dabei muß man sehr genau auf die *Markierungen* achten. Am Ende der Umgänge beim *Alpelkopf* zeigt der Wegweiser im rechten Winkel nach Südwesten. Ein Stück geht es aufwärts und dann hinunter.

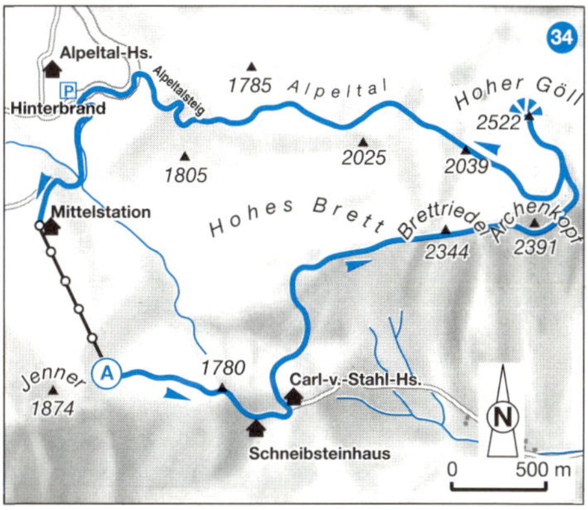

Schließlich kommen wir aus der wilden Felsregion der Umgänge hinaus in das sich öffnende Alpeltal und auf einem steilen Steig abwärts durch Bergwald nach Hinterbrand an der Bundesstraße 319. Hier müssen wir der Straße südwärts zum Parkplatz an der *Mittelstation der Jennerbahn* folgen, zu dem wir entweder mit dem Pkw angereist sind oder wo wir in den Bus steigen können.

Nützliche Informationen

Ausgangspunkt: Mittelstation Jennerbahn, Auffahrt mit der Jennerbahn zur Bergstation.
Anfahrt: Zugang von Bad Reichenhall bzw. Berchtesgaden über die Bundesstraße 319 bis Hinterbrand zum Parkplatz an der Mittelstation; evtl. mit dem Bus zum Parkplatz oder von Schönau von der Talstation der Jennerbahn aus.
Höhendifferenzen: Etwa 1000 m im Aufstieg ab Bergstation Jennerbahn (1802 m) und rund 1600 m im Abstieg. Jennerbahn-Mittelstation 1206 m, Bergstation 1802 m, Stahl-Haus 1728 m, Hohes Brett 2331 m, Brettriedel 2344 m, Archenkopf-Sattel ca. 2200 m, Hoher Göll 2522 m, Alpelkopf ca. 1900 m, Bundesstraße 319 1146 m.
Gehzeiten: Insgesamt 7 Std.; Bergstation – Stahl-Haus ½ Std.; Stahl-Haus – Hohes Brett 1½ Std.; Hohes Brett – Hoher Göll 1½ Std.; Hoher Göll – Archenkopf-Sattel 1 Std.; Archenkopf-Sattel – Alpeltal 2 Std.; über Bundesstraße 319 bis Mittelstation ½ Std.
Einkehr: Bergstation, Stahl-Haus.
Sehens- und Wissenswertes: • Das Jennergebiet ist ein wahres Wanderparadies mit zahlreichen ausgebauten Spazier- und Wanderwegen. Man kann von hier aus über die Gotzenalm oder direkt zum Kessel am Königssee absteigen.
Auskunft: Kur- und Verkehrsverein Schönau am Königssee, 83471 Schönau am Königssee, Tel. (0 86 52) 6 11 61.
Karte: Topographische Karte, Bayerisches Landesvermessungsamt, 1:25 000, Blatt 8444.

Der Hohe Göll ist neben dem Watzmannmassiv der eindrucksvollste Gebirgsstock im Berchtesgadener Land. Im Vordergrund der Böcklweiher mit der gleichnamigen Mühle.

35 Am Berg der Berge im Berchtesgadener Land

Von der Wimbachbrücke zum Watzmannhaus

Tourencharakter: Die Wanderung auf überwiegend guten und viel begangenen Wegen erfordert wegen der 7½ Stunden Gehzeit Kondition und beim Übergang zur Kührointalm, also auf dem Falzsteig, Trittsicherheit, obwohl Seilsicherungen angebracht sind. Es ist eine Hochgebirgstour, die eine entsprechende Ausrüstung verlangt.
Beste Jahreszeit: Mitte Mai bis Mitte Oktober, je nach den Verhältnissen.
Reine Gehzeit: 7½ Std.
Markierung: Wegweiser, roter Punkt auf weißem Grund, Pfeile.
Höhendifferenz: Im Aufstieg 1200 m. Im Abstieg 1200 m.

Um den Berg der Berge im Berchtesgadener Land ranken sich Sagen und Legenden. So soll die Arche Noah auf dem **Watzmann** gelandet sein, und vor langer Zeit mag es einen König namens Watzmann im Berchtesgadener Land gegeben haben. Er liebte weder Menschen noch Tiere, und sein größtes Vergnügen war es, sie zu quälen. Die wilde Jagd war seine höchste Freude. Nicht nur er allein, sondern auch sein Weib und seine Kinder waren dabei, wenn es auf dampfenden Rossen dem Wild nachging. So trieb er es Tag und Nacht, über Stock und Stein, bergauf und bergab.

Wieder einmal war die Watzmannfamilie unterwegs und sah im Dämmerlicht eine alte Frau, die Enkelin auf dem Schoß, vor einer Hütte sitzen. König Watzmann lenkte sein Pferd so, daß Reiter und Roß Großmutter und Enkelin zerstampften. Als der Bauersmann und sein Weib vor die Hütte traten, hetzte der König die Rüden auf sie, und die Watzmannfamilie sah zu, wie sich die Menschen sterbend im Blute wälzten. Da hob das Mütterlein mit gebrochenem Blick die zerfleischte Rechte empor und verfluchte im Sterben den König, die Königin und ihre sieben Kinder. Die Strafe Gottes solle sie erreichen und in Felsen verwandeln. Die Erde erbebte, ein Sturmwind erhob sich, und die Watzmannfamilie wurde zu Fels.

So steht heute der Watzmann mit Frau und sieben Kindern als ewiges Wahrzeichen im Berchtesgadener Land. Kein Wunder also, wenn der attraktive Bergstock mit seinen Gipfeln beliebtes Ziel von Bergwanderern und Kletterern ist. Wobei die Meinungen je nach Kondition und Können auseinandergehen, welche Route auf den Gipfel die schönste sei: der Berchtesgadener Weg durch die Ostwand, der Kederbacherweg oder der Salzburgerweg, die allerdings Klettersteige sind. Für den Normalwanderer genügt es, wenn er auf gangbaren Routen, wie der hier beschriebenen, zumindest das **Watzmannhaus** erreicht.

Es liegt 1928 Meter hoch und gehört der Sektion München des Deutschen Alpenvereins. Es steht seit 1888 und wurde in der Zwischenzeit mehrmals umgebaut. Eigentlich ist es ein Berghotel, so rege ist der Zuspruch zu dieser Hütte, die im Sommer bewirtschaftet ist.

Der Wegverlauf

Der **Parkplatz an der Wimbachbrücke** auf der Strecke zwischen Berchtesgaden und Hintersee ist Ausgangspunkt. Wir folgen zunächst dem Bachlauf und den Schildern »Grünstein/Watzmannhaus«. Auf einem schön ausgebauten Weg geht es eine gute Viertelstunde durch den Wald. Nach etwa 500 Metern kommen wir durch ein Wildgatter, von der Forststraße weg auf einen Steig. Hier heißt es *»Watzmannhaus 4 Std.«*.

Anfangs steigen wir durch Laubwald, der allmählich in Nadelwald übergeht. Zunächst ist es steil, dann wird es etwas flacher, und wir erreichen das Almgebiet der Stubenalm. Bis hierher ist es der *Alpenvereinsweg Nr. 441*. Hier mündet der *Weg Nr. 444* ein, der von Hammerstiel bei der Gemeinde Schönau am Königssee über Schapbachholzstube heraufführt. Der Weg verläuft jetzt über ein breites, offenes Almgelände. Wir halten uns bei der nächsten Weggabelung links (rechts geht es zur Skiabfahrt) und erreichen endlich die **Mitterkaseralm**, wo die Materialseilbahn

Das Watzmannhaus in 1928 Meter Höhe gehört der Alpenvereinssektion München und ist Ausgangspunkt für die anspruchsvollen Touren im Watzmannmassiv.

zum Watzmannhaus beginnt. Wir sind auf 1410 Meter Höhe. Die Alm ist in der Saison bewirtschaftet und bietet auch eine Notunterkunft.

Wir steigen erneut über das Almgelände. Der Rinkendelsteig zum Königssee zweigt ab und der Weg zur Kührointalm. Wir haben umfassende Ausblicke ringsum, wenn wir die Serpentinen hochsteigen zur **Falzalm,** die 1645 Meter hoch liegt. Unterhalb des Watzmannhauses kommen wir zu einer kleinen *Brücke,* die drahtseilversichert ist und einen Abgrund von vielleicht 20 Metern überwindet. Von hier haben wir einen schönen Ausblick auf die langen Platten des Hocheckausläufers.

Natürlich bietet das **Watzmannhaus** mit seinen 200 Schlafplätzen einen idealen Stützpunkt für Besteigungen der Watzmanngipfel. Aber von hier aus ist auch die Aussicht ungewöhnlich beeindruckend. Da beim Alpenverein Umweltschutz groß geschrieben wird, verlangen die Wirte des Watzmannhauses pro Tagesgast einen Umweltbeitrag von einer Mark. Nach Rast und Einkehr geht es wieder hinunter, zunächst auf gleichem Weg bis zur Falzalm. Der Abstieg ist bedeutend leichter als der Aufstieg. Allerdings ist der Fels schon sehr abgespeckt. Er verlangt also Trittsicherheit.

Bei der **Falzalm** wenden wir uns nun weg von unserem Aufstiegsweg und wandern in Richtung *Kührointalm,* die bewirtschaftet ist. Dieser sogenannte *Falzsteig* erfordert Trittsicherheit, obwohl er mit Stahlseilen gesichert ist. Die Markierung *rote Punkte auf weißem Grund oder Pfeile* ist spärlich. Wir befinden uns in einer bewegten Felslandschaft mit vom Wasser ausgewaschenen Felsformationen. Den Weg umrahmt Lärchenwald. Von der **Kührointalm** (1420 m) bietet sich ein Abstieg zum Königssee. Zumindest kann man einen Abstecher zur **Archenkanzel** machen, einem der schönsten Aussichtspunkte über dem See.

Wir aber gehen zunächst in westlicher Richtung steil hinunter. Der Weg schwenkt nach Osten zurück und landet nordwärts auf einer Forststraße. Jetzt wird es einfacher. Wir kommen in den moränengesäumten *Schapbachboden,* der einst von einem Gletscher ausgefüllt war. Am nördlichen Ende der lang-

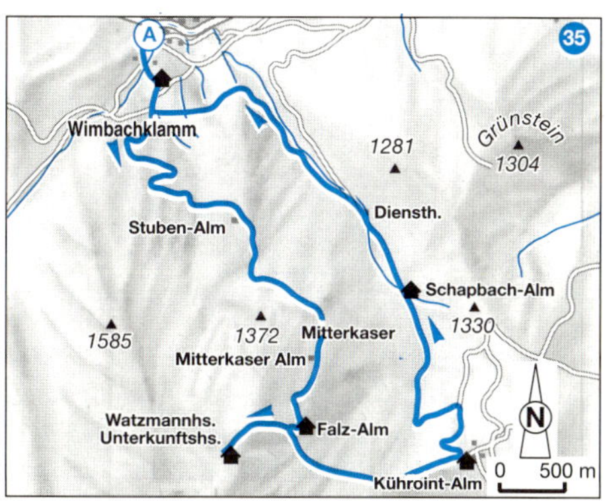

Blick vom Falzsteig auf den Kleinen Watzmann, im Hintergrund der Hochkalter.

gestreckten Lichtung erreichen wir die **Schapbachalm** (1040 m). Beim weiteren Abstieg kommen wir an der *Schapbach-Diensthütte* vorbei. Hier verzweigt der Forstweg. Der rechte Strang führt nach Hinterschönau. Wir folgen dem linken hinunter in Richtung Wimbachbrücke. Nach einem Wegstück im Hochwald schwenkt unser Forstweg ab nach Westen. Wir stoßen auf den Aufstiegsweg und zum Gittertor, durch das wir dann zum Parkplatz an der **Wimbachbrücke** kommen.

Nützliche Informationen

Ausgangsort: Von Berchtesgaden in Richtung Ramsau – Hintersee, auf der B 305 bis Irlach.
Ausgangspunkt: Wimbachbrücke.
Höhendifferenzen: Im Aufstieg 1200 m. Wimbachbrücke 715 m, Mitterkaseralm 1410 m, Watzmannhaus 1928 m, Kührointalm 1420 m, Schapbachalm 1040 m.
Gehzeiten: Insgesamt 7½ Std.; Wimbachbrücke – Watzmannhaus 4 Std.; Watzmannhaus – Kührointalm 1½ Std.; Kührointalm – Wimbachbrücke 2 Std.
Einkehr: Gasthaus »Wimbachklamm«, Watzmannhaus (mit Unterkunft), Mitterkaseralm und Kührointalm (mit Unterkunft).
Sehens- und Wissenswertes: • Wer will, kann vom Watzmannhaus in 2 Stunden das Hocheck besteigen (2650 m). • Von der Kührointalm gibt es einen hübschen Abstecher zum Aussichtspunkt Archenkanzel über dem Königssee. • Die Wimbachklamm am Eingang des Wimbachgries und vor allem Ramsau mit der Wallfahrtskirche Maria Kunterweg.
Auskunft: Kurverwaltung der Gemeinde Ramsau, 83486 Ramsau bei Berchtesgaden, Haus des Gastes, Tel. (0 86 57) 98 89 20, Fax (0 86 57) 772.
Karte: Topographische Karte, Bayerisches Landesvermessungsamt, 1:25 000, Blatt 8443.

Obwohl der Jenner (Bildmitte) ein großartiger Aussichtsberg ist, wirkt er vor dem Hohe-Göll-Massiv eher bescheiden.

36 Wanderparadies am Jenner

Die große Jennerrunde

Tourencharakter: Wer ein wenig Kondition hat und 700 Höhenmeter Aufstieg nicht scheut, kann auf dieser Route ohne Schwierigkeiten und wann immer es die Witterung zuläßt, fast das ganze Jahr über bummeln. Zum Teil breite Forstwege, zum Teil Steige. Feste Bergschuhe und Wanderkleidung erforderlich.
Beste Jahreszeit: Das ganze Jahr über, je nach Witterung.
Reine Gehzeit/Weglänge: 5 Std./12 km.
Markierung: Keine.
Höhendifferenz : Im Aufstieg 650 m.

Der **Jenner** ist einer der bekanntesten Aussichtsgipfel im Berchtesgadener Land und dem Hohen-Göll-Massiv westlich vorgelagert. Die Jennerbahn erschließt am Gipfel und im weiteren Gipfelbereich eine Fülle interessanter und schöner Wandermöglichkeiten. Statt die Bahn zu benutzen, wollen wir aber von der Talstation in Schönau über den *Hochbahnweg* aufsteigen. Auf 7 Kilometer Strecke sind bis zur Mittelstation 600 Meter Höhenunterschied zu überwinden.

Man kann zur *Gotzenalm* hoch über dem Königssee absteigen und von hier zum **Kessel.** Dieser Weg ist als Reitweg von König Max II. von Bayern angelegt worden. Der Kessel war im 19. Jahrhundert ein beliebter Vergnügungsplatz der Berchtesgadener Bevölkerung. Es gab eine romantische Einsiedlerklause aus dem Jahre 1794, einen kleinen englischen Garten mit seltenen Alpenblumen. Der Weg in die Kesselklamm ist allerdings verfallen.

Beliebt ist auch ein Bummel von Alm zu Alm, von Berggasthaus zu Berggasthaus. Die Strubalm, die Königsbachalm, die Branntweinbrennhütte, die Priesbergalm, das Schneibstein- und das Carl-von-Stahl-Haus, die Mitterkaseralm, aber auch das Jennerhaus (Dr.-Hugo-Beck-Haus) an der Mittelstation bieten Zünftiges. Und auf all den gut gepflegten Wegen ist man in der Saison nie allein, Scharen von Wanderern und Spaziergängern bevölkern sie. Großartig sind die Ausblicke auf die umliegende Bergwelt, tief hinunter zum Königssee, reizvoll der Wechsel von Almgelände, Busch- und Hochwald mit einer Fülle alpiner Pflanzengesellschaften. Es ist in der Tat eine Bilderbuchlandschaft hoch über der *»Schönen Au«*.

Es ist die Welt der Kaseralmen, der seltenen Alpenpflanzen und der Panoramablicke, erschlossen von einer Seilbahn, die im ersten Abschnitt 500, im zweiten Abschnitt fast 600 Höhenmeter überwindet und am Jennergipfel mit dem Gipfelrestaurant eine kulinarische Attraktion bietet. Nur wenige Meter unter dem Gipfelkreuz kann man im Bergrestaurant dem Koch in die Pfanne schauen und sich je nach Geschmack Schmankerl auf den Teller holen.

Der Wegverlauf

Ausgangspunkt ist der **Parkplatz Hinterbrand**, an dessen Ende wir nach links in Richtung Mittelstation wandern. Es ist ein schöner Steilhangweg *(Hochbahnweg)* im Wald, der schließlich ins Almgelände führt. Zunächst stoßen wir auf den Jennerwiesen-Skischlepplift und erreichen dann die **Mittelstation** in 1200 Meter Höhe. Hier ist ein Selbstbedienungsrestaurant untergebracht. Etwas oberhalb steht das Jennerhaus (Dr.-Hugo-Beck-Haus), ein Alpenvereinshaus. Wir wandern unterhalb auf dem breiten Weg weiter in Richtung *Königsbachalm*. Der Weg verzweigt in Höhe der *Wasserfallalm*.

Wir gehen geradeaus weiter und können 70 Meter oberhalb der Mittelstation bereits in der **Strubalm** einkehren. Hier gibt es in der Saison frische Milch. Stellenweise führt der Weg durch Buschwald. Bänke laden an aussichtsreichen Stellen zur Rast. Wir lassen Almgatter hinter uns und kommen durch Hochwald, steigen dann steil hinunter ins Königsbachtal. Die **Königsbachalm** und dahinter die **Branntweinbrennhütte** sind schon von weitem zu sehen. Nach der Holzbrücke über den Bach können wir rechts zu den bewirtschafteten Almen abzweigen.

Unser Weiterweg führt aber links steil hoch, unter der *Bärenwand* aufwärts, der Bachschlucht folgend. Drunten im Tal steht die Lohmaishütte. Am Weg liegt eine alte

Almhütte. Wir sind wieder im Almgelände und tief unter dem Südhang des grasigen und von Felsbrocken durchsetzten Jennerhanges. Von der *Lohmaishütte* könnten wir über einen Serpentinensteig direkt zum Jennergipfel aufsteigen. Wir gehen weiter auf dem bequemen Weg neben der Bachschlucht Richtung *Schneibsteinhaus.* Über Stufen führt ein Abzweig zum *Carl-von-Stahl-Haus,* bereits im Österreichischen. Wir sind im Grenzgebiet. Am Schneibsteinhaus vorbei können wir zum *Schneibstein* aufsteigen, der mit 2276 Meter Höhe als der leichteste Zweitausender des Berchtesgadener Landes gilt.

Wir halten uns aber links in den Hang hinein, der eine Brücke vom Schneibstein nach Norden zum Hohen Brett und nach Westen zum Jenner bildet. Wir spazieren teilweise über Stufen durch Latschen zu einem Grat. Kurz davor zweigt ein Pfad in Richtung Hohes Brett ab. Nach dem Sattel und einigen Schritten abwärts können wir links in Richtung Jennergipfel abbiegen. Rechts geht es hinunter zur *Mitterkaseralm.* Der Anstieg zur Bergstation ist wieder steil. An der Bergstation vorbei erreichen wir auf breitem Weg den **Jennergipfel**, der bei klarem Wetter eine überwältigende Aussicht bietet, obwohl er sich zwischen dem Hohen Göll und dem Watzmann recht bescheiden ausnimmt.

Unterhalb der Bergstation können wir zunächst einem Grat nordwärts folgen und dann in Serpentinen ostwärts durch Almgelände die **Mitterkaseralm** erreichen. Sie ist bewirtschaftet. Ein breiter Fahrweg führt nun oberhalb des Weidbaches weiter, erst nordwärts, dann nach Westen am Rand eines Steilabsturzes, durch Viehgatter, unter den Seilen der Sessel- und Jennerbahn hindurch ins Almgelände und hinunter zum Abzweig in Richtung *Königsbachalm.* Hier am Hang kann man im Sommer fast ununterbrochen die Pfiffe der Murmeltiere hören. Wir haben die Runde vollendet, verlassen das Almgelände und wandern nordwärts zur *Mittelstation* der Jennerbahn. Rechts kommt ein Steig von der *Krautkaseralm* hinunter. Er zieht parallel zur Sesselbahn. An einer Kreuzung halten wir uns rechts. Links könnten wir zum *Königssee* hinunterwandern. Wir aber stoßen nach wenigen Schritten auf die Parkplätze am **Hinterbrand**.

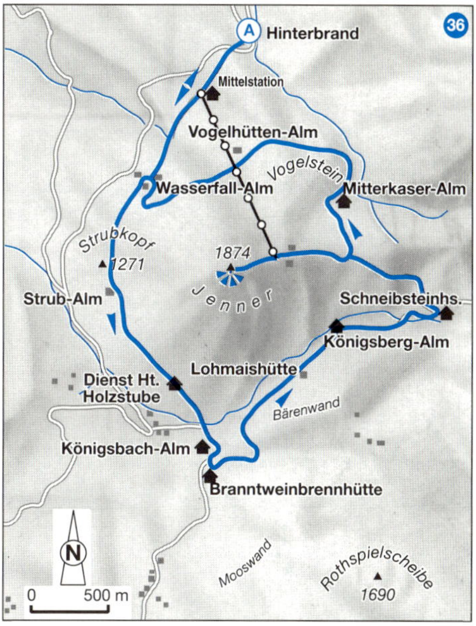

Nützliche Informationen

Ausgangspunkt: Parkplatz Hinterbrand. Von Berchtesgaden auf der Bundesstraße 319 in Richtung Obersalzberg, Abzweigung nach rechts über die Dürreckstraße zu erreichen.
Höhendifferenzen: Im Aufstieg 650 m. Im Abstieg 640 m. Im Aufstieg: Hinterbrand 1150 m, Mittelstation Jennerbahn 1206 m, Holzstube 1180 m, Königsbergalm 1617 m, Schneibsteinhaus 1670 m, Jennergipfel 1874 m. Im Abstieg: Mitterkaseralm 1530 m, Mittelstation Jennerbahn 1206 m, Hinterbrand 1150 m.
Gehzeiten: Insgesamt 5 Std.; Hinterbrand – Mittelstation 1/4 Std.; Mittelstation – Königsbachalm 1 1/2 Std.; Königsbachalm – Schneibsteinhaus 1 Std.; Schneibsteinhaus – Jenner-Bergstation 1/2 Std.; Jenner-Bergstation – Jennergipfel 1/4 Std.; Jennergipfel – Mitterkaseralm 1/2 Std.; Mitterkaseralm – Hinterbrand 1 Std.
Einkehr: Jennerbahn-Mittelstation, Strubalm, Königsbachalm, Schneibsteinhaus (mit Unterkunft), Jenner-Bergstation, Mitterkaseralm.
Sehens- und Wissenswertes: • Die Jennerbahn fährt das ganze Jahr über. Die meisten Almen sind von Mitte Mai bis Mitte September bewirtschaftet. Interessant ist der Almab-

trieb Mitte September. • Wer schon von Berchtesgaden zum Hinterbrand hinauffährt, berührt Obersalzberg. Von hier aus verläuft die mautpflichtige Roßfeld-Höhenringstraße, eine Aussichtsstraße unter dem Hohen Göll, die mit einer maximalen Steigung von 13 Prozent über 17 Kilometer in einer Höhenlage um die 1500 Meter verläuft. • Der vom Hohen Göll aus vorstoßende Sporn ist der 1873 Meter hohe Kehlstein. Hier herauf führt eine nur für Postomnibusse freie Straße zum Kehlsteinhaus, dem Diplomatenhaus der Hitlerzeit, auch »Teehaus« genannt. Es bietet eine großartige Aussicht und ist auch Ausgangspunkt für Wanderungen. • Der Obersalzberg, der bei der Auffahrt von Berchtesgaden zum Hinterbrand berührt wird, war im Dritten Reich vollgepflastert mit Führerbauten, die man 1952 fast alle gesprengt hat.
Auskunft: Berchtesgadener Bergbahn AG, Jennerbahnstraße 18, 83471 Schönau am Königssee, Tel. (0 86 52) 50 07 und 50 08.
Karte: Topographische Karte, Bayerisches Landesvermessungsamt, 1:25 000, Blatt 8444.

Edelweißstandorte sind selten und meist schwer zugänglich. Mit etwas Glück findet man diese Bergblumen an den Hängen der Reiter Alm.

37 Langer Weg im Klausbachtal

Zur Bindalm und zum Hirschbichlpaß

Tourencharakter: Eine lange Wanderung auf hervorragend ausgebauten Wegen; vor allem das Wegstück vom Hintersee ins Engerttal ist neu hergerichtet. Dann steigt die Route an. Es sind 350 Höhenmeter zu überwinden, aber es gibt keine Orientierungsschwierigkeiten oder Wegprobleme. Man hat die Möglichkeit, den Weg abzukürzen, denn zwischen Hintersee und dem Engerttal gibt es in der Saison Busverbindung, die allerdings bei schlechtem Wetter eingeschränkt wird. Man muß auch nicht den gleichen Weg zurückgehen, sondern kann eine Strecke auf dem parallel verlaufenden Fahrweg, es ist die Staatsstraße 2099, wandern. Der ausgebaute Wanderweg ist jedoch so reizvoll, daß die Rückkehr auf dem gleichen Weg nicht langweilig wird.
Beste Jahreszeit: Das ganze Jahr, je nach Witterungsverhältnissen.
Reine Gehzeit/Weglänge: 7¼ Std./ 24 km.
Markierung: Alpenvereinsweg Nr. 481.
Höhendifferenz: 350 m.

Die Südabstürze der **Reiter Alm**, an denen man bei dieser Wanderung hautnah entlanggeht, werden wegen ihrer Türme, Pfeiler und Kanten »Ramsauer Dolomiten« genannt. Der Weg im **Klausbachtal**, im Alpennationalpark, verbindet das Berchtesgadener Land mit dem Pinzgau und ist streckenweise mit einem alten Saumweg identisch. Neben dem Klausbach prägt vor allem der Wald den Talboden. Er hat viele Gesichter. Im nördlichen und mittleren Talbereich sind die Böden wasserdurchlässig wie ein Sieb und stellenweise so trocken, daß sogar der Wacholder

Der Weg im Klausbachtal zur Bindalm im Alpennationalpark verläuft im Banne der »Ramsauer Dolomiten«, wie die Südostabstürze der Reiter Alm genannt werden.

Forstdiensthütten und Almen wie die Bindalm sind Stationen am alten Saumpfad durch das Klausbachtal in den Pinzgau.

als Baum wächst. Das gleiche gilt für die Schuttfelder unter den Mühlsturzhörnern mit ihren Kiefernwäldern.

Zwischen der Engertholzstube und der Bindalm kommen zahlreiche Karstquellen aus dem Unterhang des Hochkalterstocks hervor. Hier führt der Weg durch Bergmischwälder, die noch viel von ihrer Ursprünglichkeit bewahrt haben. Auf dem **Bindalmgebiet** liegt eine kleine Almsiedlung, umgeben von einer ungewöhnlich eindrucksvollen Bergkulisse. Die historischen Almgebäude im Berchtesgadener Land werden »Kaser« genannt, das heißt »Haus« oder »Hütte« und ist vom lateinischen *Casa* abgeleitet. Sie sind teilweise restauriert worden. Von einigen weiß man das Alter, wie von dem Baldramkaser, der 1686 erbaut wurde. Sie liegen übrigens im ausmärkischen Forstgebiet, gehören also politisch zu keiner Gemeinde. Almromantik verbindet sich hier mit zauberhafter Natur, die einen ihrer Höhepunkte in Edelweißstandorten am Südhang der Reiter Alm hat.

Der Wegverlauf

Wer von **Hintersee** der Staatsstraße 2099 nach Südwesten folgt, findet bald den Weg durch einen Zaun versperrt. Es ist der sogenannte Wildzaun am Alpennationalpark, ab hier ist die Straße für den öffentlichen Verkehr gesperrt. Nur der Bus fährt in der Saison und bei guter Witterung in stündlichen Abständen zur *Engertalm*. Das ist etwa die halbe Wegstrecke zur Bindalm. Wir gehen also durch den Wildzaun, stoßen gleich auf ein wiedererrichtetes historisches Holzhaus. Da-

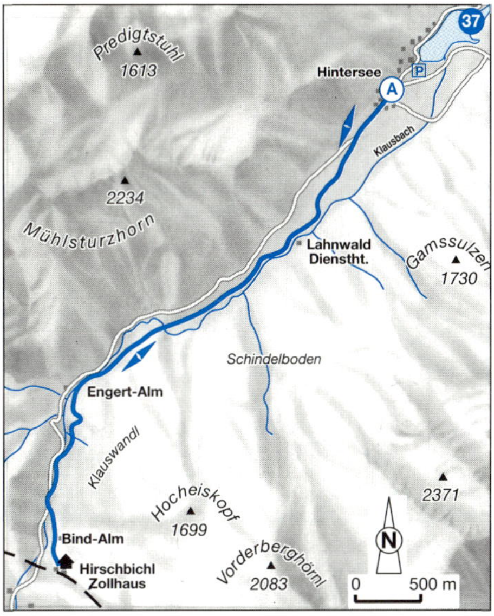

nach folgen wir ein Stück dem Teerweg, bis wir links abzweigen können. Es ist ein breiter, lichter Auenweg, der uns aufnimmt.

Bei einer Kreuzung könnten wir links in den Klausbachweg abzweigen. Wir gehen aber geradeaus. Wir kommen zu einer *Holzhütte*. Auch hier gibt es einen Abzweig, nämlich zur *Blaueishütte*. Sie liegt unter dem Blaueisgletscher am Hochkalter, dem nördlichsten Gletscher der Alpen. Weiter verläuft unser von Bänken gesäumter Weg mal näher, mal etwas weiter vom **Klausbach** entfernt, dessen milchige Wasser über das Geröll des Bachgrundes rauschen.

Ein Zufluß wird überquert, und nach einer weiteren Bachbrücke beginnt der Weg deutlich anzusteigen. Er wird enger und führt schließlich in einen Felshang über der Bachschlucht. Auch hier hat man Sitzgruppen angebracht.

Steil zieht der Weg aufwärts, nun im Hochwald, wo wir über eine Anhöhe kommen und dann wieder bergab das Ufer des Klausbachs erreichen. Wir sind nahe der Fahrstraße, gehen über eine Bachbrücke und auf dem *Klaustalweg* am Ufer weiter. In einer Talweitung, es ist das **Engerttal**, ist auch der Buswendeplatz. Jetzt kommen wir erneut über den Klausbach, gehen am Steilhang hoch durch eine wilde Landschaft, bis wir schließlich ein *Almgatter* erreichen. Wir sind wieder der Fahrstraße nahe. In großem Bogen steigen wir das Almgelände hoch und erreichen die **Bindalm**, eine Ansammlung von Holzhütten, die am Wochenende und in der Saison bewirtschaftet sind.

Am Almgelände vorbei gehen wir in südlicher Richtung auf einem Geländerweg in einem Steilhang zur Fahrstraße und auf dieser zum **Hirschbichlsattel** hinauf. Hier ist die bayerisch-österreichische Grenze und die Grenze zwischen Berchtesgadener Land und Pinzgau. Jenseits der Schranken steht das Bergheim *»Hirschbichl«*, das seit 1969 der Alpenvereinssektion Burghausen gehört. Gegenüber das Gasthaus *»Hirschbichl«* in 1153 Meter Höhe. Ein Stück dahinter können wir eine kleine hübsche Kapelle bewundern, ehe wir auf dem gleichen Weg zurückgehen.

Nützliche Informationen

Ausgangsort: Hintersee. Von der Deutschen Alpenstraße, der Bundesstraße 305, auf mehrereren Zufahrtswegen entweder von der Schwarzbachwacht oder von Ramsau aus zu erreichen.

Ausgangspunkt: Parkplatz am Wildzaun, Klaustal im Alpennationalpark.

Höhendifferenzen: Insgesamt 350 m. Hintersee – Engerttal 50 m, Engerttal – Bindalm 200 m, Bindalm – Hirschbichl 100 m.

Etappenlängen: Insgesamt 24 km.

Gehzeiten: Insgesamt 7¼ Std.; Hintersee – Engerttal 1¾ Std.; Engerttal – Hirschbichl 2 Std.; Hirschbichl – Engerttal 1¾ Std.; Engerttal – Hintersee 1¾ Std.

Einkehr: Bindalm, Gasthaus »Hirschbichl« sowie Gasthäuser am Hintersee.

Sehens- und Wissenswertes: • In Ramsau die katholische Kirche St. Fabian und Sebastian mit dem alten Friedhof und die Wallfahrtskirche Maria Kunterweg. • Der Taubensee bei der Schwarzbachwacht an der Deutschen Alpenstraße. • Der Bauernhof Fernsebenlehn. • Der Zauberwald.

Auskunft: Kurverwaltung der Gemeinde Ramsau, 83486 Ramsau bei Berchtesgaden, Haus des Gastes, Tel. (0 86 57) 98 89 20, Fax (0 86 57) 772.

Karten: Topographische Karte, Bayerisches Landesvermessungsamt, 1:25 000, Blätter 8343, 8442, 8443.

38 Der leichteste Zweitausender im Berchtesgadener Land

Von der Jennerbahn zum Schneibstein

Tourencharakter: Die Länge dieser relativ leichten Hochtour richtet sich danach, ob und wie weit man die Jennerbahn benutzt. Man kann von der Mittelstation aus gehen, aber auch von der Bergstation. Bis zum Schneibsteinhaus bewegen wir uns praktisch auf Fahrwegen. Die Route über das Torrener Joch verläuft auf einem Steig. Hier sind Hin- und Rückweg gleich. Die etwas schwierigere Rundtour erfordert Kondition und Trittsicherheit.
Beste Jahreszeit: Vom Frühsommer bis zum Spätherbst, je nach Witterung.
Reine Gehzeit: 6 Std.
Markierung: Roter Punkt auf weißem Grund, Alpenvereinsweg Nr. 416.
Höhendifferenz: Im Aufstieg und im Abstieg je 1075 m. Bei Benutzung der Jennerbahn bis Mittelstation spart man 600 Höhenmeter.

Kaum ein Gipfel im Berchtesgadener Land ist so viel besucht wie der **Jenner**, dessen Seilbahn in zwei Stationen bis nahe unter den 1874 Meter hohen Gipfel führt. Von hier ist der 2272 Meter hohe Schneibstein mit der großartigen Aussicht verhältnismäßig leicht zu erreichen. Der direkte Weg zum **Schneibstein** ist unschwierig und relativ kurz. Auch Skifahrer wissen das Gebiet zu schätzen, bieten doch die Große und die Kleine Reiben grandiose Abfahrten.

Am Weg zum Schneibstein verläuft die Grenze nach Österreich. Unterhalb, im Osten, schiebt sich von der Salzach her das Tal des Torrener Baches vor. Im Norden ragt

Abstieg vom Jenner zum Schneibsteinhaus. Im Hintergrund das Steinerne Meer.

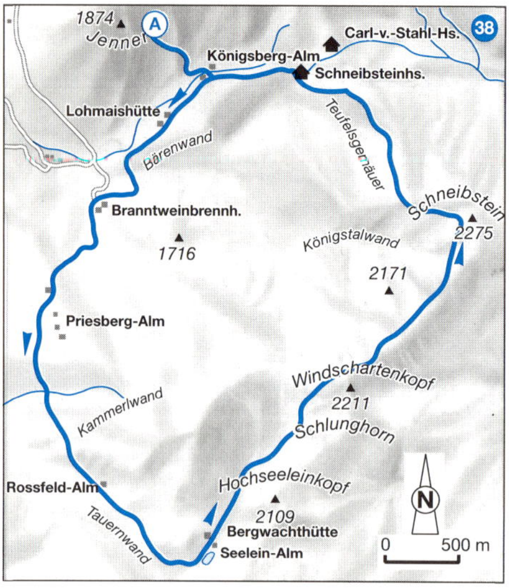

der Hohe Göll auf. Der mächtige Felsklotz des **Hohen Göll** schaut fast in jedes Haus des Marktes Berchtesgaden und gilt als einer der Hausberge. Im Süden baut sich das **Hagengebirge** auf, das teils zum Berchtesgadener Land, teils nach Österreich gehört. Auch das ist ein gewaltiges, einsames Hochplateau, das nach Norden und Osten in steilen Wänden abbricht.

Vor allem jenseits der Grenze gibt es kaum markierte Wege, dafür dichtes Latschengestrüpp. Das Hagengebirge reicht bis zum Königssee heran. Hier ist die Gotzenalm in 1685 Meter Höhe eine der wenigen noch bewirtschafteten Almen im Berchtesgadener Land. Das Rund um den Schneibstein ist etwas für Extrembergsteiger und Wildnispioniere und erfordert beim Begehen hohe Bergerfahrung. Der Schneibstein wird im Gegensatz dazu recht häufig besucht, er ist allerdings lange nicht so überlaufen wie die Wege rund um den benachbarten Jenner, der durch die Seilbahn erschlossen ist.

Der Wegverlauf

Ausgangspunkt für unsere Wanderung ist die **Jennerbahn-Mittelstation**. Erreichbar ist sie per Seilbahn vom Königssee aus bzw. von Berchtesgaden mit dem Pkw über Hinterbrand. Wer bis zum Gasthaus *»Alpeltal«* kurz vor Hinterbrand fährt, kann gebührenfrei parken. 500 Meter weiter sind die gebührenpflichtigen Parkplätze der Jennerbahn-Mittelstation. Am Ende des Parkplatzes geht es links in einen ausgebauten Waldweg zur *Mittelstation*.

Am Parkplatz der Mittelstation befindet sich eine Nationalparkkarte, auf welcher der Wanderweg zur Königsbergalm und zum Seeleinsee beschrieben ist. Der Schneibstein ist darauf nicht mehr erfaßt. An der Jennerbahn-Mittelstation trennen sich die Wege. Eine Abzweigung verläuft zur *Mitterkaseralm*, über die der Aufstieg zum Hohen Brett geht, wenn man nicht den zweiten Teil der Jennerbahn bis zur Bergstation nutzen will. Kurz nach der Mittelstation steht das Dr.-Hugo-Beck-Haus, das bewirtschaftete **Jennerhaus**.

Vor uns liegt ein gut ausgebauter Forstweg mit leichten Steigungen und Gefällen. Der Weg ist mit Aussichtsbänken bestückt. Er führt teils über Almgelände und teils durch lichten Waldbewuchs und bietet schöne Einblicke auf die Watzmannwände hinter dem Königssee, aber auch auf das Seeleinseegebiet mit Windschartenkopf und Schneibstein. In der bewirtschafteten **Branntweinbrennhütte,** die wir jetzt erreichen, können wir auch Schnaps kaufen. Vor der Königsbachalm ist der Weg zur Gotzenalm über dem Königssee abgeschwenkt.

Wir kommen über die bewirtschafteten **Priesbergalmen** und dann zwischen Tauernwand und Kammerlwand im *Stiergraben* über Fels- und Holzstufen, die bei Nässe etwas gefährlich sind. Der Weg ist hier mit einem *roten Punkt auf weißem Grund* markiert. In den Almwiesen ist es lehmig. Die gesamte Strecke ist nur als Steig ausgebaut, was Trittsicherheit und festes Schuhwerk erfordert.

Am **Seeleinsee** geht ein Weg zum *Kahlenberg* ab. Wir halten uns links am See entlang. Am Weg wird auf ein *Nottelefon* hingewiesen, das auf der nächsten Kuppe zu finden ist. Der See liegt gut 1800 Meter hoch. Bergmolche spazieren über den Fels unter dem dickbäuchigen Hohen Kahlersberg (2350 m). Parallel zur österreichischen Grenze wandern wir nun in nördlicher Richtung. Der Weg schlängelt sich unterhalb des Grates des *Seeleinkopfes* in Richtung Windschartenkopf in mäßiger Steigung. In den Wegmulden liegt im Hochsommer teilweise noch Schnee. Auch Stangen dienen als Markierung, denn die Kleine Reiben ist im Winter eine beliebte Skitourenroute.

Vorbei am **Windschartenkopf** halten wir uns im Sattel zum Schneibstein nördlich, folgen also den *roten Stangen*. Über einem Felsrücken sehen wir bereits das Gipfelkreuz. Wir haben einen schönen Blick auf den gegenüberliegenden Steilhang des Hohen Bretts und auf das Fischbachtal (Torrenertal) mit den Almen. Holprig verläuft der Weg zum Schneibstein über scharfkantigen Fels, der bei Nässe sehr rutschig ist, weil der Boden unter den Latschen Lehm enthält.

Der Abstieg vom 2275 Meter hohen Schneibstein entlang der Teufelsgemäuer zum *Schneibsteinhaus* (1668 m) und zum Carl-von-Stahl-Haus ist ein unschwieriger Steig. Auch das Schneibsteinhaus ist wie das dahinterliegende Stahl-Haus bewirtschaftet. Vom Schneibsteinhaus erreichen wir entweder über die Königsbergalm in einem Steilanstieg über den Jenner die *Bergstation* oder auf dem Umweg über das Stahl-Haus auf besserem Weg, der nicht so serpentinenreich ist. Von der Bergstation können wir dann hinunter zur *Mittelstation* fahren. Dadurch verkürzt sich der Abstieg um 600 Höhenmeter.

Nützliche Informationen

Ausgangspunkt: Mittelstation der Jennerbahn.
Anfahrt: Von Berchtesgaden über Hinterbrand. Dort Parkplatz.
Höhendifferenzen: Im Auf- und Abstieg je 1075 m. Verkürzung um je 600 m durch Benutzung der Jennerbahn bis bzw. ab Mittelstation. Mittelstation Jennerbahn 1206 m, Königsbachalm 1200 m (+ 260 m), Priesbergalm 1460 m (+ 340 m), Seeleinsee 1800 m (+ 410 m), Windschartenkopf 2210 m (+ 65 m), Schneibstein 2275 m (– 607 m), Schneibsteinhaus 1668 m (– 547 m) bzw. Stahl-Haus 1728 m (+ 134 m), Jenner-Bergstation 1802 m (+ 74 m).
Gehzeiten: Insgesamt 6 Std.; Mittelstation – Priesbergalm 1 Std.; Seeleinsee 1 Std.; Windschartenkopf 1 Std.; Schneibstein 1 Std.; Schneibsteinhaus 1 Std.; Jenner-Bergstation 1 Std.
Einkehr: Königsbachalm, Branntweinbrennhütte, Priesbergalm, Schneibsteinhaus bzw. Carl von Stahl-Haus (mit Unterkunft), Jenner-Mittelstation bzw. Jenner-Bergstation.
Sehens- und Wissenswertes: • Zu Füßen des Jenner der Königssee als attraktivstes Ziel, mit St. Bartholomä und Obersee, der Malerwinkel bei Schönau und die Gotzenalm über dem Königssee.
Auskunft: Kur- und Verkehrsverein Schönau am Königssee, 83471 Schönau am Königssee, Tel. (0 86 52) 6 11 61.
Karte: Topographische Karte, Bayerisches Landesvermessungsamt, 1:25 000, Blatt 8444.

39 Im Herzen des Nationalparks

Ins Wimbachtal

Tourencharakter: Ausgedehnte Wanderung, zu der man früh aufbrechen sollte. Mit Pausen volles Tagespensum. Wer nur bis zur Wimbachgrieshütte geht, kann dies auf Wegen tun, die auch von geländegängigen Fahrzeugen befahren werden. Ein weiterer Aufstieg im Wimbachgries erfolgt über Geröll und erfordert bis zum Grat zwischen Watzmann und Hundstod weitere 1½ Std. Gehzeit hin und zurück. Bergausrüstung erforderlich.
Beste Jahreszeit: Ab Schneeschmelze bis Ende Oktober.
Reine Gehzeit/Weglänge: 5 Std. plus 1½ Std. bei Fortsetzung im Gries/26 km.
Markierung: Alpenvereinsweg Nr. 421. Wegnummer erscheint nur ganz selten.
Höhendifferenz: Im Aufstieg 700 m.

Das **Wimbachtal**, das mittlere der drei Haupttäler des Nationalparks Berchtesgaden, verläuft zwischen dem Hochkalter und der Hocheisspitze im Westen und dem Watzmannmassiv, das im Osten aufragt. Im Süden schließt das Steinerne Meer mit dem 2593 Meter hohen Hundstod ab. Und gleich zu Beginn des Tales mit dem 300 Meter mächtigen und mehr als 10 Kilometer langen

Die Schuttströme des Wimbachgries zwischen Hochkalter und Watzmann treiben jährlich 4500 Tonnen Geröll aus dem Tal.

Schuttstrom kann man in eine eindrucksvolle Klamm absteigen.

Die Landwirtschaft hat das Wimbachtal schon im späten 14. Jahrhundert genutzt. Aber auch Holzknechte waren in den Wimbachwaldungen bereits früh tätig, um für die Saline Berchtesgaden Bäume zu fällen und die Stämme auf dem Wimbach und durch die Klamm zu triften. Dazu hat man damals einen Triftsteig durch die Klamm gelegt, der auch zum Transport von Heu für die Wildfütterung im Wimbachtal diente, denn hier war ein Jagdgebiet der Fürstpröpste in Berchtesgaden. Als das Land 1810 von den Wittelsbachern übernommen wurde, waren vor allen König Max Joseph II. (1848–1864) und Prinzregent Luitpold (1876–1912) fast jeden Herbst zur Hofjagd hier.

Das **Wimbacher Jagdschloß** ist vom letzten Fürstpropst von Berchtesgaden, Joseph Conrad von Schroffenberg (1780–1803), im Jahre 1784 gebaut worden. Ein paar hundert Meter hinter dem Klammende hat man einst Kreide abgebaut und sie in der unterhalb der Klamm stehenden Mühle gemahlen. In Salzburg wurde sie dann zu Kitt, Farbe und Augenheilmitteln verarbeitet. Als der Betrieb gegen die in Bad Ischl gewonnene Kreide nicht mehr konkurrieren konnte, wurde er in den achtziger Jahren des 19. Jahrhunderts eingestellt. Die Holztrift durch die Klamm endete bereits 1843. Vier Jahre später hat man die Klamm dann touristisch erschlossen. Die Bewirtschaftung der Klamm ist 1874 von der Sektion Ramsau des Verschönerungsvereins Berchtesgaden übernommen worden. Später war auch die Alpenvereinssektion Berchtesgaden bei der Ausgestaltung der Klammwege aktiv.

Der Weg durch die Wimbachklamm gleicht einem Streifzug durch 70 Millionen Jahre Erdgeschichte.

Wenn man das Tal aufwärts wandert, verschwindet der Bach bald. Nur bei starken Niederschlägen kann das Regenwasser nicht mehr im Schuttkörper versickern und fließt oberflächig ab. Dabei kommt der Schuttstrom in Bewegung. Es entstehen also immer neue Eintiefungen, Rinnen und Böschungen. Der Schuttstrom ist ständig in Veränderung. Jedes Jahr verlassen 4500 Tonnen von der Witterung, vom Wasser und von Regenfällen abgetragenes Material das Tal. Vor allem kann man bei der Talwanderung die unterschiedlichen Verwitterungsformen von Kalkstein und Dolomitgestein beobachten. Der Kalk wird ja durch Regenwasser gelöst und verkarstet, während beim Dolomit der Frost das Gestein in kleine Stücke sprengt. Den Unterschied sieht man oberhalb des Wimbachschlosses an der Watzmannseite besonders deutlich.

Die Wanderung durch Klamm und Tal ist ein Gang durch etwa 70 Millionen Jahre Erdgeschichte. Zwischen der Klamm und dem Wimbachschloß ist der **Dachsteinkalk** 1000 Meter mächtig. Er ist in einem flachen Meeresbereich entstanden. In der Nähe der Klamm hat man direkt an der Straße die Böschung verbaut und dabei Blöcke verwendet, an denen man bis zu 10 Zentimeter große Muschelreste sieht. Sie werden »Hirschtritte« oder »Kuhtritte« genannt. Oberhalb des Wimbachschlosses kreuzt eine breite Schuttrinne den Weg. Das ist die Grenze zwischen Dachsteinkalk und Ramsaudolomit, der im hinteren Bereich dominiert.

Der Wegverlauf

Wo der Wimbach in die Königsseer Ache fließt, hat sich eine Reihe von Gasthäusern angesiedelt. Auch Parkplätze wurden angelegt.

Wir folgen zunächst ab der **Wimbachbrükke** einem Teerweg steil aufwärts. Er mündet beim letzten Haus in einen Forstweg, der in den Wald leitet. Gleich danach zweigt links der Abstieg in die Klamm ab. Wir aber wandern rechts steil hoch. Der Weg verzweigt erneut. Rechts kann man in Richtung Ramsau – Hintersee wandern. Danach kommt ein Weg vom *Klausbach* aus hoch. Wir verlassen den Hochwaldbereich und sind nahe dem Ufer des Wimbachs im Niederwald. Gleich danach verschwindet der Wimbach und macht einem breiten Schuttstrom Platz. Es geht ständig aufwärts, teilweise im Hangwald unter dem Hochkalter. An einem riesigen Granitblock ist eine *Gedenktafel* für Richard Poscher aus Schapbach angebracht. Bald ist das **Wimbachschloß** (936 m) erreicht, wo man einkehren kann. Hinter der Hütte zweigt ein Kletterpfad zur *Hochalm* ab. Das ist auch eine Anstiegsvariante auf den Hochkalter. Wir kommen über eine *Schuttschneise* und dann wieder in den Wald hinein. Es wird steiler, der Weg enger. Wir sind im Latschenbereich und überqueren Schuttströme. Der Weg

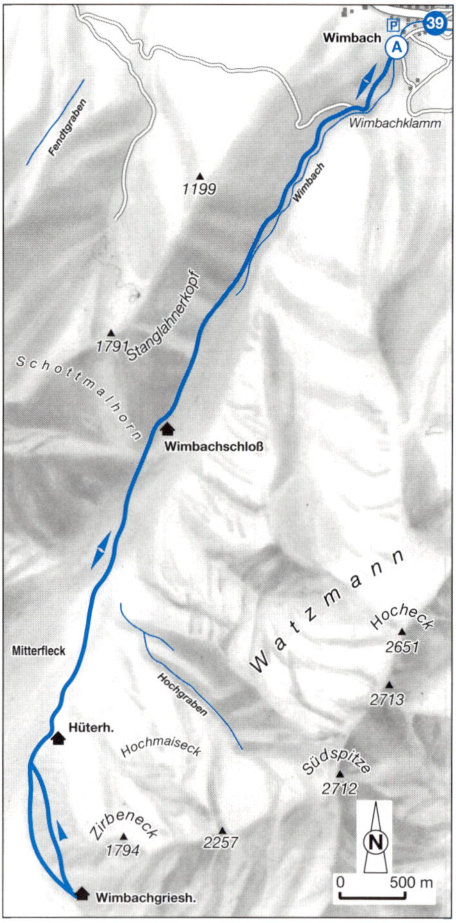

wendet sich nach links und steigt steiler an, bis wir die 1327 Meter hoch gelegene **Wimbachhütte** erreichen. Auch hier läßt sich einkehren. Auf drei Seiten beeindruckt die gewaltige Szenerie der Felsabstürze. Im Süden ragt der große Hundstod auf.

Wir können südostwärts im **Wimbachgries** weiter hoch wandern. Es geht steil aufwärts zwischen Schutt, Latschen und Krüppelkiefern, bis in etwa 1700 Meter Höhe der Übergang erreicht ist, wo ein Weg zum *Königssee* hinunterführt. Man kann von hier aus den Gipfel der Hirschwiese (2114 m), eines Berges mit berühmter Aussicht, besteigen. Ein Steig verläuft auch in Richtung *Hundstod*, unter dessen Hauptgipfel das Ingolstädter Haus liegt. Der Steig in Richtung Königssee mündet in den Weg, der vom Kärlinger Haus am Funtensee im Steinernen Meer durch die Saugasse herunterkommt.

Wer den Rückweg nicht auf gleicher Route gehen will, hält sich zunächst links am Hang der »Kirche« zum Wimbachgrieshaus und bleibt dann im Gries bis kurz vor dem Wimbachschloß. Es geht also nicht auf dem markierten Weg, sondern teilweise weglos über den Schotter.

Nützliche Informationen

Ausgangsort: Ramsau, von Bad Reichenhall über die Bundesstraße 20, Abzweig Wimbach im Ramsauer Tal, auf der Bundesstraße 305 zu erreichen.
Ausgangspunkt: Parkplatz an der Wimbachbrücke im Tal der Ramsauer Ache, an der Bundesstraße 305.
Höhendifferenzen: Insgesamt rund 700 m. Marktplatz – Wimbachbrücke 634 m, Wimbachschloß 936 m, Wimbachgrieshütte 1327 m, Sattel am Königsseeübergang ca. 1700 m (+ 370 m).
Etappenlängen: Insgesamt 26 km; Wimbachbrücke – Wimbachgrieshütte 13 km. Gleiche Länge für den Rückweg.
Gehzeiten: Insgesamt 6½ Std.; Wimbachbrücke – Wimbachschloß 1½ Std.; Wimbachschloß – Wimbachgrieshütte 1 Std.; Weiterweg im Gries 45 Min.; Rückweg in der gleichen Zeit.
Einkehr: Gasthäuser an der Wimbachbrücke, Wimbachschloß und Wimbachgrieshütte.
Sehens- und Wissenswertes: • Eine ungewöhnlich eindrucksvolle Kulisse bieten Hochkalter, Steinernes Meer und Watzmann. • Interessant für geologisch Interessierte ist die Schichtenfolge der Juragesteine in der Wimbachklamm. Bei der Klammwanderung kommen wir zu immer älteren Gesteinsformationen. Zunächst also zu den jüngsten Gesteinsschichten. Es sind dunkle, harte, spröde und kantige »Radiolarite«, Gesteine, die aus der Kieselsäure von unzähligen Skeletten mikroskopisch kleiner Tiere entstanden sind. Nach dem Abstieg in die Klamm finden wir rote Kalke mit zahlreichen Resten von Seelilien. Sie sind als helle Kalciteinkristalle von rundlicher Form zu erkennen.
Dann folgen die »Flaserkalke«. Sie haben eine rote Farbe, ihr Aussehen wird von knolligen Flasern bestimmt. Noch in der Klamm kann man den Übergang zu »Hornsteinkalken« beobachten, vor allen Dingen an der dem Klammweg gegenüberliegenden Seite. Die Knollen bestehen aus Kieselsäure, die überwiegend aus Skelettresten von Schwämmen stammen. Die Hornsteinkalke sind 40 Meter mächtig. Am Ende der Klamm treffen wir auf den Übergang in den »Dachsteinkalk«, also auf den Wechsel vom Jura in die Triaszeit.
Auskunft: Kurverwaltung der Gemeinde Ramsau, 83486 Ramsau bei Berchtesgaden, Haus des Gastes, Tel. (0 86 57) 98 89 20, Fax (0 86 57) 772.
Karten: Topographische Karte, Bayerisches Landesvermessungsamt, 1:25 000, Blätter 8343, 8443.

40 Zwischen Königssee und Steinernem Meer

Aufstieg zum Kärlinger Haus

Tourencharakter: Als Rundkurs erfordert diese Bergwanderung neben Kondition auch Trittsicherheit, wobei als Aufstiegsweg die Route von der Saletalm über Grünsee zu empfehlen ist, weil der Steig nicht nur sehr steil, sondern auch rutschig ist und beim Abstieg durchaus gefährlich werden kann. Wer die Mühen des 1200-Meter-Aufstieges durch schwierigeres Gelände nicht auf sich nehmen will, benutzt die gut ausgebaute Saugasse ab St. Bartholomä als Auf- und Abstiegsweg.
Beste Jahreszeit: Ende Mai bis Anfang Oktober, je nach den Verhältnissen.
Reine Gehzeit: 8 Std.
Markierung: Teilweise vorhanden. Wegweiser vorhanden.
Höhendifferenz: Im Aufstieg 1200 m. Im Abstieg 1000 m.

Die Bergwelt über dem **Königssee** wird eindeutig vom Watzmann im Westen und vom **Steinernen Meer** im Süden beherrscht. Von einem Meer aus Stein also, denn wie die Wellen eines erstarrten Ozeans schimmern die hellen Karstfelder des Steinernen Meeres. Felsige Rippen und Rinnen, Buckel und Mulden, Kare und Risse, Grate, Blöcke und abgeplattete Türme bilden eine Hochfläche aus Dachsteinkalk, in der alle Niederschlagswasser lautlos und auf unbekannten Wegen verschwinden, sich in der Tiefe sammeln und als starke Karstquellen in den Tälern zutage treten. Es gibt keine Bäume mehr, nur noch verkrüppelte Latschen. Zwischen Karrenfeldern und Kalkplatten wachsen grüne Polster und zarte Blumen, manchmal eingezwängt unter Steinbrocken.

Wo sich das Erdreich halten kann, schwimmt es in der Felslandschaft wie grüne Inseln, auf denen gelegentlich Schafe weiden. Die Gipfel, die aus dieser über 2000 Meter hoch gelegenen Fläche herausragen, muten eher bescheiden an, auch wenn sie Höhen bis über 2600 Meter erreichen. Nach Süden aber brechen sie in mächtigen Wandfluchten ab. Hier ist Grenzgebiet. Großartig sind die Zirben- und Lärchenwälder unterhalb des Plateaus. Steinböcke fristen hier ihr karges Dasein zwischen zahlreichen Murmeltierkolonien. Auch Auer- und Birkwild kommt vor. Sogar den Steinadler kann man über der Karstfläche des Steinernen Meeres kreisen sehen.

Das eindrucksvolle Karstgebiet liegt nur zum Teil auf deutschem Boden, im Süden der Berchtesgadener Alpen, und umfaßt als Gebirgsstock einschließlich der Watzmanngruppe die gewaltige Fläche von 160000 Quadratkilometern. Das Funtenseegebiet, weitgehend auf deutschem Boden, erstreckt sich im nördlichen Teil des Steinernen Meeres.

Die mehrfache Vergletscherung während der Eiszeiten hat die eigentümlichen Bergformen hier geschaffen. Das Eis hat sich von mehreren Seiten in den Fels hineingearbeitet. Die beweglichen Eismassen haben Schliffkehlen in die Felsflanken gehobelt. So sind die steilwandigen, hörnerartigen Bergformen entstanden. In der Gebirgsoberfläche konnten sich auch geschlossene Hohlformen bilden, sogenannte Dolinen, deren größte über 2 Kilometer lang und etwa 750 Meter breit ist.

Die Karsthohlform des **Funtenseegebietes** ist aus zwei solch großen Dolinen entstanden. Getrennt wurden beide durch eine von der Eiszeit geprägte Felsschwelle. Die tiefste Stelle der einen Doline hat einen ebenen Boden von mehr als einem halben Hektar. Sie liegt in 1628 Meter Höhe und besteht aus einem Niedermoor. In der anderen Doline füllt der **Funtensee** den tiefsten Teil. Der 34 400 Quadratmeter große See ist an seiner tiefsten Stelle fünfeinhalb Meter tief und liegt in 1600 Meter Höhe. Der Steingraben, der Stuhlgraben und der Rennergraben speisen den See. Entwässert wird er unterirdisch über die »Teufelsmühle«.

Die Oberfläche des Steinernen Meeres ist allerdings sehr empfindlich. Das zeigt sich sogar in Trittschäden, die von Wanderern verursacht werden. Aber es sind nicht nur Kalksteine, die das Gebiet des Steinernen Meeres prägen, auch Juragesteine und Gesteine des mittleren und unteren Trias kommen vor. Und es sind Verwitterungsprodukte von Juragesteinen, die beispielsweise den Funtensee weitgehend abgedichtet haben.

Der Wegverlauf

Unsere Tour beginnt mit einer Schiffahrt in Schönau am Königssee. Wer mit dem Pkw angereist ist, muß am Königssee-Parkplatz Gebühren berappen.

Ausgangspunkt unserer Rundtour ist die **Endstation der Königssee-Schiffahrt**. An der Anlegestelle sind mehrere Almen bewirtschaftet. Die Fahrt mit dem Königssee-Schiff kostet für Erwachsene 20,00 DM, für Kinder 10,00 DM (Stand 1994).

Von der *Saletalm* können wir, wenn wir Zeit haben, einen Abstecher zum Obersee machen. Das dauert eine Viertelstunde hin und eine Viertelstunde zurück. Oder zur *Fischunkelalm* am Ende des *Obersees*. Dafür benötigt man 1½ Stunden hin und zurück. Man kann auch zum *Rötbachwasserfall* gehen. Aber da wir bei unserem Rundkurs mit 8 Stunden Gehzeit rechnen müssen und auch entsprechende Pausen brauchen, wird kaum Zeit dafür bleiben.

Keine Kleinigkeit bedeutet der Aufstieg vom Königssee auf dem Sagerecksteig zum Steinernen Meer.

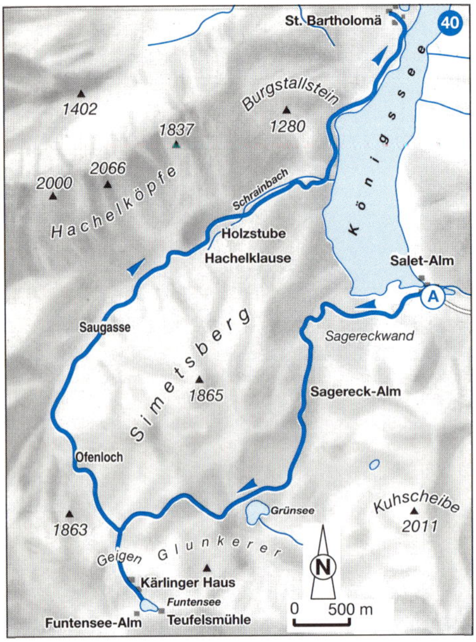

Wir gehen also von der *Schiffsanlegestelle* zur **Saletalm** und von dort in westlicher Richtung über das Almgelände auf die vor uns aufragende **Sagereckwand** zu. Kaum haben wir den Waldrand am Steilhang erreicht, wird es dramatisch. Ein Geröllsteig mit Holz- und Steinstufen nimmt uns auf. An Stellen, die etwas ausgesetzt sind, hat man Seilgeländer angebracht. Markierungen gibt es nicht, aber die Beschilderung an Schlüsselstellen ist gut. Man kann sich ohnehin kaum verlaufen. Es gibt keine andere Möglichkeit, wenn man den Weg hier einmal angegangen ist.

Bei der Steilheit des etwas ausgesetzten und schwierigen Weges sollte man die Ausblicke nicht vergessen, die sich von hier aus erschließen: auf St. Bartholomä, über den Königssee und auf den Obersee. Nach der Wand folgen wir einem Weg durch eine Wildnis aus Baum- und Strauchwerk und Steinen. Dann erreichen wir das Almgelände der verfallenen **Sagereckalm**. Wir sind 1363 Meter hoch und haben für dieses relativ kurze Stück 2 Stunden gebraucht. Unsere Wegrichtung ist jetzt Süden, schön ist der Blick auf die Funtenseetauern. Wir kommen zu einer Abzweigung in 1525 Meter Höhe. Nach Osten führt ein Steig zum Schwarzen See, zur verfallenen Halsalm unterhalb der Scheibenwand. Die Gipfel darüber heißen Kuhscheibe und Moosscheibe.

Eine weitere halbe Stunde ist von der Sagereckalm aus vergangen. Unser Weg schwenkt nach Westen. Jetzt stoßen wir auch auf Markierungen. Wir erreichen den Kessel des **Grünsees** und müssen auf diesem Wegstück etwa 100 Meter absteigen. Zirka 50 Meter oberhalb des Sees verläuft unser Steig. Eigentlich müßte der See, der 1474 Meter hoch liegt, wegen seiner eigentümlichen Form »Herzsee« heißen. Jedenfalls geht es wieder bergauf. Wir erreichen in 1716 Meter Höhe einen *Sattel*. Um uns sind Felsen mit Gletscherschliff. Das heißt, sie sehen aus, als hätte man alle Spitzen und Grate daran abgeschliffen. Bald ist der Aufstiegsweg von *St. Bartholomä* aus erreicht, wir schwenken nach Süden. Vom Grünsee bis hierher haben wir eine gute Dreiviertelstunde gebraucht. Bis jetzt etwa 3½ Stunden.

Zum Kärlinger Haus ist es nicht mehr weit, im Blick der Hundstod und das Seehorn, ein ganz spitzer Bergkegel. Das **Kärlinger Haus** liegt 1630 Meter hoch und der etwa 200 Meter südöstlich davon gelegene **Funtensee** 1600 Meter. Am nördlichen Rand befindet sich die sogenannte Teufelsmühle, eine Höhle, in der das Funtenseewasser abfließt. Die ursprüngliche *Funtenseealm* ist verfallen. In der Nähe gibt es noch eine *Branntweinbrennhütte*.

Der Weg führt für Unermüdliche und für solche, die im Kärlinger Haus übernachten, weiter zum *Riemannhaus* und zu einem Anstieg auf die *Schönfeldspitze* (2653 m). Wir aber gehen zurück vom Kärlinger Haus und ein Stück aufwärts auf 1672 Meter zu einem Wegabzweig. Hier halten wir uns links. Dieser Weg ist gut ausgebaut. Meist können zwei Personen nebeneinander gehen, Steilstellen sind durch Serpentinen entschärft. Zuerst schwenkt der Weg aus der nordwestlichen Richtung ein Stück nach Süden und in einer Kehre dann nordwärts. »*Ofenloch*« heißt es hier. Dann steigen wir hinunter zum *Bärengraben*, wo der Weg nach Norden und Nordosten abknickt und nun in die sogenannte »Saugasse« taucht. Zwischen den Felswänden wird es steil. Es sind die Serpentinen, die den Steilabstieg gut begehbar machen.

An der Schönauer Schiffslände am Nordzipfel des Königssees stehen sechs große denkmalgeschützte Schiffshütten.

Nach dem Felsriegel kommen wir in das Almgelände der verfallenen **Unterlahneralm**. Vor uns ragt die Felsbastion der Hachelköpfe auf, und unter dem Mausalpeck verzweigt der Weg. Wer links abgehen würde, könnte ins *Wimbachgries* absteigen. Wir halten uns aber rechts ein Stück ostwärts zur Hachelklause, dann wieder nordöstlich, dem Lauf des *Schrainbachs* folgend, durch das Gebiet der **Schrainbachalm**. Schließlich kommen wir am **Schrainbachwasserfall** in Serpentinen hinunter in Ufernähe des Königssees. Hier geht es nordwärts nach **Bartholomä**, wo uns nach einer Rast im Wirtshaus die Königssee-Schiffahrt aufnehmen kann. Wer viel Kondition und Zeit hat, kann von St. Bartholomä westwärts zur **Eiskapelle** hinaufsteigen. Allerdings ist das ein Geröllsteig, der 1½ Stunden Aufstieg erfordert und an dessen Ende man nichts weiter sieht als ein ausgewaschenes Eisloch.

Nützliche Informationen

Ausgangsort: Schönau am Königssee.
Ausgangspunkt: Königssee, Anlegestelle Saletalm am Ende der Seeschiffahrt.
Anfahrt/Rückfahrt: Von Bad Reichenhall oder Berchtesgaden mit dem Bus erreichbar bzw. mit dem Pkw, Parkgebühren am Pkw-Parkplatz 4,00 DM, Fahrtkosten mit der Königssee-Schiffahrt 20,00 DM für Erwachsene, 10,00 DM für Kinder (Stand 1994).
Zu beachten sind die Schiffahrtszeiten: Das letzte Schiff fährt um 17.40 Uhr ab Obersee und um 18.00 Uhr ab St. Bartholomä weg. Schiffe fahren zwischen April und Oktober. Für die Hinfahrt sind von Schönau zum Obersee 1½ Std. zu rechnen. Bei der Rückkehr muß man berücksichtigen, daß ab 16.30 Uhr bei St. Bartholomä zahlreiche Touristen auf die Schiffe warten und Bergwanderer natürlich keinen Vortritt haben. Also sind Wartezeiten einzukalkulieren.
Höhendifferenzen: Saletalm bis Kärlinger Haus 1200 m im Aufstieg, dazwischen aber 200 m Abstieg, Abstieg vom Kärlinger Haus bis St. Bartholomä 1000 m.
Gehzeiten: Insgesamt 8 Std.; Saletalm – Sagereckalm 2 Std.; Sagereckalm – Grünsee 1 Std.; Grünsee – Kärlinger Haus 1 Std.; Kärlinger Haus – Funtensee und zurück ½ Std.; Kärlinger Haus über Saugasse nach St. Bartholomä 3½ Std.

Unterkunft: Das Kärlinger Haus ist eine große DAV-Hütte. Hier kann man übernachten. St. Bartholomä bietet nur eine Einkehr-, aber keine Unterkunftsmöglichkeit.

Einkehr: Saletalm, Kärlinger Haus, Wirtshaus auf St. Bartholomä.

Sehens- und Wissenswertes: • Im Frühjahr und Herbst wird das Vieh, das im Bereich des oberen Sees den Sommer über weidet, mit Schiffen über den Königssee gebracht.

• Die Fahrt mit dem Schiff über den Königssee ist eine Attraktion für sich. An der Echowand wird ein Flügelhorn geblasen. Die Sehenswürdigkeiten am Königssee werden von den Schiffsführern gut erläutert. • Ende August findet eine Wallfahrt nach St. Bartholomä statt, und zwar am Kirchweihsonntag vor oder nach dem Bartholomätag (24. August). Die Wallfahrer kommen aus Alm- und Saalfelden zu Fuß und von einer Blaskapelle begleitet über das Steinerne Meer. Sie gedenken der Toten, die im Jahre 1688 an der Falkensteiner Wand im Königssee ertrunken sind, weil ihr Boot durch eine Windböe zum Kentern gebracht wurde. • Auf St. Bartholomä ist die Wallfahrtskirche interessant, ein hübscher Barockbau, 1697 neu gebaut. An die Kirche schließt das ehemalige Jagdschloß an, das jetzt als Gasthaus genutzt wird. Am Eiswinkel oberhalb von St. Bartholomä steht eine Marter aus Marmor. Ferdinand von Miller hat sie für Prinzessin Gabriele von Bayern errichten lassen. • Die Watzmann-Ostwand ist mit 2000 Meter die höchste der Ostalpen.

Auskunft: Kur- und Verkehrsverein Schönau am Königssee, 83471 Schönau am Königssee, Tel. (0 86 52) 6 11 61.

Karten: Topographische Karte, Bayerisches Landesvermessungsamt, 1:25 000, Blätter 8443 und 8543/44.

Ein Anziehungspunkt für viele Besucher ist das einstige Jagdschloß und heutige Gasthaus auf St. Bartholomä.

Anhang

Sehenswürdigkeiten im Berchtesgadener Land

Kurzgefaßter Überblick über die wichtigsten Sehenswürdigkeiten, alphabetisch nach Orten
(Siehe auch »Kulturelle Highlights«, Seite 20f.)

Ainring
Ensemble Pfarrkirche, das Ainringer Moos, ehemaliges Brechelbad in Mürack, Lourdeskapelle in Ottmaning, spätgotische Pfarrkirche St. Ulrich in Ulrichshögl.

Anger
Pfarrkirche Anger, Ensemble Dorfplatz, Kuratiekirche Aufham, Taverne »Zur Burgruine« in Vachenlueg, Kirche von Steinhögl, Kloster und See Höglwörth, Stroblalm, Johannishögl, Neubichler Alm.

Bad Reichenhall
Kurgastzentrum, Kurgarten, Gradierwerk, Staatliches Kurhaus (seit 1900), Fußgängerzone in der Innenstadt, Alte Stadtmauer, Rathausplatz, Floriansplatz, Brunnen, Salzmuseum im Quellenbau Alte Saline, Glashütte in der Alten Saline, Predigtstuhl mit der ältesten Zweiseilbahn der Welt, Städtisches Heimatmuseum, Faschingsordenmuseum, Burg Gruttenstein und Pulverturm, Münster St. Zeno mit Kreuzgang, Waldlehrpfad am Karlspark, Saalachsee, Thumsee, Seerosenpflanzung im Seemösl am Thumsee, Burgruine Karlstein (12. Jh.), Bad Reichenhaller Salinenrundweg und andere Soleleitungswege, Nonner Kurpark, Listsee, Schloß Marzoll, St. Valentin in Marzoll (789 erwähnt), Wildgehege beim Gasthof Obermühle.
Kirchen: St. Nikolaus mit Fresken von Moritz von Schwind, St. Ägid, romanisch und neugotisch, St. Johannis-Spitalkirche (1140), älteste Kirche der Stadt, Salinenkapelle am Brunnenhaus (neubyzantinisch), evangelische Stadtkirche (1981), St. Georgskirche (15. Jh.), Neuapostolische Kirche (20. Jh.), Wallfahrtskirche St. Pankraz, Wallfahrtskirche St. Georg in Nonn.
Almwirtschaften: Kugelbachbauer, Padinger Alm, Bergwirtshaus Listsee, Niederalm.
Berghütten: Zwieselalm und Reichenhaller Haus am Hochstaufen, Bergwirtshaus Listsee.

Bayerisch Gmain
Schloß Oberhausen, Bergkurgarten.

Berchtesgaden
Franziskaner-Klosterkirche und -Kloster sowie Friedhof nördlich der Kirche, Schloß Fürstenstein, Luitpoldhain, königliche Villa, katholische Kirche St. Andreas, der ehemalige Konventbau des Chorherrenstiftes (auch Schloß), Augustinerchorherren-Stiftskirche, die Schloßarkaden, die alte Propstei, Schloß Adelsheim, Salzbergwerk, Schusterlehen in Vordergern, Wallfahrtskirche Maria Gern, Kugelmühlen in der Almbachklamm, Roßfeld-Höhenringstraße, Kehlsteinhaus am Obersalzberg.

Bischofswiesen
Das ehemalige Brunnenhaus Söldenköpfl und das ehemalige Brunnenhaus Ilsank der Soleleitung, Hallthurm: Rest einer Paßbefestigung in Winkl.

Laufen
Älteste gotische Hallenkirche Süddeutschlands, Schiffermuseum, Stille-Nacht-Kapelle (in Oberndorf in Österreich), das Kulbinger Filz und das Ensemble Kulbing, Schloß Abtsee, Schloß Triebenbach, fürstbischöfliches Schloß.

Marktschellenberg
Die Eishöhle im Untersberg, der Paßturm aus dem 12. Jh., Wallfahrtskirche Mariä Heimsuchung in Ettenberg.

Piding
Schloß Staufeneck, Johannishögl, der Högl insgesamt.

Ramsau
Pfarrkirche St. Fabian und St. Sebastian, Friedhof, Wallfahrtskirche St. Mariä Himmelfahrt am Kunterweg, Hellnkapelle in Hochschwarzeck, Antoniuskapelle am Hintersee, Flachsbrecherstube an der Alpenstraße, Pestkreuz an der Lattenbachbrükke, Heiratsstein an der Hirschbichlstraße, Zauberwald, Taubensee, Mordaualm.

Saaldorf
Ensemble Abtsdorf und Abtsdorfer See.

Schneizlreuth
Aschauer Klamm, Weißbachschlucht, Gletschergarten, der Soleleitungsweg und die ehemaligen Brunnenhäuser.

Schönau am Königssee
Königssee, die katholische Wallfahrtskirche

St. Bartholomä, in Unterschönau das ehemalige Landhaus mit Atelier des Malers Ludwig Thiersch.

Teisendorf
Die Villa Wieninger der Brauereifamilie, das ehemalige fürstbischöfliche Bräuhaus, die Brauerei Wieninger, Reste der Burg Raschenberg in Oberteisendorf, die Gedächtniskapelle für König Ludwig I. und König Otto von Griechenland in Reut, die Bergknappenkapelle in Weitwies, Surspeicher mit Biotopen, die Hüttenwerks- und Eisengießereigebäude, Bergbaumuseum in Achthal.

Weitere interessante Tourenvorschläge für das Berchtesgadener Land

Von Laufen aus
Der Verkehrsverband Abtsdorfer See, mit den Orten Laufen und Saaldorf, St. Georgen bei Salzburg, Nußdorf am Haunsberg und Lamprechtshausen, empfiehlt im Grenzland zu Österreich 25 interessante Wanderrouten.

- Zunächst geht es um eine *Wanderung rund um die Stadt*, beginnend beim Haus des Gastes, das sich im Rathaus befindet. Stationen am Weg sind das Salzachufer, das alte Stadttor, die Stadtpfarrkirche Mariä Himmelfahrt, das Geburtshaus des Barockmalers Johann Michael Rottmayr, das ehemalige fürstbischöflich-salzburgische Lustschloß, die alte Schiffervorstadt Obslaufen mit den typischen Schifferhäusern. Rückweg auf der gleichen Route. Insgesamt 1 Stunde.
- Ein zweiter Weg führt in 1½ Stunden von *Laufen* über Sturz, Lepperding zurück nach *Laufen*.
- Die Runde *Laufen – Schloß Triebenbach – Abtsdorfer See* dauert 3 bis 4 Stunden.
- Zum *Abtsdorfer See* kann man auch in 2 Stunden von Laufen über Biburg gehen.
- Eine weitere Runde zum *Abtsdorfer See* führt in 5 Stunden über *Steinbrünning*.
- In 4 Stunden kann man von Laufen aus über Using das *Kulbinger Filz* ansteuern. Es geht weiter über Leobendorf, Oberhaining.
- Zum *Schönramer Filz* dauert es von Laufen aus über Using und Kulbing 6 Stunden, zurück über Ehemoosen, Leobendorf, Moosham.
- Eine Wanderung von *Oberndorf* nach *Maria Bühel* ist eine Erinnerung an das Lied »Stille Nacht, heilige Nacht«, das in der Kapelle erstmals aufgeführt wurde. Die Tour dauert 1½ Stunden.
- Von *Oberndorf* im Österreichischen kann man auch in 3 Stunden nach *Arnsdorf* wandern. Auch diese Route führt an der Wallfahrtskirche Maria Bühel vorbei.
- Eine Gehzeit von 3 Stunden benötigt die Wanderung von *Oberndorf* nach *Wachtberg* und *Kemating*. Hier haben schon in der Jungsteinzeit Menschen gelebt.
- 4 Stunden erfordert die Wanderung von *Oberndorf* über *St. Pankraz* zur *Kaiserbuche*. St. Pankraz liegt auf einer Burgterrasse, und von der Kaiserbuche hat man schöne Ausblicke auf das Voralpenland und die angrenzenden Bergketten.
- Ein 5 Stunden dauernder Rundweg ist die Route *Oberndorf – Unter-* und *Obereching*.
- Gar 7 Stunden dauert die Wanderung von *Oberndorf* nach *Michaelbeuern*. Sie führt durch ein landschaftlich abwechslungsreiches und anmutiges Gebiet über die Hügelkette, die das Oichtental im Westen begrenzt.
- Einen Steig durch das *Bürmooser Moor* bietet die Route von Oberndorf nach Zehmemoos. Hier im ursprünglichen Moor hat sich der Name »Grundlose Straße« erhalten, und bei der Siedlung Zehmemoos gibt es ein Moormuseum. Gehzeit 5 Stunden.
- *St. Georgen* ist das Ziel einer 4-Stunden-Wanderung von Obereching über Untereching.
- Eine weitere Route von *Obereching* über *Bürmoos* nach *Ölling* dauert 3 Stunden. Die Wanderung führt an dem weithin sichtbaren Giglmayrhof vorbei.
- Der *Höllerer See* ist das Ziel einer 5-Stunden-Wanderung von Holzhausen nach St. Pantaleon. Der Höllerer See zählt zu den schönsten Voralpenseen dieser Gegend. Seine Umgebung ist weitgehend naturbelassen.
- Der *Holzhausener Rundweg* dauert 3 Stunden und führt zu zahlreichen Sehenswürdigkeiten. So zur Jakenkapelle und zum Moorheilbad St. Felix. Die Holzhausener Kirche stammt aus dem Jahre 1469. Im spätgotischen Innenraum befinden sich barocke Arbeiten, unter anderem von Margarete Magdalena Rottmayr, der Mutter des Barockmalers aus Laufen.
- Eine erholsame 5-Stunden-Wanderung bietet die Route *Nußdorf – Lauterbach*. Das Ägidius-Kirchlein hier war einst eine vielbesuchte Wallfahrtskirche. Es wird bereits 767 in einer Urkunde erwähnt. Vom Kirchplatz aus sieht man auf das Oichtental und auf das gegenüberliegende Michaelbeuern mit der Klosteranlage.
- Auch von *Nußdorf* aus kann man in 5 Stunden die *Kaiserbuche* ansteuern, die anläßlich eines Besuches von Kaiser Joseph II. im Jahre 1779 gepflanzt wurde.
- 7 Stunden Zeit benötigt die Wanderung von *Nußdorf* über St. Pankraz, Furt, *Eberharten*.
- Nur 2½ Stunden lang ist dagegen die Wanderung von *Nußdorf* nach *St. Alban* mit dem 1397 errichteten gotischen Kirchlein, dem ältesten gotischen Bau des Gebietes. Das Äußere ist recht ei-

genwillig, der Innenraum in seiner ursprünglichen Form erhalten.

- St. Alban kann auch von *Lamprechtshausen* aus in 3 Stunden angesteuert werden.
- 5 Stunden Zeit benötigt eine Wanderung von *Lamprechtshausen* über *Dorfbeuern* und *Schwerting.* Gleich nach Ortsende beginnt der sogenannte *Naturschutzwanderweg.*
- Geboten wird auch eine Moorwanderung im *Ibmermoor.* Sie dauert 1½ Stunden und beginnt etwas abseits von der Bundesstraße Oberndorf – Braunau. Der Ort Ibm ist auch von *Lamprechtshausen* oder von *Eggelsberg* erreichbar. Das Moor bildet zusammen mit dem Weidmoos und dem Bürmoos die größte Moorfläche in Österreich (25 Quadratkilometer). Auch Moorführungen sind möglich. Dem Moorfußbad wird eine besonders heilkräftige Wirkung nachgesagt. In der *Mooshütte,* einem idyllischen Rastplatz, finden sich Informationen über das Moor. Es wird auch altes Torfstecherwerkzeug gezeigt.

Rund um Anger, Aufham, Högl

- Beim *Verkehrsamt Anger* beginnen die Wanderwege nach *Höglwörth* und *rund um den See.* Sie sind in einer Stunde zu bewältigen. Von hier führt der *Mooshäuslweg* über die Ramsau, vorbei am Schwimmbad, nach Teisendorf. Das dauert nochmals 1½ Stunden.
- Zur *Fürmannalm* braucht man ebenfalls 1½ Stunden. Die Route beginnt beim Gasthaus »Metzgerwirt« und führt über eine Treppe zur Kohlhäuslstraße.
- Auch die *Steiner Alm* kann von der Fürmannalm oder vom Reitberg aus angesteuert werden. Von der Steiner Alm läßt sich der *Hochstaufen* in 2 Stunden erreichen.
- Von der *Fürmannalm* gibt es einen Weg zum *Frillensee,* vorbei am Gipfelkreuz des Irlbergs und zurück über den Forstgasthof »Adlgaß« (2½ Stunden).
- Natürlich ist auch die *Stoißer Alm* ein in 4 Stunden (ab Anger) zu erreichendes mittelschweres Wanderziel.
- 2 Stunden dauert die Wanderung zur *Neubichler Alm* auf dem Högl (ab Anger).
- Etwas kürzer ist die Wanderung zur *Stroblalm,* einem beliebten Berggasthof: 1½ Stunden. Ebenfalls ab Anger.
- Ebenso lange dauert die Wanderung von Anger über Steinhögl nach *Vachenlueg.*
- Von *Anger* nach *Aufham* führen drei Wege. Sie dauern eine halbe bis eine Stunde.

Vom Gemeindeamt **Aufham** aus gibt es eine Reihe interessanter Wanderungen:

- In 2 Stunden zur *Fürmannalm,* in 2½ Stunden über die Steiner Alm zum *Hochstaufen,* in 4 bis 5 Stunden zum *Frillensee,* in etwa 1 Stunde zur *Hölbinger Alm* und zum *Hölbinger Weiher. Schloß Staufeneck* kann in 1½ Stunden erreicht werden. Nach *Piding* gibt es einen Panoramaweg: Gehzeit 1 Stunde. 2 Stunden dauert die Rundwanderung über *Stroblalm* und *Neubichler Alm* von Aufham aus. Von der Neubichler Alm kann man dann noch in einer Viertelstunde zum *Johanneshögl* hinüberwandern.
- *Anger* bietet noch eine *Rundwanderung* in und um Anger. Sie beginnt am Marktplatz, führt nach Hausham und zum Weiler Ringelbach, weiter über das Dorf Steinhögl zur Salzstraße und hinunter zum Höglwörther See und dann zurück nach Anger.

Im Umkreis von Bad Reichenhall

Eine Stunde Gehzeit erfordert ein *Rundgang* zum Kennenlernen der Kurstadt. Er führt vom *Kurgastzentrum* aus zu den wesentlichen Sehenswürdigkeiten des Ortes.

- Auf einer ergänzenden, 5 Kilometer langen Wanderung lernt man den *südöstlichen und südwestlichen Kurbezirk* kennen.
- Nochmals 2 Stunden benötigt man für eine Wanderung zum *nordwestlichen und nordöstlichen Kurbezirk.*
- 2½ bis 3 Stunden dauert eine Wanderung rund um *Bayerisch Gmain.* Sie beginnt beim *Kurgarten.*
- Vom Staatlichen *Kurgarten* Bad Reichenhall gibt es einen hübschen Rundgang zum *Listsee* im Nonner Oberland: 2½ Stunden.
- Ebenso reizvoll ist eine Wanderung vom gleichen Ausgangspunkt aus zur *Padinger Alm* und zurück.
- 3 Stunden benötigt man für eine Wanderung auf dem *Soleleitungsweg* zum *Thumsee* mit Rückweg durch die Garnei.
- *Karlstein,* St. Pankraz, die Ruine Karlstein, der Thumsee und der Soleleitungsweg sind das Ziel einer 2½-Stunden-Wanderung vom *Kurhaus* am Nonner Steg.
- 300 Meter Höhenunterschied und 3 Stunden benötigt man für eine Wanderung von der Luitpoldbrücke in Bad Reichenhall zum *Schroffen,* zur *Bürgermeisterhöhe* und nach Kibling am *Saalachsee.*
- Vom Staatlichen Kurgarten dauert eine Wanderung nach *Weißbach* und *Marzoll* 3 Stunden.
- Vom gleichen Ausgangspunkt benötigt man allerdings schon 4 Stunden nach *Schwarzbach, Marzoll* und zurück.
- 8 Kilometer lang, ohne Steigungen und in 2½ Stunden zu bewältigen ist der neu angelegte Damm- und Uferweg am *Saalachufer* bis zum *Rupertusbad.*
- 120 Meter Höhenunterschied sind zu bewältigen, wenn man von der *Mauthausenkapelle* aus zum *Staufeneck* aufsteigt.

• Ausgangspunkt für eine weitere Wanderung ist der *Brettelweg – Mauthausen.* Sie führt in 2 Stunden nach *Aufham* und *Anger.*
• Von Anger aus wird übrigens eine 3-Stunden-Wanderung nach *Inzell* vorgeschlagen.
• Von der Fußgängerzone in der Salzburger Straße von Bad Reichenhall kann man in 3½ Stunden nach *Hallthurm* und zurück wandern.
• Eine etwas schwierigere Wanderung ist der 5 Stunden lange Weg über *Spechtenalm, Thürmereck* und *Dötzenkopf* von der Talstation des *Stadtberglifts* aus, der allerdings außer Betrieb ist.
• Vom Kurgastzentrum aus kann man in 3 Stunden zum *Kugelbachbauern* aufsteigen.
• Im Saalachtal werden Touren nach *Unterjettenberg* und zum *Brunnenhaus* geboten. Ausgangspunkt ist die *Talstation der Predigtstuhlbahn,* benötigt werden 2½ Stunden Gehzeit. Man kann dann weitergehen über *Oberjettenberg* nach *Schneizlreuth.* Das dauert nochmals 2 Stunden. Wer von *Unterjettenberg* nach *Schneizlreuth* gehen will, kann das in einer Dreiviertelstunde bewältigen.
• Von Bad Reichenhall aus läßt sich mit dem Linienbus *Melleck im Saalachtal* erreichen, und von hier aus kann man in 1½ Stunden Schneizlreuth ansteuern.
• Aufregend ist die Durchquerung der *Weißbachschlucht* von Schneizlreuth aus nach Weißbach an der Alpenstraße: 2 Stunden Gehzeit.
• In dem Waldgebiet mit dem eigenartigen Namen *»Siebenpalfen«* und in der Region *Jochberg* kann man sehr gut wandern, beispielsweise vom Gasthof »Kaitl« in Karlstein aus, vorbei an St. Pankraz und dem Meindlbauern in die *Garnei* und weiter zu einem kleinen Paß mit Blick auf das Ristfeuchthorn. Auf dem *Kirchweg* geht es dann weiter zum Südhang des Siebenpalfen und anschließend hinunter zur Deutschen Alpenstraße und zum *Mauthäusl.*
• Ein anderer Weg führt über *Jochberg* nach *Weißbach,* und zwar vom Gasthaus »Listwirt« aus in 3 bis 4 Stunden. Es handelt sich hier um eine Altstraße, die wahrscheinlich schon zur Bronzezeit benutzt worden ist – jedenfalls deuten Funde daraufhin. Das ganze Mittelalter hindurch diente der Saumweg dem Salztransport.
• Wer eine kurze, aber hübsche Wanderung von Bayerisch Gmain aus nach Österreich machen will, dem sei der Besuch von *Großgmain* empfohlen. Zu den Sehenswürdigkeiten hier gehören die Ruine Plainburg, der Wolfschwang-Wildpark, das Bruchhäusl, der Latschenwirt und der Steinerwirt. Zurück geht es dann über Marzoll mit Schloß und sehenswerter St. Valentins-Kirche.

Rund um Berchtesgaden

Berchtesgaden bietet sogar einen Wanderpaß. Er enthält eine Auswahl von 75 ausgesuchten Wanderungen, deren Ausgangspunkte in den fünf Gemeinden des Berchtesgadener Landes liegen. Wer insgesamt 25 Punkte erwandert hat, erhält den »Goldenen Rucksack«. Nach Vorlage des Wanderpasses mit den notwendigen Bestätigungen bekommt man in der Kurdirektion und in den Verkehrsämtern eine Urkunde und ein Abzeichen. Aber auch wer nicht auf den Wanderpaß aus ist, kann die schönsten dieser Routen als Erlebnisziele nutzen.
• Vom Hauptbahnhof Berchtesgaden über den Königsseer Fußweg zum *Malerwinkel* oder zur *Rabenwand.*
• Von der Gmundbrücke über Strub, Ilsank, Söldenköpfl, den Soleleitungsweg und das Zipfhäusl nach *Ramsau.*
• Vom Kurzentrum über den Soleleitungsweg in den *Rostwald* und auf dem Maximilians-Reitweg bis *Bischofswiesen* und weiter nach *Hallthurm.*
• Von der Gmundbrücke auf dem *Tristramweg* zum *Böcklweiher.*
• Vom Doktorberg über das Etzerschlößl über Gerner, Klammweg und Maria Gern zur *Almbachklamm.*
• Vom Kurzentrum über den *Soleleitungsweg* zum *Aschauer Weiher* und auf dem *Gerner Höhenweg* nach *Hintergern.*
• Von Unterau zum Triftplatz auf dem *Königsseer Fußweg* zum *Malerwinkel.*
• Von Oberau nach *Scheffau* und nach *Zill.*
• Von Oberau zum Lärcheck in *Wildmoos,* nach *Neuhäusl, Königsleiten* und zurück.
• Von Oberau nach *Scheffau, Zill* und zu den *Barmsteinen.*
• Von Oberau auf dem *Stollenweg* nach *Untersalzberg.*
• Vom Verkehrsamt Bischofswiesen nach *Loipl* und weiter zum *Zipfhäusl.*
• Vom Verkehrsamt zur *Kastensteiner Wand.*
• Vom Verkehrsamt zum *Böcklweiher* und über den *Tristramweg* nach *Berchtesgaden.*
• Von Bischofswiesen nach *Maria Gern* zur *Marxenhöhe.*
• Von Maria Gern auf dem *Gerner Klammweg* zum *Aschauer Weiher.*
• Von Hintergern auf dem *Gerner Höhenweg* nach *Maria Gern.*
• Vom Rathaus Königssee auf dem *Richard-Voß-Weg* zur *Rabenwand* oder zum *Malerwinkel.*
• Vom Königssee zum *Vorderbrand* und zum *Brandkopf.*
• Von St. Bartholomä zur *Eiskapelle* an der Watzmann-Ostwand.
• Von der Jennerbahn-Mittelstation zum *Vorderbrand,* zur *Schwarzkehlalm,* zur *Zaunerbrücke* und zur *Schule Königssee.*
• Von Königssee auf dem *Königsseer Fußweg* nach *Berchtesgaden.*

- Von Ramsau auf dem *Kunterweg* zur *Hindenburglinde* und zum *Zipfhäusl.*
- Von Ramsau auf dem *König-Max-Weg* nach *Kaltbach.*
- Eine Wanderung führt auch rund um den *Hintersee* zum *Wartstein*, zum *Bindenkreuz* und zur *Hindenburglinde.*
- Von Hintersee auf dem *König-Max-Weg* nach *Kaltbach* und weiter zum *Taubensee.*
- Vom Salzbergwerk in Berchtesgaden zur *Kneifelspitze.*
- Von Mitterbach über den *Hedwigsteig* zum *Salzbergwerk Berchtesgaden.*
- Vom Weinfeld über Rostwald, *Maximilians-Reitweg* zur *Kastensteiner Wand.*
- Vom Obersalzberg auf dem *Professor-Linde-Weg* zum *Hochlenzer*, zur *Grafelhöhe* und zur *Scharitzkehlalm.*
- Vom *Obersalzberg* nach *Resten* und *Oberau.*
- *Große Rundtour*: Von der Bergstation der Obersalzbergbahn zur Kohlstadt, zur Salzwand, zur Ligeretalm ins Endstal, zur Scharitzkehlalm, auf die Grafelhöhe, zum Hochlenzer und zurück zur Bergstation.
- Oder von der Bergstation über Kohlstadt zum Aussichtsrondell oder zur *Kehlalm*, in den Ofnerboden, zur *Roßfeld-Höhenringstraße.*
- Oder von der Bergstation der Obersalzbergbahn zur *Grafelhöhe*, zum Brunnenhaus, zum Dürreck, zur *Jennerbahn-Mittelstation.*
- Von Marktschellenberg über den *Glockenweg*, den Gastagweg, den Kaimhofweg zum *Friedensberg.*
- Von Marktschellenberg über den *Rottmannmühlweg* in den Roßboden und zur Kirche *Maria Ettenberg* (Mariä Heimsuchung in Ettenberg).
- Von Marktschellenberg über Tiefenbachstraße, Barmsteine, Mehlweg auf den *Götschenweg.*
- Von Marktschellenberg über Köppelschneid, Kammweg, Mehlweg zur *Tiefenbachstraße* oder von Marktschellenberg über die alte *Berchtesgadener Straße* zur *Kugelmühle.*
- Von Marktschellenberg über Zill nach *Oberau.*
- Von Schönau/Kohlhiasl über Moderegglehen, Sulzbergkopf, Sulzberglehen nach *Berchtesgaden.*
- Vom Kramerlehen zum *Wimbachschloß.*
- Vom Wahlbaum in Schönau zum *Mariensteig* nach *Schroff*, über den *Soleleitungsweg* nach *Ilsank*, über den *Duftweg* nach *Hinterschönau* und zurück.
- Von Unterschönau auf dem Königsseer Fußweg zur Rabenwand.
- Vom Verkehrsamt Schönau zum Café »Punzeneck«, zum Hofreit und zum *Malerwinkel* am Königssee.
- Von Oberau zum *Zinkenkopf.*
- Von der Jenner-Mittelstation zur *Königsbachalm* und zur *Gotzenalm.*

Von Schneizlreuth aus

Wie jede Fremdenverkehrsgemeinde im Berchtesgadener Land bietet auch Schneizlreuth Wandervorschläge an.

- Einen *Rundgang* Weißbach, Weißbachfälle, Gletschergarten, Weißbach in 2½ Stunden.
- Vom Litzelbach kann man zur *Weißbachruh* aufsteigen. Sie bietet einen herrlichen Blick auf Weißbach. Man kann oberhalb des Weißbachs auf dem *Thomas-Auweg* wandern und vom Litzelbach zum *Mauthäusl.* Das sind Spaziergänge.
- Eine attraktive Route wird vom *Rauschberg* aus geboten. Man muß allerdings mit dem Postbus nach Ruhpolding fahren und von dort mit der Rauschbergbahn zum Gipfel. Von hier führt ein *Alpenlehrpfad* hinunter und schließlich in 4 Stunden nach *Weißbach.*
- Auf der Jochbergseite von Weißbach gibt es den *Panorama-Rundweg* und den *Jochberg-Rundweg*, für den man 3 Stunden benötigt. In 1½ Stunden kann man die *Höllenbachalm* erreichen und von hier über *Thumsee oder Listsee* nach *Bad Reichenhall* spazieren. Das erfordert noch einmal 2 Stunden Gehzeit.
- Eine 3-Stunden-Wanderung ist der *Rundweg* von Schneizlreuth aus über *Haiderhof* zum *Steinpaß*, nach *Melleck* und zurück.
- Von Weißbach aus kann man in 4 Stunden das *Ristfeuchthorn* ersteigen, aber auch von Schneizlreuth und von Melleck aus.
- Ein Fast-Zweitausender ist das *Sonntagshorn*, auf das zwei Aufstiegsmöglichkeiten geboten werden: von Ruhpolding aus und vom Heutal aus.

Ramsau bietet viele Wege

Die Wandervorschläge des Verkehrsvereins Ramsau sind aufgeteilt in kurze Spaziergänge, die bis zu 3 Stunden Zeit erfordern, in Halbtagsausflüge bis zu 6 Stunden Gehzeit, in ganztägige Ausflüge und leichte Bergtouren, in zweitägige Bergtouren und Übergänge und in Wanderungen in die weitere Umgebung.

Spaziergänge

- Zu den Spaziergängen gehört der Höhenwanderweg von der Wimbachbrücke über Hammerstiel nach *Ilsank* (1½ Stunden), aber auch die 2½stündige Höhenwanderung *Hintersee – Wimbachbrücke* und der knapp eine Stunde dauernde Weg zu den *Gletscherquellen* und der *Marxenklamm.*
- Ein attraktiver Weg führt in 1½ Stunden von Rehlegg zur *Kunterwegkirche* über den *Kunterwegkogel* oder von der Kunterwegkirche über die *Hindenburglinde.*
- 2½ Stunden dauert die Route *Lehenmühle – Zipfhäusl – Hochschwarzeck – Weitau – Ramsau.*

• Mit 2 Stunden muß man rechnen, wenn man »*Auf der Reiten*« über Gerstreit – Kederbach zur *Wimbachbrücke* und nach *Ramsau* geht.
• Hübsch ist auch der Weg von der Schwarzbachwacht zur *Schwarzbachalm*, für den man 1½ Stunden benötigt.

Halbtagestouren
• Unter die Halbtagestouren fällt die 4½-Stunden-Wanderung über *Eckaualm, Jagdsteig* zur *Schärtenalm.*
• 3 Stunden dauert die Wanderung (auf österreichischer Seite) *Hirschbichl – Seisenbergklamm – Oberweißbach* und zurück und ebenso lange die Wanderung *Hirschbichl – Kallbrunnalp – Dießbachstausee.* Von der Paßhöhe Hirschbichl kann man die *Kammerlingalm* und die *Litzlalm* erreichen (empfehlenswert): Von der Paßhöhe Hirschbichl in etwa 10 Minuten zur Sandstraße, die nach Oberweißbach führt. Dann links auf breitem Ziehweg durch Wald in einer halben Stunde zu den Kammerlingalmen. Vom Hirschbichl nach der Kapelle rechts auf Fahrweg in 45 Minuten zur Litzlalm in 1334 Meter Höhe.
• Eine vierstündige Drei-Almen-Wanderung wird auf der Route *Schwarzbachwacht – Moosenalm – Lattenbergalm – Mordaualm* geboten.
• 4 Stunden dauert der Weg *Schwarzbachwacht – Moosenalm – Anthauptenalm.*
• 5 Stunden benötigt man für die Route *Eckaualm – Hochalpscharte – Wimbachtal.* Der Übergang bietet eindrucksvolle Hochgebirgsbilder und wird begleitet von einer reichen Alpenflora, besonders schön zur Zeit der Almrauschblüte.
• Für sichere Bergsteiger ist der Abstieg von der Kühroint über den *Rinnkendelsteig* nach *St. Bartholomä* am Königssee gedacht. 3½ Stunden werden dazu benötigt.
• Von der *Wimbachgrieshütte* kann man über den Trischübel, den Hirschwieskopf und die Sigeretplatte nach *St. Bartholomä* absteigen.
• Eine 5- bis 7stündige Tour ist die Route *Schärtenalm – Blaueishütte – Schärtenspitze* in 2350 Meter Höhe.
• Hochinteressant ist die Überquerung des Lattengebirges von Nord nach Süd von der Predigtstuhl-Bergbahnstation über *Predigtstuhl – Hochschlegel – Karkopf – Törl – Mordau* nach Ramsau: 6 Stunden reine Gehzeit.

Ganztägige und zweitägige Bergtouren
• Für extreme Bergwanderer bietet sich eine 12-Stunden-Route von der Blaueishütte über den *Hochkalter* (2607 m) ins *Ofental* an.
• Vom Hirschbichl kann man auf das 2484 Meter hohe *Kammerlinghorn* aufsteigen.
• Die *Reiter Alm* bietet eine Reihe von Gipfeltouren. So auf den *Weitschartenkopf* und den »Großen Bruder«, auf das *Große Häuslhorn* und auf das *Wagendrischlhorn.*
• Eine 6stündige Kammwanderung führt über *Steinberg – Schottmalhorn* auf den *Edelweißlahnersteig.*
• Das *Steinerne Meer* ist die größte Hochfläche des Berchtesgadener Landes. Interessante Ziele sind die Schutzhütten: das *Kärlinger Haus* (1630 m), das *Ingolstädter Haus* (2119 m), das *Riemannhaus* (2177 m).
• Zum *Ingolstädter Haus* oder zum *Funtensee* kann man vom Wimbachtal aus über Trischübl und Hundstodgatter wandern.
• Ein Übergang bietet sich vom Funtensee über das *Riemannhaus* auf dem *Eichstädter Weg* zum *Ingolstädter Haus.* Zurück zum Funtensee ist es mit 7 Stunden eine empfehlenswerte Rundtour.
• Natürlich bietet das Steinerne Meer auch Gipfeltouren, so das *Hohe Laafeld* (2069 m) und den *Kahlersberg* (2350 m). Das *Hohe-Göll-Massiv* liegt attraktiv über Berchtesgaden. Der *Kehlstein,* einer der Gipfel der Gruppe, bietet vor allen Dingen eine großartige Aussicht. Eine Route führt vom Kehlstein über den Mannelgrad zum 2522 Meter *Hohen Göll.*
• Anstrengende 12 Stunden erfordert die Wanderung *Purtscheller Haus – Hoher Göll – Hohes Brett – Carl-von-Stahl-Haus* oder *Schneibsteinhaus* und zurück.
• Sagenumwoben und voller reizvoller Bergwanderungen ist der *Untersberg.* In 5 bis 9 Stunden kann man von der *Schellenberger Eishöhle* über den *Untersberg* und zurück wandern.
• 5 Stunden dauert die Route *St. Leonhard – Untersberg-Seilbahn – Salzburger Hochthron – Mittagsscharte – Schellenberger Eishöhle* und hinunter nach Marktschellenberg.
• Man kann von der Untersberg-Seilbahn auch über den *Salzburger Hochthron – Mittagsscharte* zum *Berchtesgadener Hochthron* und zum *Stöhrhaus* wandern und dann nach *Maria Gern* hinuntergehen. Das dauert 6½ Stunden.

Weitere Vorschläge
• Die Saalach ist bei Bad Reichenhall aufgestaut. Natürlich bietet sich die Möglichkeit, in 4 Stunden den Stausee auf der Route *Kibling – Fronau – Unterjettenberg – Baumgarten – Kibling* zu umrunden.
• Ein interessanter Aufstieg auf den *Berchtesgadener Hochthron* bietet sich von Hallthurm bzw. Winkl aus. Über den Reisenkaser geht es zum Stöhrhaus und auf den Hochthron. Gehzeit insgesamt 6 Stunden.
• Der *Rauhe Kopf* am Hochthron bietet sich ebenfalls für einen Gipfelanstieg an. Von Bischofswiesen geht es über Guggenbichl-Diensthütte – Kleiner Rauher Kopf zum 1604 Meter hohen Großen

Rauhen Kopf in 6 Stunden mit Auf- und Abstieg.
- Beliebt ist auch der *Gerner Höhenweg* von Maria Gern über Stiedlerlehen – Obergern – Ascherlehen – Klapflehen – Dietef – Gernbach und zurück nach Maria Gern in etwa 3 Stunden.
- Die Barmsteine sind wegen ihrer Aussicht ins Halleiner Gebiet interessant. Von Marktschellenberg kann man über Köppelschneid, Götschenschneid, Mehlweg zum *Kleinen* und zum *Großen Barmstein* steigen und dann über Götschen zurück nach Marktschellenberg in etwa 3½ Stunden gehen. Der Kleine Barmstein ist über Leitern besteigbar. Am Gipfel ist ein Maibaum aufgestellt.
- Das 1692 Meter hoch gelegene *Purtschellerhaus* kann von der Roßfeld-Höhenringstraße über den Eckersattel angesteuert werden. Der Hin- und Rückweg dauert zusammen etwa 2 Stunden.
- Eine Rundtour bietet sich ins *Endstal* im Bereich der Göll-Westwand an. Von der Dürreckstraße geht es über die Scharitzkehlalm ins Endstal und über die Ligeretalm zurück zur Grafelhöhe an der Dürreckstraße: insgesamt knapp 2 Stunden.
- Eine der vielen hübschen Touren am *Jenner* führt zum *Hirschenlauf.* Von der Mittelstation geht es über die Königsbachalmen und die Priesbergalmen zum Unteren Hirschenlauf, zur Seeaualm, zur *Gotzenalm,* zur Gotzentalalm in den Kessel bzw. zur Königsbachalm und zur Jenner Mittelstation. Das ist immerhin eine 8-Stunden-Tour, aber die Gotzenalm ist eine eigene Wanderung wert.
- Man kann vom *Kessel,* das ist eine Haltestation am Königssee, zur *Gotzentalalm* aufsteigen und weiter zur *Gotzenalm* (Springlkaseralm), dann zum Feuerpalfen über den Reitweg zur *Regenalm* und auf dem Kaunersteig zur *Saletalm.* Das ist die Endstation der Königssee-Schiffahrt. 6 Stunden Zeit braucht man auf jeden Fall dafür.
- 3 Stunden muß man veranschlagen, wenn man von der Saletalm am Obersee entlang zur *Fischunkelalm* und weiter zum *Rothbachwasserfall* wandert.
- Die Felswände beiderseits des *Wimbachtales* laden wenig zum Aufstieg ein. Eine Route ist aber interessant, die über das Hochalmplateau führt. Sie bietet einen freien Blick auf die Watzmann-Westwand. Vom *Wimbachschloß* aus wandert man zur Hochalmscharte, weiter zur *Hochalm,* zur *Eckaualm* und hinunter nach *Ramsau.* Insgesamt benötigt man etwa 5½ Stunden dazu.
- Eine hübsche und trotzdem leichte Wanderung mit Blick auf die Westabstürze der Reiter Alm bietet die *Kienbergumrundung,* die von Schneizlreuth über Haiderhof, Oberjettenberg, Unterjettenberg zurück zum Ausgangspunkt führt und etwa 3 Stunden dauert.
- In Richtung *Unken,* bereits im Österreichischen, führt von Schneizlreuth aus ein Wanderweg durch eine einsame Landschaft, vorbei am *Dachsbauer* zur Staatsgrenze, weiter zum *Kesslerbauer,* zum *Haiderhof* und zurück zum Ausgangspunkt. Gehzeit etwa 3 Stunden.
- Abseits der Moderouten bringt uns eine Wanderung von *Mauthäusl* im Weißbachtal zur *Höllenbachalm,* über *Höllenbachsteig, Thumsee, Soleleitungsweg, Nesselgraben* und zurück zum Ausgangspunkt: Gehzeit insgesamt 3 Stunden.

Wichtige Adressen im Berchtesgadener Land

Verkehrsvereine, Kurverwaltungen und Gemeindeämter

Achthal
Bergbaumuseum
83317 Teisendorf
Tel. (08666) 7149

Ainring
Gemeindeverwaltung Ainring
83404 Ainring
Tel. (08654) 5750

Anger
Verkehrsamt Anger
Dorfplatz 4
83454 Anger
Tel. (08656) 98890
Fax (08656) 988915

Bad Reichenhall
Kur- und Verkehrsverein e.V.
Bad Reichenhall/Bayerisch Gmain
Kurgastzentrum
83435 Bad Reichenhall
Tel. (08651) 3003
Fax (08651) 2427

Kurmagazin
Schachtstraße 4
83435 Bad Reichenhall
Tel. (08651) 4051

Predigtstuhlbahn
Südtiroler Platz
83435 Bad Reichenhall
Tel. (08651) 2127

Salzmuseum
Quellenbau Alte Saline
83435 Bad Reichenhall
Tel. (08651) 70020

Staatliche Kurverwaltung Bad Reichenhall
Kurgastzentrum
83435 Bad Reichenhall
Tel. (08651) 6060
Fax (08651) 60673

Städtisches Heimatmuseum
Getreidegasse 4
83435 Bad Reichenhall
Tel. (08651) 66821

Faschingsordenmuseum
Heiligbrunner Straße 3
83435 Bad Reichenhall
Tel. (08651) 1346

Fremdenverkehrsverein Karlstein e.V.
Thumseestraße
83435 Bad Reichenhall/Karlstein
Tel. (08651) 3240

Wichtige Rufnummern in Bad Reichenhall
Amtliches Bayerisches Reisebüro 5081
ADAC-Abschleppdienst 4437
Bahnhof 5075 oder 5074
Feuerwehr 112
Grenzpolizei Schellenberg (08650) 1215
Kreiskrankenhaus 5751
Kurdirektion 5011
Landespolizei 61034
Notrufpolizei 110
Rotes Kreuz 19222
Taxi Funkzentrale 4041

Bayerisch Gmain
Verkehrsamt
Großgmainer Straße
83457 Bayerisch Gmain
Tel. (08651) 97840
Fax (08651) 97840

Berchtesgaden
Kurdirektion des Berchtesgadener Landes
Königsseer Straße 2
Postfach 2240
83471 Berchtesgaden
Tel. (08652) 9670
Fax (08652) 63300

Fremdenverkehrsverband des Berchtesgadener Landes
Postfach 2240
83471 Berchtesgaden
Tel. (08652) 9670
Fax (08652) 63300

Nationalparkhaus
Franziskanerplatz
83471 Berchtesgaden
Tel. (08652) 64343

Nationalparkverwaltung Berchtesgaden
Doktorberg 6
83471 Berchtesgaden
Tel. (08652) 96868

Salzbergwerk Berchtesgaden
83471 Berchtesgaden
Tel. (08652) 60020

Berchtesgadener Bergbahn AG
Jennerbahnstraße 18
83471 Schönau am Königssee
Tel. (08652) 5007
Fax (08652) 64608

Hochschwarzeck-Bergbahn GmbH
Jennerbahnstraße 18
83471 Schönau am Königssee
Tel. (08652) 368
Fax (08652) 64608

Obersalzbergbahn GmbH
Jennerbahnstraße 18
83471 Schönau am Königssee
Tel. (08652) 2561

Heimatmuseum
Schloß Adelsheim
Schroffenbergallee 6
83471 Berchtesgaden
Tel. (08652) 4410

Bischofswiesen
Verkehrsverein Bischofswiesen
Postfach 1162
83481 Bischofswiesen
Tel. (08652) 7225
Fax (08652) 7895

Gemeindeverwaltung Bischofswiesen
83483 Bischofswiesen
Tel. (08652) 88090

Laufen
Salzachhalle
83410 Laufen
Tel. (08682) 1599

Verkehrsverband Abtsdorfer See–Laufen
Leobendorf
83410 Laufen
Tel. (08682) 1810

Marktschellenberg
Gemeindeverwaltung
83487 Marktschellenberg
Tel. (08650) 213

Verkehrsverein
83487 Marktschellenberg
Tel. (08650) 352

Verein für Höhlenkunde Schellenberg e.V.
83487 Marktschellenberg
Tel. (08650) 375

Piding
Gemeindeverwaltung Piding
83451 Piding
Tel. (08651) 2049

Ramsau
Kurverwaltung der Gemeinde Ramsau
Haus des Gastes
83486 Ramsau bei Berchtesgaden
Tel. (08657) 988920
Fax (08657) 772

Schneizlreuth
Verkehrsamt Schneizlreuth/
Weißbach an der Alpenstraße
83458 Schneizlreuth
Tel./Fax (08665) 7489

Schönau
Gemeindeverwaltung
83471 Schönau am Königssee
Tel. (08652) 96800

Kur- und Verkehrsverein Schönau
am Königssee
83471 Schönau am Königssee
Tel. (08652) 1760

Nationalpark-Informationsstelle
Königssee
83471 Schönau am Königssee
Tel. (08652) 62222

Staatliche Schiffahrt Königssee
83471 Schönau am Königssee
Tel. (08652) 963618

Teisendorf
Verkehrsverein Teisendorf e.V.
Postfach 1108
Poststraße 11
83317 Teisendorf
Tel. (08666) 295

Campingplätze im Berchtesgadener Land

Campingplatz Staufeneck
83451 Piding
Tel. (08651) 2134
Geschlossen von Ende Oktober
bis Mitte April

Campingplatz Berger
83404 Ainring
Ganzjährig
Auskünfte: Verkehrsverein,
Tel. (08654) 8250

Campingplatz Allweglehen
83471 Berchtesgaden-Untersalzberg
Auskünfte: Tel. (08652) 2396

Campingplatz Grafenlehen
83471 Schönau am Königssee
Auskünfte: Tel. (08652) 4140

Campingplatz Winkl
83483 Bischofswiesen
Auskünfte: Tel. (08652) 8164

Campingplatz Taubensee
83486 Ramsau
Auskünfte: Tel. (08657) 284

Jugendherbergen

Jugendherberge Strub
Gebirgsjägerstraße 52
83489 Strub
Tel. (08652) 2190

Bergbahnen

Predigtstuhlbahn: In Bad Reichenhall von September bis April von 9.00–17.00 Uhr, Mai bis September 9.00–18.00 Uhr, stündlich; bei Bedarf halbstündlich bzw. durchgehend alle zehn Minuten. Predigtstuhlbahn, 83435 Bad Reichenhall, Südtiroler Platz 1, Tel. (08651) 2127.

Jennerbahn: Berchtesgadener Bergbahn AG, Jennerbahnstraße 18, 83471 Schönau am Königssee, Tel. (08652) 5007, Fax (08652) 64608.

Hochschwarzeckbahn: Hochschwarzeck-Bergbahn GmbH, Jennerbahnstraße 18, 83471 Schönau am Königsee, Tel. (08652) 368, Fax (08652) 64608.

Obersalzbergbahn: Obersalzbergbahn GmbH, Jennerbahnstraße 18, 83471 Schönau am Königssee, Tel. (08652) 2561

Fahrpläne/Buslinien

Der RVO-Betrieb *Berchtesgaden* im Bahnhof BGD, Tel. (08652) 5473, gibt Fahrpläne mit halbjährlicher Gültigkeit heraus, welche die Fahrzeiten und Haltestellen der Linienbusse enthalten, ebenso die Fahrpläne der Stadtwerke Bad Reichenhall und die Zugfahrpläne.

Die Städtischen Verkehrsbetriebe *Bad Reichenhall* geben einen eigenen Fahrplan heraus. Auskünfte Tel. (08651) 705116, Stadtwerke Bad Reichenhall, Innsbrucker Straße 6, 83435 Bad Reichenhall.

Außerdem gibt es eine Linie Freilassing – Mitterfelden, Ainring – Freilassing von Omnibusunternehmen mit eigenem Fahrplan und einen Nachtschwärmerfahrplan Freilassing – Laufen – Oberndorf – Bad Reichenhall – Oberteisendorf – Königssee – Freilassing.
Auskünfte gibt das Landratsamt Berchtesgadener Land, Salzburger Straße 64, 83435 Bad Reichenhall, Tel. (08651) 773347, und die Kurdirektion des Berchtesgadener Landes, Königsseer Straße 2, Postfach 2240, 83471 Berchtesgaden, Tel. (08652) 9670.

Berghütten

Folgende Berghütten sind von Mitte Mai bis Mitte Oktober bewirtschaftet:
Zwieselalm, Tel. (08651) 3107
Reichenhaller Haus am Hochstaufen, Tel. (08651) 5566
Alpeltalhütte in Hinterbrand, Tel. (08652) 3077
Bergheim Hirschbichl am Hirschbichlpaß
Bindalm im Klaustal/Österreich, Tel. (0043–6582) 258114
Blaueishütte am Hochkalter, Tel. (08657) 271
Carl-von-Stahl-Haus am Jenner, Tel. (08652) 2752
Gotzenalm am Königssee, Tel. (08652) 3642
Grünsteinhütte über Schönau, Tel. (08652) 5631
Jennerhaus (Dr. Beck-Haus) an der Mittelstation der Jennerbahn, Tel. (08652) 2727
Kärlinger Haus am Funtensee, Tel. (08652) 2995
Kührointhütte, Berchtesgaden (kein Telefon), geöffnet 1.6. – 30.9.
Mitterkaseralm am Jenner (kein Telefon)
Predigtstuhlhotel, Bad Reichenhall, Tel. (08651) 2227
Purtscheller Haus, Berchtesgaden, Tel. (08652) 2420
Schneibsteinhaus, Tel. (08652) 2596
Stöhrhaus am Hochthron, Tel. (08652) 7233
Toni-Lenz-Hütte, Marktschellenberg, Tel. (08652) 208
Neue Traunsteiner Hütte auf der Reiter Alm, Tel. (08651) 1752
Watzmannhaus, Tel. (08652) 5285 (Tal) und 1310 (Hütte)
Watzmannswandhütte (kein Telefon).

Literaturverzeichnis

Bauregger, Heinrich: Bergwandern im Berchtesgadener Land, Verlag Rother, München
Berchtesgaden in alten Ansichten, Verlag Plenk, Berchtesgaden
Berchtesgaden in alter Zeit, Verlag Plenk, Berchtesgaden
Berchtesgaden. Geschichte, Brauchtum, Land und Leute, Verlag Plenk, Berchtesgaden
Berchtesgadener Geschichten. Erträumt und ersonnen am Fuße des König Watzmann, Verlag Plenk, Berchtesgaden
Bergsteigen im Nationalpark Berchtesgaden, Verlag Plenk, Berchtesgaden
Grieben-Reiseführer Oberbayern-Ost, Karl Thiemig, München
Heilbad in den Bergen, Verlag Plenk, Berchtesgaden
Kittel, Manfred: Erlebniswandern im Berchtesgadener Land, Verlag Bayerland, Dachau
Leichte Wanderziele um Berchtesgaden, Verlag Plenk, Berchtesgaden
Mittermeier, Werner: Bergparadies vom Staufen bis zur Schönfeldspitze, Verlag Plenk, Berchtesgaden
Mittermeier, Werner: Malerisches Gebirge rund um den Königssee, Verlag Plenk, Berchtesgaden
Mittermeier, Werner: Verliebt in eine Gebirgslandschaft, Verlag Plenk, Berchtesgaden
Nationalpark Königssee, Naturmagazin, HB-Verlag, Hamburg
Kurverwaltung Ramsau (Hrsg.): Ramsauer Führer
Reiseführer Landkreis Berchtesgadener Land, HB-Verlag, Hamburg
Schöner, Helmut: Zweitausend Meter Fels, Verlag Plenk, Berchtesgaden
Werner, Paul: Bäuerliche Baukultur im Berchtesgadener Land, Verlag Plenk, Berchtesgaden.

Hinweis

Adressen von Unterkünften wurden in den »Nützlichen Informationen« weggelassen, da das Berchtesgadener Land gut erschlossen ist. Berghütten sind im Anhang genannt.
Auf die Nennung von *Etappenlängen* im Gebirge wurde verzichtet, da genaue Angaben bei gewundenen Bergpfaden praktisch nicht möglich sind.

Register

Die geradestehenden Ziffern verweisen auf die Textseiten, die *kursiven* auf die Bildlegenden bzw. auf die Seiten mit Abbildungen.